Marianne C. Goldling

Die Träume der Jugendlichen

Originalausgabe – Erstdruck

Marianne C. Goldling

Die Träume der Jugendlichen

Ein Brevier

Schardt Verlag Oldenburg

Bibliographische Information der Deutschen Bibliothek:

Die Deutsche Bibliothek verzeichnet diese Publikation in *Der Deutschen Nationalbibliografie*; detaillierte bibliographische Daten sind im Internet über *http://dnb.ddb.de* abrufbar.

1. Auflage 2008

Copyright © by
Schardt Verlag
Uhlhornsweg 99a
26129 Oldenburg
Tel.: 0441-21779287
Fax: 0441-21779286
Email: schardtverlag@t-online.de
Home: www.schardtverlag.de
Herstellung: Fuldaer Verlagsanstalt

ISBN 978-3-89841-371-8

Für Manuel Sebastian Alexander,
Klaus, Markus und Tobias,
Daniela, Ellen, Sabrina, Sandra, Verena und
Michael,

die mit keinem Gold der Welt aufzuwiegen wären.

Prolog

„Die Träume der Jugendlichen! Was benötigen die Jugendlichen heutzutage?"
Eltern sind die wichtigsten Bezugspersonen für die Jugendlichen. Sie schaffen den erforderlichen Freiraum, damit sich die Heranwachsenden wie ein Schmetterling auf wundersame, erstaunliche Weise entfalten können. Zudem geben sie ihnen Geborgenheit und bieten zugleich Sicherheit im häuslichen Umfeld, welche den Teenagern die Möglichkeit bietet, Fehlschläge und Enttäuschungen zu verarbeiten. Sie unterstützen die Jugendlichen in deren Motivation und zeigen gleichzeitig Grenzen auf.

Dieses Buch spricht ehrlich und offen an, welche Sorgen Jugendliche haben. Einige Heranwachsende äußern sich und geben ihre tiefsten Empfindungen und Emotionen Preis. Die Themen sprechen alle Jugendlichen auf der ganzen Welt an.

Als Autorin dieses Buches erwähne ich, dass ich selbst ein Kind sowie sechs Nichten und vier Neffen habe. Zudem pflege ich sehr viel Umgang mit Jugendlichen aufgrund meines Berufes, den ich ausübe. Ich kenne die Sorgen der Teenager in deren häuslichen Umfeldern, die Problematik in der Schule und bei der Ausbildungsplatzsuche. Deshalb gebe ich Tipps, wie man echte Freundschaften schließt und spreche offen über Alkohol, Drogen, Liebe, Sex sowie andere heikle Themen.

Mein fast erwachsener Neffe las gleich zu Anfang meiner Schreibarbeit ein Kapitel und sagte, ich solle mich doch einfacher ausdrücken und keine komplizierten Wörter und Sätze gebrauchen. Diesen Tipp habe ich mir zu Herzen genommen und umgesetzt.

Die Themen des Buches sind in sich abgeschlossen. So können Sie, als Jugendlicher, gleich das Kapitel lesen, das Sie persönlich am meisten interessiert. Ich habe mich dazu entschlossen, die Jugendlichen mit „Sie" anzusprechen, weil sich unter diesen volljährige Leser befinden können.

Alle Namen der Personen, mit welchen ich gesprochen habe, wurden geändert. Ähnlichkeiten bestehen rein zufällig.

Ich wünsche Ihnen viel Freude beim Lesen! Zudem bedanke ich mich bei Ihnen dafür, dass Sie es weiterempfehlen.

Ihre Marianne C. Goldling

Inhalt

Widmung 5
Prolog 6
Inhalt 7

Alkohol 9
Arbeit 17
Ausbildung 27
Bildung 43
Chatroom 52
Computer 55
Date 58
Drogen 62
Einelternfamilien 69
Eltern 71
Filme 81
Freizeit 87
Freunde 93
Glauben 101
Glück 103
Gruppenzwang 110
Handys 117
Körperpflege 119
Lehrer 129
Lesen 134
Liebe 139
Musik 153
Mut 157
Pubertät 169
Selbstwertgefühl 171
Sex 179
Spaß 187

Taschengeld	189
Tattoos	192
Teenager-Eltern	195
Vertrauen	198
Werte	205
Zeit	215
Ziele	218
Zukunft	221
Danksagung	224

Alkohol

Man könnte es den Morgen danach nennen. Tim steht erst auf, nachdem ich drei Weckversuche gestartet habe. An der Kücheneckbank lehnt er mit einem Arm auf dem Tisch, die andere Hand befindet sich an seiner linken Stirnhälfte.

Er jammert mir Folgendes vor: „Ich habe ja so Kopfschmerzen, ein total flaues Gefühl im Magen und mir ist absolut unwohl. Appetit habe ich gar keinen, ich glaube, dass ich mich gleich übergeben muss. Mein Verstand funktioniert heute gar nicht."

„Na bravo", sage ich. „Also hast du einen Kater. So wie du klingst, bringt es auch nichts, dir einen Fisch, Saures oder einen Rollmops für dein Frühstück herzurichten. Auf jeden Fall musst du nun viel trinken, und später gehen wir beide an die frische Luft."

„Warum denn das?" sagt Tim.

„Weil dir eine leichte Betätigung an der frischen Luft gut tut. Es hilft, deinen Kater schneller zu überwinden", antworte ich und denke dabei darüber nach, ob ich ihm eine Szene machen soll oder ob es besser ist, das Ganze erst einmal gelassen hinzunehmen. Ich entscheide mich für Letzteres.

Meine Gedanken schweifen zu meiner Jugendzeit, und ich erinnere mich an einen gewissen Tag, an dem ich tatsächlich viel zu viel Alkohol zu mir genommen hatte. Dieser Tag war heilsam und hat meine persönliche Einstellung zum Alkohol insgesamt sehr geprägt. An einem Feiertag, und zwar am 1. Mai, als ich gerade einmal vierzehn Jahre alt war, fand es ein Erwachsener toll, uns drei Mädchen Alkohol anzubieten. Da mir zu Hause auch nicht im Entferntesten Alkohol zugänglich war, probierte ich einen Schluck des an und für sich süßen Getränkes. Schnell stellte ich fest, dass dieser Likör wirklich süß und angenehm schmeckte. Als der Maibaum aufgestellt wurde, tanzte eine volkstümliche Gruppe ihren Trachtentanz, eine Blasmusikkapelle spielte dazu. Die Atmosphäre war heiter, und der zweite, dritte, vierte Likör schmeckte noch genauso gut wie der erste. Zu Anfang spürte ich die Wirkung der Getränke nicht.

Plötzlich wurde mir jedoch schwindelig, wie ich hörte, ging es den anderen Mädchen genauso. Danach hatte ich eine Zeit lang Gedächtnisverlust. Natürlich war es von dem Erwachsenen unverantwortlich, uns eine derartige Menge Alkohol einzuflößen. Den Schaden hatte allerdings nicht er, sondern ich. Einmal davon abgesehen, dass es mir zu Hause sehr schlecht erging und ich ständig die Toilette aufsuchen musste, kassierte ich zuletzt eine Standpauke meiner Eltern. Wobei mein Vater sagte, dass ich „diesen Rausch mein ganzes Leben nicht vergessen werde", womit er Recht behalten sollte. Tatsächlich ging es mir erst nach zwei Tagen ein klein wenig besser, worunter auch der Schulunterricht gelitten hat. Heutzutage trinke ich höchstens ein Glas Wein oder ein anderes Glas mit dem Inhalt eines alkoholischen Getränkes an einem beliebigen Tag.

Tim entscheidet sich dazu, wieder sein Bett aufzusuchen. Am Nachmittag steht er auf und lässt sich dazu überreden, einen Spaziergang zu unternehmen. Natürlich wählen wir einen Weg, an dem ihn nicht gleich seine Kumpels mit seiner Mutter spazieren gehen sehen. Denn das ist heutzutage ja nicht wirklich in.

Hören wir folgendes Gespräch mit an: Tim sagt: „Die Jungs brachten von der Bar blau aussehende Erfrischungsgetränke mit, auch mir wurde eines angeboten. Sie nippten daran, der Geschmack war süßlich. Die Clique stufte den Inhalt der Becher als harmlos ein. Also tranken wir mehr davon. Ich blieb bei Alkopops, manche tranken zusätzlich billigen Wein und zum Teil sogar Wodka."

„Konsumierst du Alkohol, solltest du bereits vor dem Schlafengehen größere Mengen von Wasser trinken. Dein Körper scheidet mehr Flüssigkeit aus als tatsächlich getrunken wird. Weil sich dein Körper Wasser aus dem Blutkreislauf holt, entstehen deine Kopfschmerzen. Außerdem ist eine gute Belüftung des Schlafzimmers wichtig, damit du nach dem Ausatmen nicht wieder Abbauprodukte deines Körpers einatmest."

„Deshalb hast du das Zimmer durchgelüftet, Mama."

„Ja. Du solltest zudem zu Hause eine Vitamin C- und B1-Tablette einnehmen, denn dein Alkoholkonsum hat diese für deinen Körper wichtigen Vitamine vernichtet."

„Woher weißt du das?"

„Das habe ich gelesen und ist eigentlich auch einleuchtend, meinst du nicht?"

„Eines will ich dir noch sagen. Es spielt keine Rolle, ob du oder deine Freunde verschiedenartige alkoholische Getränke zu euch nehmt. Entscheidend ist, ob es sich um Fuselalkohol handelt, den findet man hauptsächlich in minderwertigen Getränken. Reines Ethanol verursacht weniger Schädigung in deinem Körper und ist zumeist bei den teureren alkoholischen Getränken zu finden.

Am allerbesten ist es, wenn du ganz auf übermäßigen Alkoholkonsum verzichtest. Probier es doch bei deinem nächsten Treffen mit deinen Freunden aus. Spaß können Jugendliche auch ohne diesen haben. Wie siehst du das, Tim?"

„Okay, ich probiere es aus, für das Erste reicht es mir sowieso. Einen Kater brauche ich nicht mehr so schnell. Mama, ich finde es echt toll, dass wir darüber reden können, ohne dass du mir nur Vorhaltungen machst."

Fragt man Jugendliche zum Thema Alkohol, erhält man unter anderem die folgenden Antworten: Baptiste aus Frankreich: „In meiner Clique gehört man nur dazu, wenn man einiges an Alkohol verträgt."

Angelos aus Griechenland: „Ich trinke keinen Alkohol, er schmeckt mir nicht, jetzt nicht und später als Erwachsener auch nicht."

Niels aus den Niederlanden: „Aus der Klasse trinken einige Jugendliche bei Partys Alkohol und sind anschließend high."

Luke aus Irland: „Ich möchte anerkannt werden, also trinke ich mit."

Tommaso aus Italien: „Zu Hause steht genügend Alkohol herum. Aus Neugierde trank ich schon des Öfteren von den Likören, die schmecken echt gut. Meine Eltern haben das nicht bemerkt."

Adrian aus Polen: „Ich trank, weil ich das Klassenziel nicht erreicht habe."

Jose aus Portugal: „Ich werde von meinen Freunden auch akzeptiert, ohne dass ich mittrinke. Sie sind das von mir so gewohnt und überreden mich auch gar nicht mehr dazu."

Tobias aus Deutschland: „In meiner Disco kosten unalkoholische Getränke wesentlich mehr als alkoholische. Da bestelle ich mir natürlich ein alkoholisches Getränk."

Michael aus Österreich: „Bis 24.00 Uhr können die Jugendlichen in der Disco so viel trinken, wie sie wollen. Da kommt es schon vor, dass man bereits um 23.00 Uhr nicht mehr alleine stehen kann."

Samantha aus den USA: „Ich trinke, weil ich einsam bin. Meinen Eltern fällt es gar nicht auf. Dabei hoffte ich, dass sie es merken und mir mehr Zuneigung schenken."

Julie aus Frankreich: „Meine Eltern sagen, dass das Mädchen aus dem Zeitungsbericht noch leben könnte, wenn sie sich nicht zu den betrunkenen Jungen in das Auto gesetzt hätte."

Henrik aus Norwegen: „Mein Lehrer vertritt die Meinung, dass man einem betrunkenen Freund ausreden sollte, sich an das Steuer seines Fahrzeuges zu setzen. Das ist leichter gesagt als getan."

Jack aus England: „Vater sagt, dass die meisten schweren Unfälle nachts von Jugendlichen verursacht werden, die unter Alkoholeinfluss stehen und die zudem keine Fahrpraxis haben."

Ruben aus den Niederlanden: „Ich war immer schüchtern, trank ich jedoch, so war ich besser gelaunt und bewegte mich freier. Das hatte zur Folge, dass ich eine größere Achtung vor mir hatte. Mittlerweile trinke ich nicht mehr."

Krystian aus Polen: „Seit ich trinke, werden meine Schulnoten schlechter."

Olivia aus England: „Auf der Highschool trinke ich, weil ich Anerkennung suche."

Robin aus Belgien: „Fast jeder aus der Klasse hat schon Alkohol zu sich genommen."

Unterhält man sich mit einem Arzt, erhält man ein besseres Verständnis der Alltagsdroge Alkohol. Zur Wirkung des Alkohols sagt er dann, dass sich dieser in kleinen Mengen belebend, verdauungsfördernd, kräftigend, anregend, in großen Mengen jedoch eindeutig schädigend, berauschend und erschlaffend auswirkt. Er überreizt die Nerven, überanstrengt das Herz, überlastet die Verdauungs- und Ausscheidungsorgane, vergiftet das Blut und stört die Tätigkeit des Gehirns. Man spricht vom Rausch und Säuferwahnsinn. Trinker sind willensschwach, oft arbeitsscheu und unzuverlässig.

Im Rausch geschehen schwere Verletzungen, Verbrechen und Unfälle. Alkohol war auch schon bei den Naturvölkern bekannt.

Der Grad der Trunkenheit nach erheblichem Alkoholkonsum hängt von verschiedenen Faktoren ab, wie zum Beispiel vom Körpergewicht, von der Konstitution, von der Alkoholgewöhnung, der Art und dem Zeitpunkt der zuletzt eingenommenen Mahlzeit.

Bei 0,8 Promille Alkoholgehalt des Blutes sind viele Menschen nur noch bedingt fahrtüchtig, schwere Trunkenheit liegt bei etwa 2 Promille vor. Der Grad der Trunkenheit hängt von der Alkoholverträglichkeit ab.

Bekannt sind der Elends-, der Wohlstands- und der Fernsehalkoholismus. Wer eigentlich kein Geld hat, gibt das noch zur Verfügung stehende an einer Bar aus. Dies kommt häufiger vor, wenn auch noch die zur Verfügung stehenden Wohnräume in einer mehrköpfigen Familie begrenzt sind.

Beim Fernsehalkoholismus flüchtet man sich in eine andere Welt. Die Person setzt sich vor den Bildschirm. Dabei nimmt man Abstand von der Familie, vom Beruf, vom etwaigen Ärger, der im Hintergrund schwelt. Konsumiert man dabei Alkohol, zeigt die Ablenkung Wirkung. Der Alkohol wirkt entspannend, erleichtert das Abschalten vom Alltag, regt zugleich an und enthemmt den Trinkenden. Der Körper gewöhnt sich daran.

Ähnlich verhält es sich bei dem Wohlstandsalkoholismus. Die Trinkfestigkeit wird durch den ständigen Konsum erhöht. Der Körper mag mit Entzugssymptomen reagieren, sofern man ihm Alkohol verwehrt. Fühlt man sich erst wohl, wenn ein bestimmter Alkoholspiegel erreicht ist, besteht die ernst zu nehmende Gefahr, alkoholabhängig zu sein.

Auf Partys besteht oftmals ein gesellschaftlicher Zwang zum Alkoholkonsum. Mit dem Alkohol ist es wie mit anderen Genussmitteln, sie schaden dem, der mit ihnen nicht umzugehen vermag. Mit Alkohol sollte der Einzelne verantwortungsbewusst umgehen. Sofern jemand eine zu große Menge Alkohol zu sich nimmt, kann es verheerende Folgen für den Betreffenden haben.

Vermehrter Alkoholgenuss enthemmt, der eigene Mut nimmt zu, es wird einem vieles gleichgültiger. Lässt der Alkoholspiegel nach, nehmen die ursprünglichen Ängste und Spannungen wieder zu. Ein Gefühl der Beschwingtheit stürzt wie ein Ballon zu Boden, und die eigene Grundstimmung ist schlechter als vor dem Alkoholgenuss. Ein Jo-Jo-Effekt tritt ein. Alkohol löst keine Probleme. Man sollte sich nicht rechtfertigen müssen, wenn man keinen Alkohol zu sich nehmen möchte. Mäßiger Alkoholgenuss ist, wie das Wort sagt, ein Genuss und gereicht niemandem zum Schaden.

Ständiger Alkoholgenuss kann das Leben um zirka zehn bis fünfzehn Jahre verkürzen. Zirka die Hälfte der Straftaten werden unter Alkoholeinfluss begangen. Die Folgen sind dramatisch.

Alkopops, Wein, Schnaps oder Bier, Jugendliche nehmen regelmäßig Alkohol zu sich. Trinken, Saufen, Bechern, Kübeln, alle Begriffe stehen für das Einnehmen von Alkohol in größeren Mengen.

„All you can drink", heißt das Motto der Bars und Discotheken. Hierbei handelt es sich um Angebote, die zumeist bis Mitternacht gelten.

Vielleicht haben Sie auch schon von Flatrate-Partys gehört? Vollrausch für einen oftmals kleinen Geldbetrag. Wer kann da nein sagen? Das Risiko einer Alkoholvergiftung steigt. Wer zuviel Alkohol trinkt, büßt durch Übelkeit. Erbrechen ist eine Selbstreinigung des Körpers. Wenn Alkohol aber in extrem großen Mengen in den Kreislauf gekommen ist, können regelrechte Vergiftungserscheinungen wie Bewusstlosigkeit und Lähmung auftreten. Eine Belebung durch kaltes Wasser sowie Riechen an Salmiakgeist kann helfen. Anistropfen und Kaffee tun ebenfalls gut, sofern der Jugendliche bei Bewusstsein ist, ansonsten ist Bettruhe angesagt.

Besonders schädlich wirkt sich der Alkohol bei den 10- bis 15jährigen aus. Beim Konsum beeinflusst er das Zentralnervensystem und die Funktionen des Gehirns. Man verliert beim Rausch die Kontrolle über den Körper und seinen Willen beziehungsweise seinen Geist. Zum einen werden diese Kinder beim regelmäßig erhöhten Konsum schneller abhängig, zum anderen beeinflusst dieser die Aufnahme der Lernkapazität nachteilig. Zudem kann es zu ungewolltem Sex kommen, den der Jugendliche im Nachhinein bereut.

Gleichaltrige leisten oftmals einen Beitrag dazu, dass man einem Druck in der Gruppe nachgibt. Teilweise leisten Eltern einen Beitrag, weil sie selbst zuviel trinken. Sie brüsten sich damit, wie viel sie vertragen oder sehen ihn als Mittel zum Zweck an, ihre vorhandenen Probleme zu meistern. Einige Jugendliche fangen zu trinken an, weil sie von ihren Eltern misshandelt oder vernachlässigt werden.

Kennen wir nicht alle die Werbespots mit diesen toll gekleideten Fotomodellen, die ein Glas mit Alkohol in der Hand halten und bei einer schicken Party im Rampenlicht stehen? Wer lässt sich von dieser Szene in seinem Verhalten nicht beeinflussen?

Ein Mädchen kann sich überdies fragen: „Trinkt mein Freund zu viel Alkohol? Wird mein Freund unter Alkoholeinfluss gewalttätig?"

Falls ein Jugendlicher einen ihm sehr nahestehenden Menschen durch den Tod verliert, sollte er trotzdem Alkohol meiden. Das Ereignis der Trauer muss mit dem Verstand verarbeitet werden. Alkohol betäubt, erleichtert den Schmerz jedoch nicht wirklich.

Alkohol wirkt sich auf den Gemützustand, die Leber, die Bauchspeicheldrüse, das Gehirn und auf das Herz schädigend aus, sofern es sich um einen übermäßigen Genuss handelt. Irreparable Schäden mögen entstehen. Ein stetiger Alkoholgenuss endet früher oder später zumeist in der Abhängigkeit. Eine persönliche Reflexion mag angebracht sein, in dem man sich die Fragen stellt: Wie gehe ich selber mit Alkohol um? Was sind die Anlässe für einen solchen Konsum?

Die Liste der Gesundheitsrisiken ist lang. Sie reicht von „A" wie Alkohol-Embryopathien über „L" wie Leberzirrhose bis zu „Z" wie Zwölffingerdarmgeschwür. In den Medien hört man immer wieder, dass der Alkohol eine gesundheitsfördernde Wirkung habe. Vor allen Dingen besitze der Rotwein eine cardioprotektive Wirkung. Die arabische Bedeutung des Wortes „al-kuhl" wird mit das „Beste von etwas" übersetzt.

Länger andauernder und übermäßiger Alkoholkonsum kann zu folgenden Organschädigungen und eventuell psychischen Störungen führen: Persönlichkeitsveränderungen, Beeinträchtigung der Intelligenz, Beeinträchtigung des Reaktionsvermögens, Delirium tremens, geminderte Sehkraft, Lungenschäden, bleibende Hirnschäden, Herzschäden, chronische Magenschleimhautentzündung, Fettleber, Hepatitis, Leberzirrhose, Schrumpfung der Nieren, Zittern der Hände, Entzündung der Bauchspeicheldrüse, Arterienverkalkung durch entzündliche Blutgefäße, Alkohol-Embryopathien, Muskelschädigungen bis Muskelschwund, Impotenz, Beeinträchtigung der Gelenke, Nervenentzündungen und Verfall des Nervensystems.

Das war ein kleiner Auszug dessen, was als Resultat zustande kommen kann, wenn man es mit dem Trinken übertreibt. Bei den Jugendlichen kommt es eher vor, dass sie nach einem selten vorkommenden Trinkgelage Gleichgewichts- und Koordinierungsstörungen, einsetzende Gedächtnislücken, Bewusstseinsstörungen sowie nur noch ein geringes Reaktionsvermögen aufweisen. Das reicht für das erste auch schon.

Eine Alkoholfahne, Leistungsminderung, Konzentrationsschwäche, mangelndes Durchhaltevermögen, Selbstüberschätzung, Herumschwadronieren sowie eine schlechte Gesamtkonstitution mögen Hinweise für Alkoholmissbrauch sein. Hierbei handelt es sich nur um Beispiele, die genauso gut auf persönliche Schwierigkeiten, gesundheitliche Probleme, eine überaus belastende Arbeitssituation oder familiäre Probleme zurückzuführen sein können.

Ich sehe ein Stopp-Schild und möchte dessen Text an alle Jugendlichen weitergeben. Da steht: „Nehmt bitte Rücksicht auf eure Gesundheit und die Gesundheit anderer. Wir möchten, dass ihr fit bleibt und eure Jugend unbeschwert genießen könnt."

Der Alkohol beraubt Menschen ihrer Gesundheit, ihrer Intelligenz, ihrer Kreativität und ihrer wahren Persönlichkeit.

Übrigens: Tim hat sich während seiner gesamten Klassenfahrt diszipliniert verhalten. Den Weisungen der Lehrkräfte hat er Folge geleistet. Er und seine Schulkameraden haben verantwortungsbewussten Umgang mit Alkohol gezeigt. Sie hielten sich an die Hausordnung im Hotel, das war vor allem in der Nachtruhe der Fall. Sie hielten sich auch an das Rauch- und Alkoholverbot auf den Zimmern. Die Einhaltung dieser Regeln bescherte allen teilnehmenden Schülern eine harmonische, erlebnisreiche Woche und andererseits für den Lehrer die Möglichkeit einer Rückkehr in das Hotel mit anderen Klassen in den nächsten Jahren.

Arbeit

Kennen Sie als Jugendlicher das Gefühl, dass Sie nervös werden, Ihre Hände zu schwitzen beginnen, Ihr Magen sich bemerkbar macht und Sie sich krank fühlen?
So gehören Sie vielleicht zu den Schülern, die unter Schulangst leiden. Sie fühlen sich dem Notendruck zu sehr ausgesetzt, in Ihrer Klassengemeinschaft nicht wohl und oder kommen mit der Unterordnung in der Gemeinschaft und der gleichzeitig bestehenden Gruppenhierarchie nicht zurecht. Vielleicht wollten Sie immer schon auf das Gymnasium gehen, aber Ihre Eltern haben das nicht zugelassen, und nun weigern Sie sich, in Ihrer jetzigen Schule gute Leistungen zu zeigen. Nun fragen Sie sich, was das mit dem Thema Arbeit zu tun hat.

Sofern Sie zu den Spitzenschülern gehören, wird es Ihnen leichter fallen, den für Sie geeigneten Ausbildungsplatz zu finden, und es stellt für Sie auch keine allzu große Hürde dar, als Erwachsener einen adäquaten Arbeitsplatz zu bekommen. Das trifft natürlich vor allem unter den Umständen zu, dass Sie mobil und bereit sind, für eine Arbeitsstelle umzuziehen. Dann ist dieses Kapitel bereits beendet, und Sie können zum Lesen des nächsten übergehen. Für all die anderen schreibe ich weiter.

Die Lehrer kennen nur allzu gut die Situation, dass Schüler die Klassenarbeiten zu schwer finden und dass sie den ihnen vermittelten Unterrichtsstoff nicht verstehen. Somit sitzen diese Schüler während der Schulaufgaben vor den Aufgabenstellungen, lesen diese durch und finden keine passenden Lösungen. Wiederholt sich dieses Schema in mehreren Fächern, so geht der Schüler frustriert von der Schule ab, ohne einen Schulabschluss in der Tasche zu haben.

Ohne Schulabschluss ist es in der heutigen Zeit besonders schwer, auf dem jeweiligen Arbeitsmarkt unterzukommen. Zweck der Schulen ist es, auf das spätere Leben vorzubereiten. Die Schulen befähigen die Kinder mit der Zeit, das Lernen zu lernen.

Problemanalysen, Rationalität, logisches Denken, diszipliniertes Verhalten, Planen, Verantwortung für sich selbst zu übernehmen, sich nicht zu wichtig zu nehmen, absolutes Vertrauen, Ehrlichkeit und Fairness miteinander, die Bereitschaft, sich zu öffnen, ein offenes Ohr für die Nöte und Anliegen anderer zu entwickeln und eine gehörige Portion Humor gehört ebenfalls dazu.

Schüler mit guten Noten besitzen in der Regel eine gute Allgemeinbildung. Sie forschen gerne nach und haben ein gutes Handling dafür, wie man an die erforderlichen Informationen kommt. Jeder Mensch sollte seine Stärken und Schwächen kennen. Auch fällt es ihnen leichter, sich Wissen anzueignen und für sich daraus anwendbare Schlüsse und Ergebnisse zu erzielen.

Durch die Zeugnisse wird den Eltern, aber auch dem Schüler selbst aufgeschlüsselt, welchen Kenntnisstand er als Einzelner aufweist. Konzentriertes Lernen und Zeiteinsatz ist erforderlich. Dazu gehört ebenfalls, dass ein störungsfreier Rahmen geschaffen wird. Regelmäßiges zeitgleiches Lernen ist von Vorteil, weil somit eher ein gewisser Rhythmus beibehalten werden kann. Ordnung sowie Überschaubarkeit am Lernplatz sind ebenfalls sehr wichtig und unabdingbar. Eine gewisse Koordination und Systematik erfordert das Lernen vor allem, wenn es Erfolg versprechend sein soll. Erwachsene fallen, genauso wie Jugendliche, tagtäglich in ihrem Berufsleben in ein Raster, nachdem sie beurteilt werden, welchen Kenntnisstand sie sich angeeignet haben. Beurteilt wird zudem, welche qualitativen Ergebnisse sie in welchem Zeitraum erreichen.

Ein guter Schulabschluss ermöglicht in den meisten Einzelsituationen einen erfolgreichen Start in das Berufs- und Arbeitsleben, sofern der Jugendliche mobil ist. Unter Mobilität versteht man, dass derjenige, um den es sich handelt, in eine andere Region umziehen kann, vorrangig in die Nähe des künftigen Arbeitsortes.

Junge Menschen benötigen oftmals Unterstützung bei der Jobsuche. Oftmals weisen sie Lernschwächen oder persönliche Defizite auf. Dabei kommt es gerade auf soziale Kompetenzen an. Es ist angebracht, sie zuerst einmal im familiären Kreis mit Anleitung, Rat und Hilfestellung zu unterstützen sowie ihr Selbstvertrauen dahingehend zu stärken, dass sie ihre eigenen Fähigkeiten erkennen, damit diese freigesetzt werden.

Ziel ist es, die Jugendlichen dahingehend zu motivieren, die eigenen Fähigkeiten überhaupt einmal zu bewerten und die eigenen Talente besser, schneller und selbstbewusster zu entdecken, zu entwickeln und einzusetzen. Die Eltern kümmern sich also um die alltäglichen Probleme ihrer Kinder als auch um die Entwicklung einer beruflichen Perspektive. Das ist ein Traum, den ich habe. Dieser erfüllt sich immer öfter.

Der nahtlose Übergang von der Schule in die Ausbildung bis hin zur Abschlussprüfung sowie der Arbeitsplatzfindung ist zumeist entscheidend für die gesamte berufliche Entwicklung des Einzelnen. Gerade die

Jugendlichen, die, aus welchem Grunde auch immer, keinen Schulabschluss haben, benötigen eine besondere Förderung durch staatliche Institutionen. Berufsvorbereitende Angebote mögen hierbei in Betracht gezogen werden. Es zeichnet sich immer wieder ab, dass hierzu eine sozialpädagogische Unterstützung bei den Alltagsproblemen ebenfalls unabdingbar ist.

Es kommt häufig vor, dass junge Leute demotiviert sind. Dabei benötigen Jobsucher Eigeninitiative. Fachliche Qualifizierungen müssen zum Teil nachgeholt werden. Erforderlich ist ebenfalls, dass sie ihre Stärken, Kompetenzen und Wünsche realistisch einzuschätzen wissen.

Eine erfolgreich abgeschlossene Ausbildung schützt oftmals vor Arbeitslosigkeit. Damit ein nahtloser Übergang vom Berufsabschluss zur Arbeitsplatzsuche erreicht werden kann, bedarf es der Bereitschaft des Jugendlichen hierzu. Andererseits benötigen junge Menschen das Gefühl, gebraucht zu werden, also etwas Sinnvolles zu tun. Dazu gehören Arbeitsstellen oder sonstige Angebote, die auf ihre Situation passen, damit sie motiviert sind, intensivere Lernanstrengungen zu unternehmen. Dabei darf nicht außer Acht gelassen werden, dass eine gesellschaftliche Unterstützung auch eine Gegenleistung von Seiten des Jugendlichen erwartet.

Im Idealfall erhalten bildungsfähige und bildungswillige Jugendliche ohne abgeschlossene Berufsausbildung die Chance, einen Berufsabschluss nachzuholen. Einer individuellen Förderung bedürfen auch Personen, die wegen Schulmüdigkeit oder aber äußerst ungünstigen familiären Rahmenbedingungen über keinen für sie optimalen Schulabschluss verfügen. Die generelle Voraussetzung, dass sie intellektuell und motivational eine Ausbildung erfolgreich zu Ende bringen, sollte jedoch vorliegen.

Gründe, warum es nicht gleich mit der Ausbildung oder der Arbeitstätigkeit klappt, mögen unter anderem folgende sein: Mangelnder Bildungsstand, Wachstumsverzögerungen, Auffälligkeiten im Verhalten, Berufswahlunsicherheiten, fehlende Ausbildungs- und Arbeitsstellen und wie bereits erwähnt mangelnde Motivation. Manche resignieren bereits nach der Ausbildung und noch vor Beginn der eigentlichen Arbeitsphase.

Eine Arbeitsstelle zu haben und eigenständig Geld zu verdienen, ist eine tolle Sache und fördert das Selbstbewusstsein des jungen Erwachsenen.

Sofern es mit der geplanten Stelle nicht gleich klappt, kann man die Zeit gut mit einem Ehrenamt überbrücken. Damit kann die freiwillige

Arbeit in einem Altenheim, in Vereinen, wie beispielsweise im Sportverein, einer Werkstatt für Behinderte oder einer Schule gemeint sein. In einem Ehrenamt kann sich der Einzelne einbringen. Man hilft anderen und entwickelt sich persönlich weiter, die eigenen Talente treten zutage. Der eigene berufliche Weg lässt sich dadurch besser finden.

Pünktlichkeit, Verlässlichkeit und höfliche Umgangsformen sind die absoluten Grundvoraussetzungen bei der Job-Suche. Hinzu kommt geschicktes Verhalten, Motivation und Engagement. Erstrebenswert ist auch eine Belastbarkeit, Teamfähigkeit und ein gutes Sozialverhalten.

Das eigene gepflegte Erscheinungsbild, die Arbeitsbereitschaft, die Zielstrebigkeit, Konzentrationsfähigkeit, den Willen zu haben, sich mit einer beruflichen Tätigkeit zu identifizieren und realistische Berufswünsche und Arbeitsplatzvorstellungen zu haben, sind ebenfalls wesentliche Faktoren, auf die es ankommt. Mut und Selbstvertrauen benötigt man, wenn die berufliche Zukunft zu planen ist. Die Suche eines Arbeitsplatzes setzt eine exakte Planung, Kommunikation, Teamarbeit und unter gewissen Umständen eine Standortbestimmung des künftigen Wohnsitzes voraus.

Viele Jugendliche verfügen über eine gute Ausbildung, finden jedoch trotzdem keinen Job. Da heißt es, Durchhaltevermögen, Motivation, Kreativität und Planungskompetenz beizubehalten. Vereinzelt haben Jugendliche auch noch mit Drogenmissbrauch, Schulden oder wie bereits erwähnt mit familiären Problemen zu kämpfen. Unterstützung ist hier von sämtlichen Seiten angebracht.

Je niedriger die Qualifikation ist, desto schwieriger hat es der junge Mensch auf dem Arbeitsmarkt. Deshalb ist es unabdingbar, dass die schulischen Basiskenntnisse und -fertigkeiten und die Persönlichkeitsentwicklung erwarten lassen, dass der Jugendliche den psychischen und physischen Belastungen sowie den intellektuellen und betrieblichen Anforderungen einer Ausbildung oder eines Arbeitsplatzes standzuhalten vermag. Es erfordert stets eine hohe Motivation und ein Engagement seitens des Jugendlichen in unserer Welt. Nur ein schnelles Handeln des jungen Bewerbers ermöglicht eine Einstellung auf dem Arbeitsmarkt, wo es meistens auf eine rasche Besetzung ankommt.

Um schnell zur richtigen Arbeitsstelle kommen zu können, ist es erforderlich, dass der Jugendliche die wesentlichen Arbeitsinhalte und Aufgabenschwerpunkte seines angestrebten Arbeitsplatzes kennt. Dies ist auch notwendig, um im Bewerbungsverfahren zu bestehen und einem späteren Arbeitsabbruch vorzubeugen.

Auf die Bewerbungen gehe ich auch im Kapitel Ausbildung etwas näher ein. Man sollte nicht allzu sehr enttäuscht sein, wenn Absagen in das Haus flattern. Bei den wenigsten Bewerbungen hat dies mit der Person selbst zu tun, in der Regel eher mit der Vielzahl der Bewerber. Gehen wir einmal davon aus, dass ein Vorstellungsgespräch stattfindet.

Sinnvoll ist es, sich vom Personalchef beim Vorstellungsgespräch genau die Aufgaben schildern zu lassen, die an dem konkreten Arbeitsplatz ausgeführt werden. Zu erfragen ist zudem, welche Fähigkeiten und Kenntnisse erforderlich sind und in welchem Umfeld, also mit wem man in welcher Art und Weise sowie Intensität, zusammenarbeitet. In den größeren Betrieben erhält der Bewerber bei Nachfrage in der Regel auf Wunsch eine Kopie des Arbeitsplatz- und Stellenbesetzungsplanes ausgehändigt.

Auf das Thema Körperbotschaften gehe ich ebenfalls im Kapitel Ausbildung etwas näher ein. Doch möchte ich vorab auf ein paar Aspekte hinweisen. Beim Vorstellungsgespräch kommt es auf Ihre Haltung und Ihre körperlichen Signale an. Hände und Füße, also Ihre Gestik, zeigen entweder Gelassenheit oder innere Anspannung. Ihr Gesichtsausdruck und Ihre Mimik verrät Offenheit und Wohlgesonnenheit oder Distanz und Abneigung trotz oberflächlicher Freundlichkeit. Ihre äußeren Signale, also Ihre Körpersprache, zeigen Ihrer gegenübersitzenden oder -stehenden Person am ehesten Ihr wahres Ich sowie Ihre tatsächliche Meinung. An zweiter Stelle folgen die Kopfbotschaften, damit ist Ihr Gesichtsausdruck und Ihre Mimik gemeint. An dritter Stelle folgt Ihre Sprache, diese lässt am ehesten eine Täuschung zu. Der Personalchef bildet sich eine Meinung, in dem er prüft, ob Ihr Gesagtes, Ihre Kopfbotschaft sowie Ihre Körperbotschaft übereinstimmt.

Die Regel lautet also, dass Sie ehrlich bleiben sollen. Ein wenig Anspannung darf ruhig gezeigt werden. Schließlich ist einem dieser Termin und das Gespräch wichtig. Stehen Sie einfach zu Ihren Befürchtungen und Verunsicherungen. Hinterlassen Sie ein positives Gesamtbild und erklären Sie deutlich, wie wichtig Ihnen die angestrebte Arbeitsstelle ist. Etwas später gehe ich nochmals auf das Vorstellungsgespräch ein, weil es eben so wichtig ist.

Zwei Sprachen zu können, ist oftmals eine Hilfe bei der Stellensuche. Anhand von Lehrbüchern kann man die Zeit nutzen und sich beispielsweise Englisch beibringen, falls man diese Sprache bislang nicht beherrscht. Die Zeit mit Gelegenheitsarbeiten zu überbrücken, mag gegen Depressionen helfen. In den USA gehört es zum Alltag, verschiedene Mini-Jobs auszuüben.

Sofern man bereit ist, pünktlich zu sein, hart zu arbeiten, fleißig und ehrlich ist sowie dem Arbeitgeber mit Respekt begegnet, hat man eher eine Chance auf eine Stelle. Ehrlichkeit ist eine Eigenschaft, die von Arbeitgebern sehr geschätzt wird. Es ist durchaus üblich, dass sich Betriebe mit dem früheren Arbeitgeber in Verbindung setzen und nach dem tatsächlichen Entlassungsgrund und den Arbeitsgewohnheiten, der Einstellung zur Arbeit und der Berufserfahrung des Bewerbers erkundigen.

Hat man bei der letzten Firma einen guten Ruf genossen, stellt einen der neue Betrieb auch lieber ein. Es gehört zu den ureigensten Bedürfnissen des Menschen, ein produktiver Teil der menschlichen Gesellschaft zu sein. Arbeit zu haben, bringt für sich Selbstachtung ein, sie trägt zu einem sinnvollen Leben bei. Deshalb arbeiten etliche Menschen weiter, die längst in Rente gehen könnten oder so reich sind, dass sie eigentlich gar nicht arbeiten bräuchten. Manch ein Rentner muss sich jedoch auch Geld zu seiner Rente dazuverdienen, weil er sonst nicht über die Runden kommt.

Durch die Globalisierung der Wirtschaft und der Finanzmärkte hat sich ein destabilisierender Faktor entwickelt. Massiver Konkurrenzkampf und weltweite Fusionen bringen Unternehmen dazu, effizienter zu wirtschaften, was sich auf die vorhandenen Arbeitslätze auswirkt

Setzen wir alles daran, einen Arbeitsplatz zu ergattern.

Dazu gehört, selbst aktiv zu werden. Fragen Sie bei Firmen an, ob ein Arbeitsplatz frei ist. Suchen Sie sich über das Branchenbuch entsprechende Betriebe heraus. Welche Firmen kommen für Sie in Frage? Warum interessiert Sie genau diese Branche? Bei welchem Betrieb möchten Sie sich bewerben? Das erfordert natürlich einige Anschreiben. Fragen Sie gezielt bei den Geschäften oder Betrieben an, die Sie kennen und mit denen Sie in irgendeiner Form zu tun haben.

Eine andere Möglichkeit ist, selbst eine Stellenanzeige in der Zeitung aufzugeben. So machen Sie Arbeitgeber aktiv auf sich aufmerksam. Welche potenziellen Arbeitgeber möchten Sie ansprechen? Definieren Sie klar Ihr Anliegen. Der Leser muss prägnant mit wenigen Sätzen angesprochen werden und von Ihrem Potenzial überzeugt werden.

Erzählen Sie Ihren Freunden und deren Eltern sowie Ihren Nachbarn, dass Sie eine Stelle suchen. Sprechen Sie an, welche Tätigkeit Ihnen Freude bereitet und wo Sie sich einzusetzen gedenken. Das bekannte Vitamin B hat schon manch einer Person geholfen, auf dem Arbeitsmarkt integriert zu werden. Nutzen Sie dies als Chance für sich.

Gerade für junge Menschen ohne hinreichenden Schul- oder Ausbildungsabschluss gewinnt die Zeitarbeit an Bedeutung. Eine Entleihfirma übernimmt durchaus Arbeitnehmer in ein festes Arbeitsverhältnis, sofern man mit der Arbeitskraft zufrieden ist und gerade freie Stellen zu besetzen sind. Mitunter klappt eine Festanstellung auch nach erfolgtem Minijob, einer freien Mitarbeitertätigkeit oder nach einer durchgeführten Teilzeitarbeit.

Ihrem Bewerbungsschreiben sollte ein Anschreiben, gegebenenfalls ein Deckblatt, ein Lebenslauf, ein Bewerbungsfoto sowie zumindest zwei Zeugnisse beigefügt werden. Das Bewerbungsschreiben sollte immer an eine konkrete Person gerichtet sein. Achten Sie darauf, dass Ihnen keine formalen Fehler unterlaufen. Fragen Sie telefonisch durchaus im Unternehmen nach, wer für die Personaleinstellung zuständig ist, falls Ihnen der Name nicht geläufig ist. Dieses kurze Gespräch kann man auch dazu nutzen, sich eingehender über das Tätigkeitsfeld der Stelle zu erkundigen. Dieses Wissen kommt einem im Vorstellungsgespräch zu gute. Erklären Sie in Ihrer Bewerbung genau, auf welche Stelle Sie sich bewerben. Geben Sie eine kurze schriftliche Begründung ab, warum Sie diese Tätigkeit ausüben wollen und welche schulische und berufliche Qualifikation Sie anzubieten haben. Erläutern Sie kurz, wie Sie sich mit Ihren Fähigkeiten in den Betrieb einbringen können und warum gerade Sie für die Einstellung geeignet sind. Verwenden Sie ein ansprechendes Passbild, so dass Sie gleich einen guten Eindruck vermitteln.

Zumeist verwendet man einen tabellarischen Lebenslauf. In aller Regel beginnt man mit der Schulbildung und endet mit dem zuletzt ausgeübten Beruf. Diese Form des Lebenslaufes ist bei Berufsanfängern üblich. Wünscht der Arbeitgeber eine andere Form, sollten Sie dessen Wünschen entsprechen. Verschiedene Firmen erwarten eine E-Mail-Bewerbung, dies geht dann aber aus der Zeitungsannonce hervor.

Verwenden Sie keine Zeugnisoriginale, legen Sie gut lesbare Kopien der Bewerbung bei. Die Daten aus den Zeugnissen müssen mit Ihren Daten im Lebenslauf identisch sein. Legen Sie Bescheinigungen bei, wie beispielsweise von durchgeführten Praktika, Ehrenämtern in der Schule oder im privaten Kreis, dem durchgeführten Freiwilligen Sozialen Jahr oder ähnlichem.

Geben Sie bei Ihrer E-Mail-Bewerbung stets Ihre eigene E-Mail-Adresse an. Bei fitten Internetnutzern ist es angebracht, sich in einer eigenen Homepage zu präsentieren. Das erfordert selbstverständlich, einen Hinweis bei seiner Bewerbung zu geben. Ansonsten sollen alle regulären Inhalte des Anschreibens auch in einer E-Mail-Bewerbung zu finden sein.

Beim Vorstellungsgespräch wird es nach der Begrüßung sehr schnell zur Sache gehen. Ihnen werden beispielsweise folgende Fragen gestellt: Warum haben Sie sich gerade bei uns beworben? Welche Ausbildung haben Sie absolviert und welche Eignung bringen Sie für die angestrebte Tätigkeit mit? Fragen zum familiären sowie zum sozialen Umfeld werden oftmals gestellt. Haben Sie sich erkundigt, welche Produkte unser Unternehmen herstellt?

Charakterfragen werden gestellt wie beispielsweise: Wo liegen Ihre Stärken, wo Ihre Schwächen? Warum sind Sie für diese Stelle besonders geeignet? Streben Sie an, in einigen Jahren beruflich weiterzukommen? Damit erfährt man gleich, ob noch Potenzial in der Person steckt oder ob der Bewerber diese Stelle nur als Sprungbrett für ein anderes Unternehmen oder ein späteres Studium ansieht. Vielleicht wird er schon jetzt für eine später freiwerdende höher dotierte Stelle ins Auge gefasst. Welche Gehaltsvorstellung haben Sie? Man spricht über Arbeitskonditionen und beantwortet Fragen des Bewerbers, anschließend kommt es zur Verabschiedung des Interessenten.

Es ist gut, wenn man sich bereits zu Hause überlegt, wie man darauf antworten möchte. Tatsächlich sollte kein Bewerber unvorbereitet zum Vorstellungsgespräch gehen. Pünktlichkeit ist hier ebenfalls oberstes Gebot. Kleiden Sie sich passend zum Unternehmen. Fragen Sie beim Vorstellungsgespräch ruhig nach, mit welchen Mitarbeitern Sie zusammenarbeiten oder lassen Sie sich Ihren künftigen Arbeitsplatz zeigen. Wie bereits erwähnt, sollten Sie ehrlich und entspannt sein. Manchmal scheitert eine Einstellung an der allzu großen Nervosität des Bewerbers trotz der guten Zeugnisse.

Hochschulabsolventen knüpfen durchaus auf Messen die für ihre beruflichen Ziele erforderlichen Kontakte. Unternehmen präsentieren ihre Produkte und Dienstleistungen, pflegen ihr Image und stellen sich durchaus für Gespräche in Sachen Personalplanung zur Verfügung. Somit nutzen gewiefte Job-Sucher Messen, damit dem Personalberater ein erster Eindruck von sich selbst hinterlassen wird.

Die Anonymität des Stellenangebotes in der Zeitung und der damit verbundenen Bewerbung fällt weg. Der erste Eindruck ist oftmals entscheidend, schließt allerdings eine ordentliche Bewerbung und ein offizielles Vorstellungsgespräch nicht aus. Trotzdem sollte man nicht wahllos mit jedem Messestand Kontakt aufnehmen. Über den in das Auge gefassten Betrieb sollte man sich bereits zu Hause informiert haben, gegebenenfalls mittels Internet. Recherchieren kann man zumeist über die firmeneigene Homepage. Oftmals findet man auch eine Liste der aktuell zu besetzenden Jobs. Die Chance des Erstbeschnupperns wurde genutzt, und vielleicht entscheidet gerade dieses Gespräch über die eigene Karriere.

Die arbeitsmarktlichen Instrumente der europäischen Länder sind unterschiedlich, darum gehe ich auch in diesem Buch nicht auf diese Details ein, weil ich keine Kontroversen entstehen lassen möchte.

Auf unserem Planeten bestehen gerade, kurvige und äußerst verschlungene Berufswege. Wer seine Berufung kennt und von klein auf darauf hinarbeitet, sein Ziel zu erreichen, hat es leichter. Wertschätzung sollte jeder Mensch für das bisher Erreichte in der Schule, in der Ausbildung oder in der Arbeit haben. Bei der angestrebten Arbeitsstelle sollten im Idealfall die Rahmenbedingungen und die Inhalte der Tätigkeit passen. Sofern dies nicht ganz zutreffen mag, kann man für sich selbst eine geistige Brücke bauen und als Resümee zu dem Schluss kommen, dass einem die neue Tätigkeit mit Unterstützung des eigenen Engagement langfristig gesehen sehr viel Freude bereiten kann.

Grundvoraussetzungen hierzu sind mitunter die Entschlusskraft, der Mut und das Vertrauen zu sich selbst und zu Menschen, die einen dahingehend fördern und einem das neue Aufgabenfeld zutrauen.

Der Aspekt der Selbstverwirklichung hat sich heutzutage mehr denn je in die Freizeit verlagert. Gerade deshalb obliegt es dem Einzelnen, die Entscheidung zu treffen, auch einen Beruf anzunehmen, welcher einem vielleicht weniger zusagt als ein anderer.

Johann Wolfgang von Goethe sagte einmal: „Was immer du tun kannst oder wovon du träumst, fange es an. In der Kühnheit liegt Genie, Macht und Magie. Beginne es jetzt sofort!"

Jeder Mensch besitzt Stärken und Schwächen, und jeder Mensch ist ein einzigartiges Individuum, das Chancen verdient. Jedes Individuum bejaht die Individualität der eigenen Person, bejahen wir auch die Unterschiede der anderen. Stellen wir als Kollegen und Vorgesetzte am Arbeitsplatz ein ermutigendes Umfeld, das Anerkennung und Wertschätzung für den neuen Mitarbeiter beinhaltet, zur Verfügung.

Jugendliche benötigen Perspektiven, sie benötigen Arbeitsplätze. Da sage ich nur: „Auf zu neuen Ufern! Aber wo bleiben die Schiffe, die uns dahin bringen?"

Ausbildung

Die Anforderungen auf dem Arbeitsmarkt werden für unsere menschliche Gesellschaft immer komplexer. Daher ist eine fundierte Ausbildung erforderlich, damit man für sich sorgen kann. Bildung schließt ein, dass man gut lesen und schreiben lernt sowie ein klares Denkvermögen besitzt und überzeugend redet.

Haben Sie sich gefragt, warum man zur Schule geht? Reicht ein Minimum an Einsatz aus? Welche für das spätere Leben maßgeblichen Ziele haben Sie sich gesteckt? Welche Motive haben Sie?

In vielen Ländern gibt es die Regelschulpflicht. In einzelnen Ländern dürfen Kinder nur wenige Jahre zu Schule gehen. Den Kindern bleibt es dann überlassen, sich anschließend irgendwie durch das Leben zu schlagen. Eltern obliegt oft die Entscheidung, welche Ausbildung ihre Kinder wählen. Einige Länder verlangen Schulgeld. Mitunter können nur wohlhabende Familien für die Kosten aufkommen. In Tansania zum Beispiel muss man auch noch eine Schuluniform tragen, was die Kosten erhöht. Das gilt natürlich für viele weitere Länder ebenso.

Die geplante Ausbildung soll Jugendlichen die Möglichkeit geben, ihre Talente, Interessen sowie ihre Ziele für ihr späteres Leben auf eine geradlinige, ehrenhafte Art und Weise zu verfolgen.

An vielen Schulen kann man lernen, wie man Maschinen bedient oder auch mit Werkzeugen umgeht. Die Ausbildung zum Tischler und Zimmerer, in anderen Ländern aber auch zum Kraftfahrzeugmechatroniker und Elektroniker für Betriebstechnik, erfolgt zum Teil im ersten Jahr an Berufsfachschulen. Die Teilnahme an Kursen zur Erlangung von Fremdsprachen, Maschinenschreiben und vieles mehr ist sinnvoll.

Da in den meisten Ländern eine enorme Auswahl an unterschiedlichsten Lehrfächern angeboten wird, sollte man sich fundierten Rat einholen, damit man die richtige Wahl trifft. Eltern können hier ebenfalls eine große Unterstützung bei der Auswahl sein.

Im familiären Rahmen ist es bei einem Gespräch mit den Eltern sinnvoll, frühzeitig über die eigene Zukunft zu sprechen. Soll man lieber eine praktische Ausbildung absolvieren oder sich weiteres schulisches Wissen erwerben und später an einer Hoch- oder Fachhochschule studieren? Treffe ich eine ausgeglichene, realistische Entscheidung, was die Berufswahl anbelangt? Lerne ich im elterlichen Betrieb oder nutze ich das Vitamin B, wobei ich eine Ausbildung bei Geschäftsleuten, die meine

Eltern kennen, absolvieren kann? Ist es mir möglich, mit der geplanten Ausbildung meiner späteren Verantwortung als Erwachsener, die ich entweder als Ehefrau oder als Familienvater habe, nachzukommen?

Von Vorteil ist, dass diese Entscheidung bei der Familie und nicht bei der Schule und den Lehrern liegt. Hat man den Beruf und den Lehrbetrieb gut gewählt, ist man zufrieden. Was ist jedoch, wenn das Gegenteil eintritt? Eine gründliche Abwägung ist von Nutzen.

Persönlich finde ich es sehr unfair, wenn ein Ausbildungssuchender mehrere Ausbildungsverträge abschließt. Das kommt ja nicht vor oder doch? Einmal ganz davon abgesehen, dass hierbei dem Ausbildungsbetrieb Kosten entstehen, stellt der Betrieb diesen Ausbildungsplatz eventuell dann keinem anderen Schüler mehr zur Verfügung, sofern der unter Vertrag genommene Lehrling vor Beginn der Ausbildung wieder abspringt.

Auszubildende werden nützliche, anerkannte Mitglieder in unserer Gemeinschaft oder Gesellschaft, die nicht nur nehmen, sondern auch viel zu geben haben.

Der heutige Arbeitsmarkt erfordert eine hohe Flexibilität von uns allen. Nun liegt es bei den Eltern, ihren Kindern eine vernünftige Schulbildung und Ausbildung zukommen zu lassen. Im Einzelfall mag es sich um eine zusätzliche Ausbildung handeln. Die Vor- und Nachteile sollten gründlich abgewogen werden. Kommt beispielsweise ein Kind mit einem Wohnheimplatz zurecht, weil der Ausbildungsort von zu Hause zu weit entfernt ist oder geht der in etwa 16jährige Jugendliche in der Großstadt unter? Welche Ziele habe ich?

Wenn ein junger Mensch mit der Ausbildung fertig ist, erwartet man von ihm, dass er sich eine Ganztagsbeschäftigung sucht. Die andere Möglichkeit besteht darin, sich später selbständig zu machen. Dies hat meistens zur Folge, dass man enorm viel Zeit im Betrieb verbringt und selbst die Wochenenden nicht stressfrei ablaufen. Fast jeder sechste Erwerbstätige der Europäischen Gemeinschaft zählt derzeit zu den Selbstständigen und deren mithelfenden Familienangehörigen. Besonders hoch ist der Anteil in den noch landwirtschaftlich geprägten Ländern. Über die Hälfte der Selbständigen und mithelfenden Familienangehörigen in Europa sind inzwischen im Dienstleistungssektor tätig.

Auf jeden Fall eignet man sich wertvolle Fähigkeiten während der Ausbildung an, die man zumeist im gesamten Leben gebrauchen kann und wird. Haben Sie intellektuelle Begabungen, oder sind Sie eher im manuellen, handwerklichen, ja gar im technischen Bereich geschickt? Bei ersterem steht ein Studium an einer Hochschule an.

Lange war das Studium Generale an deutschen Hochschulen wenig beliebt. Doch mit der im Beruf verstärkt gefragten Fähigkeit zum interdisziplinären Arbeiten werden auch fachfremde Veranstaltungen für Studenten interessanter. Mehr und mehr wird der Blick über den eigenen Tellerrand Pflicht. War der Besuch der Veranstaltungen bislang überwiegend freiwillig, so ändert sich dieses Prinzip an vielen Hochschulen mit der Einführung der Bachelor-Studiengänge.

Die Regelungen sind uneinheitlich. Entweder gibt es speziell konzipierte Vorlesungen und Seminare, oder die Lehrenden öffnen ihre Veranstaltungen für Studenten aus anderen Fachrichtungen. Zumeist stehen die Veranstaltungen, die speziell für das fachübergreifende Studium geplant werden, unter einem Motto. Lehrende aus unterschiedlichen Disziplinen oder auch von anderen Hochschulen halten dann eine Vorlesung ab.

Beim Studium Generale geht es auch um die Vorbereitung auf das Berufsleben. Es gibt keine Disziplingrenzen. Das Studium Generale hilft, die eigenen Grenzen zu erkennen. Zudem wird die Hilfestellung für das spätere Arbeiten und die Möglichkeit angeboten, den eigenen Horizont zu erweitern. So können sich Sozialwissenschaftler rechtswissenschaftliche Grundlagen aneignen, oder Wirtschaftswissenschaftler durch philosophische Theorien zu neuen Denkansätzen kommen.

Ein Studium Generale sei ein Plus für jede Bewerbung. Gern gesehen wird beim Jobeinstieg auch der Besuch einer breiteren Palette von Veranstaltungen, wie sie das Studium Generale bietet. Da können die Studierenden die Scheuklappen abwerfen und sitzen nicht nur in Seminaren und Vorlesungen, die später abgeprüft werden.

Die Hochschuldiplomrichtlinie regelt die Anerkennung aller Hochschuldiplome, die ein mindestens dreijähriges Studium abschließen und die Voraussetzung für einen staatlich geregelten Berufszugang sind. Der Weg ist frei für ein Arbeiten in Europa, zum Teil auch für andere Kontinente.

Selten gibt es in den EU-Ländern eine geregelte betriebliche Ausbildung mit klaren Normen und festen Prüfungen. In einigen Ländern gibt es jedoch Ansätze einer betrieblichen Ausbildung. Der Jugendliche beginnt dann zumeist ein reguläres Beschäftigungsverhältnis und ergänzt sein berufspraktisches Wissen durch zusätzliche Kurse und Seminare.

Schulische Ausbildungen vermitteln gleichzeitig allgemeine und berufsbildende Kenntnisse und zum Teil Schul- und Berufsabschlüsse. Diese ermöglichen ohne eine weitere Ausbildung den direkten Einstieg in das Berufsleben oder berechtigen zum Studium.

Für viele Ausbildungen existieren, wie schon zum Teil erwähnt, eigene Schulen, berufliche Bildungszentren und berufliche Gymnasien. Die Theorie steht häufig im Vordergrund, kürzere oder längere Praxisphasen im Betrieb ermöglichen Einblicke in die berufliche Wirklichkeit.

Die meisten jungen Menschen müssen entscheiden, welche Ziele sie anpeilen wollen. Sie wägen ab, welche Ausbildung sie durchlaufen wollen und wie lange sie dauern soll. Lassen wir als Erwachsene ihnen unsere gesamte Unterstützung zuteil werden!

Spontan möchte ich hier ein besonderes Dankeschön an alle Lehrer und Unterweiser anbringen. Ein herzliches Dankeschön gilt aber auch allen Busfahrern, Lokführern, Piloten und Kapitänen, welche unsere Kinder und Jugendliche tagtäglich entweder zur Schule oder wieder nach Hause befördern beziehungsweise in der Ferienzeit wohlbehalten zu ihren Zielorten chauffieren. Dieser Dank ist auch an alle Chirurgen, Pflegekräfte, Feuerwehrmänner und Polizisten gerichtet. Natürlich ist dieser Dank für weitere Personen angebracht, die sich zum Wohle und zur Förderung unserer Kinder und Jugendlichen einsetzen, wie beispielsweise den vielen Erzieherinnen. Nicht zu vergessen sind alle sportlichen Trainer und die Väter und Mütter, die außer ihren eigenen Kindern auch weitere Mitglieder der Vereine mit ihren Fahrzeugen befördern. Habe ich jemanden vergessen, so entschuldige ich mich in aller Form. Was wäre unsere Gesellschaft ohne diese wunderbaren Persönlichkeiten mit ihren wertvollen Eigenschaften.

Nun gehen wir zur Ausbildungsplatzsuche zurück und auf das Bewerbungsverfahren bei Schulabgängern ein. Zuerst spreche ich jedoch das Vorstellungsgespräch an.

Wie gewinnen Sie einen Lehrplatz? Was erwartet der Betrieb?

Sehen wir die Sache aus der Sicht der Arbeitgeber an. Hören wir hinter einer verschlossenen Tür einem Gespräch eines Personalchefs mit seinem Mitarbeiter zu, das nach einem Vorstellungsgespräch stattgefunden hat und in etwa so ablaufen könnte: „Leider nehmen viele Eltern ihre Aufgabe und Verantwortung, ihre Kinder bei der Lehrstellensuche zu unterstützen, nicht im erforderlichen Maße wahr."

Der Mitarbeiter sagt: „Zumal in diesem Alter viele andere Probleme auf sie einstürzen."

Im weiteren Gespräch weist der Personalchef darauf hin: „Auch Hauptschüler haben heutzutage eine Chance im Berufsleben, allerdings müssen sie bereit sein, dafür auch Anstrengungen auf sich zu nehmen."

Der Mitarbeiter erinnert sich an den Gesprächsablauf mit dem Lehrstellensuchenden: „Der Suchbereich darf sich nicht nur auf den Heimatort beschränken, sondern der Wille, ebenfalls in einem größeren Umkreis die Lehre zu beginnen, sollte vorhanden sein. Das konnte ich bei dem Interessenten nicht gerade feststellen."

Der Personalchef erklärt: „Wichtig ist", so wurde betont, „realisierbare Berufswünsche zu haben und diese mit Kenntnissen über den ausgesuchten Betrieb und einem ordentlichen Auftreten der eigenen Person und aussagekräftigen Bewerbungsunterlagen zu vertreten."

Der Personalchef belegte an zahllosen praktischen Beispielen, wie wichtig das persönliche Erscheinungsbild bei einem Vorstellungsgespräch ist. Resümee aus den ersten Sätzen: „Es muss alles vorher geübt werden, denn der erste Eindruck, den ein Bewerber macht, ist meistens entscheidend, und dieser sollte sich durch ein gutes und sicheres Auftreten sowie mit adäquater Kleidung manifestieren."

Der Mitarbeiter erklärt: „Die Eltern sind sehr wichtig. Für mich muss der Berufsanfänger Ehrlichkeit und Begeisterung für seinen erwählten Beruf ausstrahlen, denn er sollte die Firma repräsentieren und positiv auffallen."

Der Personalchef betont allerdings: „Jeder begeht Fehler, diese müssen aber dann freimütig eingestanden werden."

Die Frage, inwieweit Eltern die Jugendlichen zu einer Vorstellung begleiten sollten, beantworteten beide bejahend.

Wiederum bringt sich der Personalchef ein: „Für mich sind die Eltern wichtig. Ob sie bei dem gesamten Einstellungsgespräch dabei sind oder sich später zurückziehen, bleibt ihnen überlassen, aber es zeigt mir: Hier ist Interesse vorhanden."

Der Mitarbeiter vertrat die Meinung, „dass eine Schnupperlehre ein entscheidendes Bild vermitteln kann. Der überwiegende Teil der Betriebe ist bereit, interessierte Jugendliche nach vorheriger telefonischer Anmeldung durch ihre Betriebe zu führen. Warum nehmen dieses Angebot nur die Hälfte der Jugendlichen wahr?"

Der Personalchef fragt seinen vertrauten Mitarbeiter: „Welchen Gesamteindruck hat der Jugendliche bei Ihnen hinterlassen? Sollen wir ihm eine Chance geben oder uns doch für den anderen Kandidaten entscheiden?"

Wie das stattgefundene Vorstellungsgespräch wohl für den Bewerber ausgegangen sein mag? Wer die Möglichkeit erhält, an einem Vorstellungsgespräch teilzunehmen, kann voll und ganz zufrieden sein.

Natürlich hat der Bewerber gleich nach Erhalt der Einladung zum Vorstellungsgespräch den anstehenden Termin entweder telefonisch oder mittels eines Briefes der Personalabteilung bestätigt. Der erste Eindruck ist entscheidend beim Vorstellungsgespräch. Sie stehen dem Personalchef gegenüber und binnen weniger Augenblicke haben Sie ein bestimmtes Bild von Ihrem Gesprächspartner. Bedenken Sie, dass es dem Herrn oder der Dame genauso ergeht.

Bei jeder Begegnung läuft immer das gleiche Schema ab, bewusst oder unbewusst. Stellen Sie sich eine Kommode vor. Welche Schublade wählen Sie aus? Zwangsläufig wird man bei einem Gespräch von der anderen Person ebenfalls in irgendeine Schablone oder Schublade gesteckt.

Gefällt Ihnen dieser Mensch, verzeiht man schon einen Flaps. Ein amerikanisches Sprichwort sagt: „Für den ersten Eindruck gibt es keine zweite Chance." Landen Sie erst einmal in der untersten Schublade, ist es schwer, wieder herauszukommen. Beim Vorstellungsgespräch hat man nur eine Chance. Worauf sollten Sie unbedingt achten?

Laut einer Studie der Universität California besteht der erste Eindruck aus 55 % der äußeren Erscheinung und der Körpersprache, aus 38 % des Klangs der Stimme und 7 % aus dem Inhalt, also das was wir sagen.

Geben Sie auf Ihre Haltung Acht. Gehen Sie aufrecht und gerade. Testen Sie Ihren Händedruck. Ist er zu fest, verletzten Sie den Drückenden, ist er zu lasch, wirft man Ihnen unbewusst Gleichgültigkeit vor. Senden Sie positive Signale aus. Seien Sie freundlich und offen, lächeln Sie. Kleiden Sie sich seriös, und seien Sie aufmerksam.

Das Outfit sollte zu dem Beruf und zu der Firma passen, in der Sie sich bewerben. Erkundigen Sie sich, welche Kleidung üblich ist.

Besorgen Sie sich einen Firmenprospekt oder sehen Sie sich die Firmenhomepage an. Ausgefallene Kleidung, schriller Modeschmuck sowie Parfümwolken kommen nicht gut an. Die Kleidung sollte gebügelt aussehen. Schuhe oder Stiefel, die frisch geputzt sind, fallen positiv auf.

Pünktlichkeit ist angesagt. Sie können noch einmal tief durchatmen und Ihr Handy ausschalten.

„Hallo, Herr oder Frau Ausbilder", ach nein, so nicht! „Grüß Gott, Herr oder Frau ...", das klingt wesentlich besser oder „Guten Tag ..." Treten Sie den Leuten im Betrieb nicht zu nahe. Halten Sie etwa fünfzig Zentimeter Abstand. Warten Sie ab, bis man Ihnen die Hand entgegenstreckt. Setzen sie sich erst, sobald Ihnen ein Sitzplatz angeboten wird. Sprechen Sie deutlich. Das Gespräch sollte nicht einseitig verlaufen. Zur Auflockerung fragt der Personalchef vielleicht, ob Sie den Weg zur Firma gut gefunden haben.

Antworten Sie nicht zu ausgiebig, auch nicht zu kurz. Jetzt können Sie Fragen stellen, die mit der Ausbildung oder der Firma zu tun haben. Wie viele Auszubildende hat das Unternehmen? Gibt es eine Lehrwerkstatt? Werden alle Lehrlinge nach der Ausbildung übernommen? Achten Sie auf Ihre Mimik und Gestik, allerdings auch auf die Körpersprache des anderen.

Erzählen Sie von Ihren Hobbys und darüber, wo Sie sich sonst engagieren. Welche Ihrer Hobbys haben mit Ihrem künftigen Beruf zu tun? Was können Sie besonders gut, was auch während der Ausbildung verlangt wird? Wie sieht Sie Ihr Gegenüber an, beeindruckt, neugierig, gelangweilt oder genervt? Lassen Sie dem Personalchef Zeit, Fragen zu stellen oder auf ein anderes Thema zu lenken.

Die folgenden Fragen werden gerne gestellt: Warum haben Sie sich für diesen Beruf entschieden? Warum bewerben Sie sich gerade bei diesem Betrieb? Welche Interessen und Fähigkeiten bringen Sie für diesen Beruf mit?

Zeigen Sie, wer Sie sind und was Sie können, das gelingt Ihnen umso besser, je sorgfältiger Sie sich darauf vorbereitet haben. Überlegen Sie zuvor zu Hause, wie Sie auf diese Fragen antworten. Präsentieren Sie sich überzeugend, damit Sie Chancen auf den Ausbildungsplatz haben. Die Zeit des Einstellers ist begrenzt. Deshalb wird er das Gespräch zu gegebener Zeit beenden. Aller Voraussicht nach wird er eine abschließende Frage stellen. „Ist Ihnen noch etwas unklar?"

Geben Sie die Antwort, und bedanken Sie sich freundlich für das Gespräch. Sie können erwähnen, dass Sie sich über eine etwaige Einstellung freuen.

Kommen wir zur offiziellen Bewerbung. Sich bewerben heißt: für sich werben. Die Bewerbung darf keine Tippfehler enthalten. Die Betriebe wollen vor allem wissen, mit wem sie es zu tun haben.

Lösen Sie sich in Ihrer Bewerbung von Standardformulierungen, und finden Sie eigene Worte. Seien Sie nicht flapsig in Ihrer Wortwahl, geben Sie sich nicht allzu cool.

Online-Bewerbungen sollten nur auf ausdrücklichen Wunsch der Firma versandt werden. Bei kleinen Betrieben kann es von Vorteil sein, die Bewerbungsunterlagen persönlich abzugeben. Bevor Sie die Bewerbungsunterlagen abschicken, lassen Sie diese von Ihren Eltern oder einem Lehrer auf Rechtschreibfehler und die Aufmachung überprüfen. Falls es sich um ein größeres Unternehmen handelt, werden Sie voraussichtlich zu einem Auswahltest eingeladen.

Gehen Sie ausgeschlafen und pünktlich zum Termin. Dann kann eigentlich nichts mehr schiefgehen. Vergessen Sie Ihre Schreibutensilien nicht. Hören Sie gut zu, wenn Ihnen die Aufgaben erklärt werden. Lesen Sie das Übersichtsblatt gut durch. Oftmals beinhalten diese Blätter bereits Lösungswege. Überspringen Sie eine Aufgabe, die Sie nicht lösen können, und verlieren Sie nicht zu viel Zeit mit dieser einen. Lassen Sie sich nicht einschüchtern, wenn Ihre Mitstreiter früher fertig sind als Sie.

Erkundigen Sie sich ruhig nach einer gewissen Zeit telefonisch beim Betrieb über den Stand Ihrer Bewerbung, allerdings nicht zu oft. Lassen Sie sich nicht entmutigen, sofern Sie laufend Absagen erhalten. Sprechen Sie zu Hause mit Ihren Eltern, und suchen Sie die Ursachen. Nur wenn man hier eine Antwort erhält, kann das Bewerbungsverfahren geändert werden. Trauen Sie sich, beim Betrieb nachzufragen, woran es gelegen hat. Hier ist die Ehrlichkeit der Betriebe gefragt, welche aus Bequemlichkeit nicht immer den wahren Grund nennen. Eine Absage können Sie bekommen, weil sich zu viele Interessenten beworben haben.

Weil ein anderer die Zusage erhält, heißt das nicht grundsätzlich, dass Sie ungeeignet waren. Die geforderten Voraussetzungen erfüllen jedoch nicht immer alle. Es mag daran liegen, dass der Schulabschluss oder die Zeugnisnoten mit dem gewählten Beruf nicht übereinstimmen.

Die Familie kann in Erwägung ziehen, für ihr Kind einen weiteren Schulabschluss zu ermöglichen, um den geforderten nachzuholen. Ein anderer Weg ist, dass Sie sich über weitere Berufe informieren.

Wenn Sie am Auswahltest gescheitert sind oder das Vorstellungsgespräch nicht gut lief, bereiten Sie sich das nächste Mal einfach besser vor. Meistens eröffnet sich eine zweite Chance bei einer erneuten Bewerbung für den ersehnten Ausbildungsberuf.

Nun ergänze ich meine Ausführungen, in dem nachstehend aufgezeigt ist, wie eine mögliche Bewerbung, zum Beispiel zur Rechtsanwaltsfachangestellten, aussehen kann.

Sehr geehrte Damen und Herren,

hiermit bewerbe ich mich auf die von Ihnen ausgeschriebene Position als Auszubildende zur Rechtsanwaltsfachangestellten. Zurzeit besuche ich die 10. Klasse der ... Realschule in ..., die ich voraussichtlich im Juli ... mit der mittleren Reife abschließen werde.

Über das Berufsbild habe ich mich bereits umfassend informiert. Der Umgang mit Menschen liegt mir, und zudem verfüge ich über gute Kenntnisse in EDV, Rechnungswesen und Deutsch, selbstverständlich auch über gute Umgangsformen. Deshalb habe ich Freude daran, in Ihrem Hause tätig zu werden.

Sie dürfen von mir erwarten, dass ich mich mit Fleiß den Ausbildungszielen widme und mich auch außerhalb meiner Ausbildung weiterbilden werde. Gute Englisch-Sprachkenntnisse sind vorhanden, die ich in den Sommerferien dieses Jahres durch einen Aufenthalt auf Malta bei einer Gastfamilie vertiefen konnte.

Über eine Einladung zu einem persönlichen Vorstellungsgespräch freue ich mich sehr.

Mit freundlichen Grüßen

persönliche Unterschrift

Anlagen
1 Lebenslauf
2 Zeugnisse
Passfoto

1. Beispiel eines Lebenslaufs

Persönliche Daten:
Name: Vorname, Nachname
Geburtsdatum: Datum
Geburtsort: Ort
Staatsangehörigkeit: Staatsangehörigkeit
Eltern: Vorname des Vaters, Nachname
Vorname der Mutter, Nachname
Lieblingsfächer: EDV, Rechnungswesen, Englisch

Hobbys: Ski fahren, Lesen, ehrenamtliche
Tätigkeit, Segeln
Schulbildung: 1995 bis 1999
Grundschule, Ort
1999 bis 2001
Hauptschule, Ort
2001 bis heute
Realschule, Ort

Ort, Datum
persönliche Unterschrift

2. Beispiel Zeugnis 1

Staatliche Realschule, Ort
Schuljahr Wahlpflichtfächergruppe II Klasse 9d
Zwischenzeugnis
für
Vorname, Nachname
Leistungen in Pflicht- und Wahlpflichtfächern

Religionslehre 1
Sozialkunde 2
Ethik –
Betriebswirtschaftslehre 3

Rechnungswesen 2
Deutsch 2
Sozialwesen –
Englisch 2
Sport 3
Französisch –
Musik 4
Mathematik 3
Kunsterziehung –
Informatik –
Werken –
Physik 2
Technisches Zeichnen –
Chemie 3
Textiles Gestalten –
Biologie –
Haushalt und Ernährung –
Erziehungskunde –
Textverarbeitung –
Geschichte 3
Textverarbeitung mit Kurzschrift –
Erdkunde 2
Informationstechnologie –
Wirtschaft und Recht 2

Die Schülerin verhielt sich stets lobenswert. Sie bereicherte den Unterricht durch überlegte Beiträge. Zudem folgte sie aufmerksam dem Unterricht und arbeitete sehr gut mit.

Ort, Datum
Schulleiter, Klassenleiter

3. Beispiel Zeugnis 2
Staatliche Realschule, Ort
Jahreszeugnis
für
Vorname, Nachname

Leistungen in Pflicht- und Wahlpflichtfächern

Religionslehre sehr gut
Sozialkunde –
Ethik –
Betriebswirtschaftslehre gut
Deutsch gut
Sozialwesen –
Englisch gut
Sport gut
Französisch –
Musik befriedigend
Mathematik befriedigend
Kunsterziehung –
Informatik –
Werken –
Physik befriedigend
Technischen Zeichnen –
Chemie gut
Textiles Gestalten –
Biologie –
Haushalt und Ernährung –
Erziehungskunde –
Textverarbeitung –
Geschichte gut
Textverarbeitung mit Kurzschrift gut
Erdkunde befriedigend
Informationstechnologie –
Wirtschaft und Recht –

Die Schülerin arbeitete mit enormem Fleiß und großer Beständigkeit. Sie bereicherte den Unterricht durch überlegte Beiträge. Die Schülerin verhielt sich stets ruhig und besonnen.

Ort, Datum
Klassenleiter, Schulleiter

Auch folgende Bewerbung kommt in der Realität vor:

Vorname, Nachname
Straße
Postleitzahl, Ort
Telefonnummer

Herrn
Dr. ...
Straße
Postleitzahl, Ort

                                                             Ort, Datum

Bewerbung um eine Ausbildungsstelle als Tierarzthelferin

Sehr geehrter Herr Dr. ...,

hiermit bewerbe ich mich bei Ihnen um einen Ausbildungsplatz in Ihrer Tierarztpraxis als Tierarzthelferin. Ich habe von meiner Freundin erfahren, dass sie im Jahre ... eine Ausbildungsstelle zu vergeben hätten. Meine Stärken sind eine schnelle Auffassungsgabe, Flexibilität und gewissenhaftes Ausführen von Tätigkeiten.
    Zurzeit besuche ich die 9. Klasse der Hauptschule in ... und schließe im Jahre ... mit dem qualifizierenden Hauptschulabschluss die Schule ab.
    Über eine positive Nachricht würde ich mich sehr freuen.

Mit freundlichen Grüßen

   persönliche Unterschrift

Anlage

Postwendend kam folgende Antwort des Arbeitgebers zurück:

                                           Dr. med. Vorname, Nachname
                                           Internist / Hausärztliche Versorgung
                                                          Straße
                                                   Postleitzahl, Ort
                                             Telefonnummer / Faxnummer

Frau
Vorname, Nachname
Straße
Postleitzahl, Ort

                                                                  Ort, Datum

Betrifft:
Bewerbung um eine Ausbildungsstelle als Arzthelferin / Tierarzthelferin

Sehr geehrte Frau ...,

ich führe im Ort eine internistische Praxis und kann Ihnen somit keinen Ausbildungsplatz als Tierarzthelferin anbieten.
Eine Ihrer Stärken – gewissenhaftes Ausführen von Tätigkeiten – hätte Sie vielleicht dazu veranlassen können, einen Blick in das örtliche Telefonbuch zu werfen, dem zu entnehmen ist, dass ich keine Tierarztpraxis führe.
Nichts für ungut.

Mit freundlichen Grüßen

persönliche Unterschrift
Dr. med. ...

Für welche Bewerberin würden Sie sich entscheiden? Einmal ganz davon abgesehen, dass es sich hier um zwei völlig unterschiedliche Ausbildungsberufe handelt.
Junge Menschen wünschen sich eine Perspektive für ihre Zukunft. Sie brauchen Ausbildungs- und Arbeitsplätze. Sie richten einen Appell

mit der Bitte an alle, dass man keine Vorurteile gegenüber ihnen hat, nur weil sie jung sind und es ihnen an Erfahrung und Wissen mangelt. Zudem sollte man sie nicht alle in einen großen Topf mit der Aussage werfen, dass sie faul seien. Das sind sie nicht. Diese Aussage ist ungerecht und wünschen keine Verallgemeinerung.

Stellvertretend für viele Jugendliche kommen ein paar Schüler zu Wort:

Heike aus Finnland: „Man sollte nicht mehr so viel Wert auf Materielles legen, die Anerkennung der Jugendlichen ist wichtig. Egal, welchen Status sie haben."

Esgül aus der Türkei: „Die Integration von jungen Ausländern in den verschiedensten Ländern auf unserem globalen Planeten ist bedeutend. Die Einbringung der Jugendlichen in der Gesellschaft erscheint aber ebenfalls erforderlich."

Thomas aus Deutschland: „Das Schulsystem sollte besser werden, so wie in Amerika." Ich gehe in diesem Buch nicht näher darauf ein, möchte auf diese Aussage aber auch nicht verzichten.

Verena aus Deutschland: „Eine Bewertung der Person sollte nicht nur nach Noten erfolgen, sondern das persönliche Bild sollte auch eine Rolle spielen."

Maria aus Österreich: „Es ist heutzutage für einen Jugendlichen schwer, den für sich geeigneten Beruf zu finden. Deshalb hole ich mir Rat und professionelle Unterstützung. Diesen finde ich in den Europäischen Beratungszentren. Diese Mitarbeiter bringen Licht in das Dickicht der Entscheidungen, was Berufsfindung, Arbeits- oder Lehrstellensuche anbelangt."

Tobias aus England: „Meine Trendberufe liegen im IT-Bereich sowie beim Sport- und Fitnesskaufmann. Interesse habe ich auch für den Beruf des Gestalters für visuelles Marketing, also bei einer betrieblichen Ausbildung."

Sonja aus der Schweiz: „Ich bin sehr kreativ und habe es mir in den Kopf gesetzt, Geigenbauerin, Goldschmiedin oder Steinmetz zu werden und habe mich sehr intensiv mit dem Lehrstellenangebot auseinandergesetzt."

Eduardo aus Spanien: „Ich habe mich für einen ausgefallenen Beruf entschieden. Meine Berufswunsch ist Tornadopilot."

Luis aus Frankreich: „Mein Vater ist Elektroniker, ich möchte ebenfalls Elektroniker werden, als Alternative kann ich mir auch den Mechatroniker und den Kraftfahrzeugmechatroniker vorstellen."

Martin aus Rumänien: „Mir ist es sehr wichtig, dass ich eine Ausbildung habe, die mir Freude bereitet."

Georgia aus der Ukraine: „Ich hoffe auf einen Ausbilder, der ein offenes Ohr für mich und meine Probleme hat."

Adriano aus Griechenland: „Ich bewerbe mich eigeninitiativ und frühzeitig, bereits ein Jahr vor dem Ausbildungsbeginn, bei sämtlichen Betrieben. Selbst bei Firmen, die keine Lehrstelle anbieten, frage ich nach, ob sie nicht doch ausbilden. Das erhöht die Möglichkeit, eine für mich passende Ausbildung zu finden."

Jasmina aus den Niederlanden: „Sobald ich mit der Ausbildung beginne, strenge ich mich echt an und zeige gute praktische und schulische Leistungen. Der Ausbildungsbetrieb soll stolz auf mich sein und nicht bereuen, dass sie mich eingestellt haben. Ich werde ein Vorbild, auch für andere Jugendliche, sein. Das habe ich mir zum Ziel gesetzt, mit Fleiß und Eifer erreiche ich das auch."

Alle hier zu Wort gekommenen Jugendlichen haben sich eingehend mit ihrer Berufswahl beschäftigt und arbeiten schulisch auf die Erzielung von sehr guten Noten hin. Sie wissen, auf was es ankommt, und haben daher einen guten Start in das Berufsleben. Diese Teenager verlassen sich nicht auf den Zufall ihrer beruflichen Möglichkeiten, sie alle streben mit Eifer und Fleiß ihr Berufsziel an.

Geben Sie, als Arbeitgeber, bitte auch anderen Schülern Chancen, weil nicht alle die erforderlichen Leistungen erbringen können, warum auch immer.

Viel Glück und gutes Gelingen beim Einstieg in den Beruf!

Bildung

Jeder Jugendliche hat prinzipiell das Recht auf Schulbesuch, Studium, Ausbildung, Forschung und Teilnahme an einem Jugend- oder Freiwilligen-Programm. Je nach ihren eigenen Lebensumständen oder denen ihrer Familie mögen sich diese Rechte unterschiedlich gestalten. Grundsätzlich können sie in weiteren Mitgliedstaaten der Europäischen Union (im folgenden EU) studieren, arbeiten oder an einem Jugendaustausch-Programm teilnehmen. EU-Bürger/innen benötigen bei einem längeren Aufenthalt in einem EU-Mitgliedsstaat keine Aufenthaltsgenehmigung. Für Jugendliche in der heutigen Zeit bietet sich eine Vielzahl von Möglichkeiten, die leider nur von einer begrenzten Anzahl in Anspruch genommen werden.

Die jeweiligen Einrichtungen müssen Sie zu den gleichen Bedingungen aufnehmen wie die im eigenen Land Studierenden. Das ist gut so. Falls ein Elternteil von Ihnen oder gar Sie selbst Arbeitnehmer in dem von Ihnen ausgewählten Land sind, stehen Ihnen weitere Rechte zu, beispielsweise ein Stipendium, Unterhaltsstipendium oder sonstige Beihilfen.

Die Aufnahmebedingungen unterscheiden sich in den einzelnen Mitgliedsstaaten mitunter sehr voneinander. Oftmals wird die Zulassung von im Einzelfall vorhandenen Sprachkenntnissen abhängig gemacht. Wichtig ist, dass man sich detailliert über das Bildungssystem des in Augenschein genommenen Landes informiert.

Sollten Studierende lediglich in einem Mitgliedsstaat der EU einen Hochschulkurs von weniger als drei Monaten besuchen wollen, reicht es völlig aus, einen gültigen Reisepass oder Personalausweis vorzulegen. Manche Staaten verlangen darüber hinaus eine Anmeldung bei der Meldebehörde.

Es ist auf alle Fälle wichtig, sich vor Beginn der Reise gründlich über die jeweiligen Aufenthaltsrechte zu informieren. Beim Studium sollte man rechtzeitig in einer Hochschule eingeschrieben sein, sich um die Krankenversicherung kümmern – Auskünfte geben die jeweiligen Krankenkassen – und über genügend finanzielle Mittel verfügen, damit man im Aufnahmeland nicht zum Sozialfall wird.

Teilnehmer an Jugend- oder Freiwilligen-Programmen sowie weitere Personenkreise benötigen als Bürger/in der EU bei einem längeren Aufenthalt in einem EU-Mitgliedsstaat ebenfalls keine Aufenthaltsgenehmigung.

Die Anerkennung eines Studienabschlusses ist mit einem Abschluss in den verschiedenen Mitgliedsstaaten gleichzusetzen. Diese Anerkennung schafft die Ebene, sich in den unterschiedlichsten Ländern weiterzubilden. Eine Benachteiligung aufgrund des Herkunfts- oder des Aufnahmelandes sollte nicht bestehen. Zusammenstellung der zu klärenden Punkte bei einem geplanten Auslandsstudium und im allgemeinen zum Thema Studium sind: Welche Partnerschaften hat meine Hochschule beziehungsweise meine Fakultät? Welche Studiengänge und Spezialisierungsmöglichkeiten werden angeboten? Bestehen Zulassungsbeschränkungen, und wenn ja, welche? Ist das Ablegen einer Aufnahmeprüfung erforderlich? Wird eine Sprachprüfung verlangt? Was wird in den einzelnen Ländern nach erfolgter Rückkehr anerkannt? Welche Form der Studien- und Prüfungsleistungen sind nachzuweisen? Zum Thema Kosten: Sind Studiengebühren zu bezahlen? Auf wie viel Geld belaufen sich die monatlichen Lebenshaltungskosten? Welche Förderungen kann ich unter Umständen erhalten, beispielsweise Stipendien oder Sonstiges? Zum Thema Formalitäten: Welche Termine sind einzuhalten, beispielsweise zu den Bewerbungsfristen? Welche Unterlagen benötige ich für die Bewerbung an der ausländischen Hochschule? Welche Einreise- und Aufenthaltsgenehmigung gibt es? Muss ich ein Visum beantragen, wenn ja, wo? Welche Übernachtungsmöglichkeiten habe ich, beispielsweise bei einer Gastfamilie oder in einem Jugendwohnheim? Muss ich ein Urlaubssemester beantragen, wenn ja, wo und wann? Bin ich ausreichend krankenversichert, auch für den Fall, dass ich im Ausland studiere?

Das Erasmus-Programm ist die einfachste Art in das Ausland zu kommen. Dieses Programm fördert den Auslandsaufenthalt an einer Gastschule in über 30 Ländern.

Das Programm Sokrates wurde für Jugendliche, Schüler, Studierende, Erwachsene und Lehrkräfte eingerichtet. Hier geht es um lebenbegleitendes Lernen. Hier kann man in Form einer Austauschmaßnahme während des Studiums das Land wechseln und sein Studium dort fortsetzen.

Zudem gibt es das Leonardo da Vinci-Programm. Es fördert Unternehmens-Praktika im europäischen Ausland. Ein Stipendium darf nur im Rahmen eines Projektes vergeben werden. Stipendiaten erhalten gegebenenfalls einen Zuschuss zu ihren Lebensunterhaltskosten, zudem einen Zuschuss zu den Reisekosten und eine organisatorische Hilfe für eine sprachliche und interkulturelle Vorbereitung. Es dient auch der Förderung der beruflichen Aus- und Weiterbildung, sowie der lebenslangen Bildung auf europäischer Ebene. Es werden insbesondere Pilotprojekte, Vermittlungen und Austauschmaßnahmen im Rahmen internationaler Partnerschaften gefördert, die aus öffentlichen und privaten Einrichtungen des Bildungssektors bestehen. Wenn Sie an einer Vermittlung oder einem Austauschprogramm teilnehmen wollen, müssen Sie sich an eine Bildungseinrichtung, Hochschule oder ein Unternehmen wenden, das an einem der Leonardo da Vinci-Projekte teilnimmt.

Wenn Sie älter als vierzehn Jahre alt sind, können Sie sich im Rahmen von Comenius an Sprachprojekten zwischen Ihrer Schule und der Schule eines anderen Landes anmelden. Eine andere Möglichkeit besteht darin, an einem Projekt mitzuwirken, das der Förderung der Zusammenarbeit zwischen den Schulen und der Entwicklung von Kontakten zwischen den Schülern der einzelnen Länder dient.

Hierzu gehören auch Austauschmaßnahmen für Schülerinnen und Schüler, die sich aktiv an der Entwicklung des Projekts ihrer Schule beteiligt haben. Den Projektschwerpunkt bilden Themen, die die Beteiligten besonders interessieren.

Das Programm Jugend fördert im nichtformalen Bildungsbereich grenzübergreifende Projekte, in die Jugendliche ihre Kreativität und ihre Einsatzbereitschaft einbringen können. Diese Projekte bieten eine Bildungsmöglichkeit auf internationaler und interkultureller Ebene, durch die das Verständnis für die kulturelle Vielfalt Europas gefördert wird und Vorurteile nach und nach abgebaut werden.

Im Mittelpunkt des Programms stehen Austauschmaßnahmen und der Europäische Freiwilligendienst. Durch die Teilnahme am Jugendaustausch können die Jugendlichen zwischen 15 und 25 Jahren andere soziale und kulturelle Gegebenheiten kennenlernen und Kontakte knüpfen. Der Europäische Freiwilligendienst bietet den Jugendlichen die Möglichkeit eines Auslandsaufenthaltes von höchstens einem Jahr und der Teilnahme als Freiwillige an einem lokalen Projekt. Die jungen Freiwilligen erweitern ihren Horizont, entdecken ein neues soziales und kulturelles Umfeld, arbeiten in einem Team, übernehmen Verantwortung und entwickeln Selbstvertrauen.

Zur Förderung der Eigeninitiative der Jugendlichen unterstützt die Aktion „Initiativen im Jugendbereich" kreative und innovative Projekte zur gesellschaftlichen Eingliederung Jugendlicher, die von den Jugendlichen selbst konzipiert und umgesetzt werden.

Wie Sie sehen, ist Bildung nicht nur auf die Schule beschränkt, es handelt sich vielmehr um einen lebenbegleitenden Prozess, der zu jedem Alter und überall stattfindet. Informieren Sie sich im Detail, was zu Ihnen passt. Die erforderlichen Adressen erfahren Sie über das Internet oder bei der Europäischen Kommission.

Soweit gestalten sich meine Ausführungen zum Thema Studium.

Wie sieht es allerdings für die herkömmlichen Jugendlichen in den Industriestaaten aus?

Mir sind Gedanken zum Thema Schule als zweite Chance in den Sinn gekommen. Da habe ich mir Fragen gestellt und versucht, eine Antwort zu finden. Sollten wir ein offenes Ohr für unsere Schüler haben? Ganz gewiss. Was verbindet man mit Glück? Wie sieht es heutzutage aus?

Jungs gehen in der Regel nach Beendigung der Schulzeit in Industrieberufe, Mädchen eher in den sozialen oder kaufmännischen Bereich. Routine ist angesagt, die zumeist im Alltag monoton wird. Abends nach der Arbeit ist man dann kaputt bei zuvor geleisteter schwerer Arbeit.

Heutzutage ändern sich die Betriebsstandorte sehr schnell. Die täglich zu verrichtende Arbeit ändert sich selten. Viele Jugendliche landen zufällig an ihrem jetzigen Arbeitsplatz. Für eine Ausbildung reichen die vorhandenen Noten nicht, höchstens gerade noch für eine Arbeitsstelle, zum Beispiel in einer Fabrik oder Kantine.

In der Schulzeit entstehen oftmals Blockaden. Diese können durch einen Umzug in eine andere Stadt mit beinhalteter völlig anderen Schule und neuen Freunden in einem anderen Klassenzimmer entstehen. Ein anderer Grund mag sein, dass die Ferien einfach zu schön waren. Wenn die Schule wieder losgeht, haben die Schüler keine Ziele. Deshalb strengen sie sich nicht an. Auch mag die soziale Herkunft ein Handicap sein. Doch Jugendliche müssen etwas aus ihrem einzigartigen Leben machen. Um berufliche Perspektiven zu erhalten, ist es gut, wenn sie rechtzeitig ein Praktikum durchlaufen.

Soziale Barrieren, schlechte Erfahrungen können die Aufnahme des Lehrstoffes beeinflussen. Sollte man vorschnell aufgeben? Das Wort Zukunft lässt sich nicht mit einem Wort beschreiben. Als erstes braucht man eine Arbeitsstelle. Hat man eine gefunden? Das ist Glück! Findet man keine, wird man unter Umständen obdachlos, landet später auf der

Straße. Das passiert durchaus in Industriestädten. Es sind leider keine Einzelfälle.

Träumen Sie als Jugendlicher manchmal? Sie sehen zu Hause aus dem Fenster und gehen mit Ihren Gedanken auf Reisen. Folgendes geht Ihnen gerade durch den Kopf: Manchmal ist es besser, etwas anderes zu lernen, als man gelernt hat. In der heutigen Zeit ist es durchaus möglich, eine weitere Ausbildung zu durchlaufen, das ist besser, als ständig unzufrieden zu sein. Es erfordert ganzen Einsatz. Welche Perspektiven schaffen Sie sich?

In der Schule vergessen viele Leute ihre Probleme, sie treffen Freunde. An der Pforte auf dem Weg nach Hause nehmen sie diese dann wieder mit. Eine gute Klassengemeinschaft ist sehr wichtig. Träumen Sie ab und zu von Ihrer Schule oder von Ihrer Ausbildung beziehungsweise Arbeit? Bildung, egal welche Sie genießen oder genossen haben, beeinflusst Ihr ganzes Leben. An dieser Stelle ist es mir ein außerordentliches Bedürfnis zu erwähnen, dass Anerkennung wichtig ist. Dies gilt für den Unterricht, für zu Hause als auch für das durchlaufene Praktikum.

Startet man eine Umfrage zum Thema Glück, erhält man vielleicht diese Antwort: „Glück ist, ein Kind zu gebären oder etwas zu besitzen." Glück lässt sich generell nicht leicht beschreiben.

Viele Jugendliche arbeiten geistig wie körperlich hart. Das ist nicht immer leicht. Fragt man eine Lehrerin oder einen Lehrer, beispielsweise in einer Berufsschule, könnte die Antwort in etwa so aussehen: „Wer ganz unten ist, erledigt die niedrigste Arbeit."

Oftmals sind die Eltern skeptisch, sofern ihre Kinder weiter zur Schule gehen wollen, um zum Beispiel das Abitur nachzuholen. Nach einer gewissen Zeit sind sie damit einverstanden.

Schulabschlüsse von Einwanderern werden oftmals in den Staaten nicht anerkannt. Die Eltern mögen einen einfachen Beruf ausüben. Plötzlich streben ihre Kinder einen Beruf an, den sie selbst nicht ausüben werden, weil sie eine ehemalige Chance verpasst haben. Dies gilt natürlich ganz allgemein auch für andere Elterngruppen. Wie stehen Eltern dazu? Gönnen sie ihren Sprösslingen, dass sie es besser im Leben haben? Ja?! Das ist gut so.

Schüler können in der Schule teilweise nicht stillsitzen und zuhören. Deshalb nehmen sie am Unterricht nicht aktiv teil. Manchmal liegt es einfach daran, dass die Schüler nicht ausgeschlafen haben. Liegt es daran, dass sie zu spät ins Bett gegangen sind oder dass der Lärmpegel zu Hause zu laut war? Vielleicht lässt sich ja etwas daran ändern.

Erfreulich ist es, wenn Jugendliche einen Beruf wählen können, den sie lieben, für den sie Freude empfinden. Schlechter ist es, wenn man in jungen Jahren schon sagt: „Wann bekomme ich endlich Rente?" Jugendliche möchten morgens aufstehen und sagen können: „Schön, dass ich zur Arbeit fahren kann. Ich habe eine Perspektive. Am Wochenende genieße ich dann die Freizeit."

Ich gehe nun auf die ärmeren Verhältnisse ein, wobei ich hier keine Kontroversen entstehen lassen möchte. Mir persönlich ist wichtig zu erreichen, dass mehr Mitgefühl von sozial stärkeren Familien entsteht, vor allem von Seiten der Jugendlichen. In erster Linie aber auch, dass finanziell besser gestellte Jugendliche alles dafür tun, die bestehenden Klassenunterschiede zu verringern. Denn wer kann es sich schon heraussuchen, in welche Familie man hineingeboren wird? Ich schreibe hier für die betroffenen Jugendlichen.

Ich bitte einfach um ein gewisses Verständnis für die finanziell Ärmeren und dass sie die gleichen Chancen erhalten wie alle anderen Jugendlichen. Sie sollten nicht in eine soziale Schublade gesteckt werden. Da spreche ich alle Länder an. Es gibt noch immer Länder auf dieser Erde, in denen es Jugendlichen verhältnismäßig gut geht. Dort leben aber leider auch finanziell arme Familien. Dieses Thema passt meiner Meinung durchaus zum Thema Bildung, und ich möchte nicht so tun, als wäre die Welt vollkommen.

Fragt man Familien, könnten die folgenden Texte auf sie zutreffen: Wenn man arm ist, spart man lange Zeit auf einen Tag, der mit der Familie im Freizeitpark verbracht wird. Dieser Tag ist dann so schön wie ein vierzehntägiger Urlaub in einem südlichen Land. Reisen mit den eigenen Eltern kennen die wenigsten finanziell ärmeren Kinder. Hier zählen Werte. Viele sind finanziell arm, fühlen sich jedoch nicht arm.

Manche Kinder leben jedoch von der Hand in den Mund. Kinder sind oftmals Opfer der Verhältnisse, in denen sie aufwachsen. Selbst wenn jemand arm ist, die Umgangssprache kann man positiv selbst gestalten. Kinder vergleichen sich in aller Regel mit den anderen in der Klassengemeinschaft. Viele Jugendliche müssen mit einem viel zu niedrigen Taschengeld auskommen. Drei Euro in der Woche? Was kann man damit anfangen? Andere Jugendliche erhalten gerade einmal zehn Euro pro

Woche in der Stadt. Geht den Eltern das Geld aus, muss das Taschengeld daran glauben, und es fällt einfach für die Woche aus.

Eltern geben durchaus Geld für Dinge aus, von denen ihre Kinder nichts haben. Diese sind zum Teil noch gesundheitsschädigend für sie. Sofern man ständig kein Geld hat, kann man sich nie etwas leisten. Hat man Geld, ist das wie ein Feiertag, dann schleudert man das Geld hinaus.

In den Städten sind die Kinder, weil sie hungrig sind, im Unterricht durchaus unkonzentriert. Sie ernähren sich ausschließlich von Tütensuppen und Schokoriegeln oder anderer ungesunder Ernährung. Das eigentliche Problem heißt oftmals nicht Unterernährung, sondern falsche Ernährung. Die wenigsten haben Pausenbrote dabei.

In armen Familien werden Entwicklungsstörungen oftmals nicht oder zu spät erkannt. Dies ist häufig der Fall, weil die Kinder an den erforderlichen Untersuchungen nicht teilnehmen. Sie besitzen zum Teil nicht das Fahrgeld dorthin. Sozial schwache Familien nehmen an den erforderlichen Schuleignungsuntersuchungen zu wenig teil. Es gibt auch schwer erziehbare Kinder. Einige bringen Schlafdefizite mit in den Unterricht. Manch einer ist von zu Hause traumatisiert. Zu Hause herrscht Radau, diese Kinder gehen lieber zur Schule, weil sie zu Hause nur Probleme haben. Auf diese einzelnen Schüler kann allerdings im Unterricht gar nicht richtig eingegangen werden. Besser gestellte Eltern und ihre Kinder leben klar im Vorteil. Bei etlichen Familien handelt es sich noch immer um einen exotischen Prozess, ein Buch zu besitzen.

Der PISA-Test zeigte es: Die sozialen Unterschiede stechen gravierend hervor. Der Bildungseifer wird existentiell nicht in jeder Familie als wichtig angesehen. In manchen Familien wird wenig geredet. Die sprachlichen Fähigkeiten bleiben zurück. Der Horizont der Kinder bleibt auf die Familie bezogen.

Schwache Schüler bedürfen einer starken Förderung. Heute kommt es stark darauf an, welche Eltern man hat. Arme Kinder schaffen es selten, auf das Gymnasium zu gehen. Viele besitzen jedoch zu Hause eine X-Box, eine Play-Station oder einen MP3-Player. Für die Technik ist gesorgt. Armut wird mit einem zuviel an technischen Geräten im Kinderzimmer kompensiert. Trotz Armut ist ein hoher Anspruch an häuslicher Ordnung erforderlich. Dafür plädieren die Kinder.

Kurz gehe ich auf Alleinerziehende ein. Einelternfamilien pflegen in der Regel wenig Kontakte. Es ist kein Geld für Geschenke vorhanden. Marken-Handy und Marken-Kleidung kann man sich nicht leisten. Die

Kinder werden ausgegrenzt. Finanziell schlecht gestellte Kinder werden von anderen in den Schulen provoziert, schlagen dann gegebenenfalls zurück. Besser ist es, wenn die Schüler wortgewandt sind und wie beim Schachspiel ihren Gegner in guten Zügen mit hervorragender Artikulation in das Matt setzen.

Chancen, Perspektiven und elterliche Geborgenheit sind für das Leben wichtig. Das Herz eines Kindes sollte geöffnet werden durch Zuhören, aber auch durch sinnvolle Beschäftigung. Eltern können sich um die Jugendlichen oft nicht kümmern, weil sie berufstätig sind. Viele Jugendliche können sich Schwimmengehen, Volleyballspielen oder den Umgang mit Pferden nicht leisten. Sie träumen von einem besseren Leben. Sie sagen, dass es weh tut, immer verzichten zu müssen. Es gibt kein richtiges Taschengeld, keine Akzeptanz in der Schule, weil keine Markenkleidung getragen werden kann.

Richtig schlimm wird es, wenn es Kindern und Jugendlichen bewusst wird, dass sie arm sind. Viele Eltern haben so viele eigene Probleme, dass sie sich für die Schulprobleme ihrer Kinder gar nicht interessieren.

Wie sieht es mit Luxus-Zufriedenheit aus? Arme Kinder kennen es nicht, im Mittelpunkt zu stehen. Es besteht zu Hause mitunter ein Mangel an Aufmerksamkeit. Mit bestehender Armut kommt eine gewisse Verwahrlosung, was dann wiederum wenig Zuneigung und Geborgenheit einschließt.

Beim gemeinsamen Mittagessen findet Erziehung statt. Das trifft auf alle Familien zu. Jedes Familienmitglied sollte etwas dazu beitragen, dass es finanziell schlechter gestellte Kinder und Jugendliche in unserer Gesellschaft leichter haben.

Kinder und Jugendliche brauchen in ihrem Umfeld Menschen, die sich um sie kümmern. Viele Kinder sind sozial nicht gut abgesichert. Eine soziale Verantwortung möchte niemand übernehmen. Bei den heutigen hohen Scheidungsraten sind die Kinder diejenigen, die darunter am meisten leiden. Familien fühlen sich nicht mehr verantwortlich, ihren Kindern eine warme Mahlzeit zu bieten. Bestimmte Kinder werden bevorzugt. Es handelt sich um die, die einen Ausbildungsplatz bekommen.

Die Aufgabe der Schule ist es, alle Kinder zu erziehen, auch die armen Kinder und Jugendlichen. Leider gibt es Gegenden, in denen Kinder keinen Grund sehen, sich anzustrengen, weil sie auch mit guten Noten keinen Ausbildungsplatz finden oder das Gymnasium eh nicht besuchen dürfen. Es gibt Eltern, die ihre Kinder als Eigentum betrachten. Sie betrauen ihre Kinder mit Aufgaben und Pflichten im häuslichen Bereich, für die sie noch zu jung sind. Kinder dürfen jedoch nicht die Rolle der Erwachsenen übernehmen, sondern müssen lernen dürfen!

Sehen Sie nicht weg, wenn Sie Armut sehen! Denken Sie daran, dass generell jeder Jugendlicher ein Recht auf Bildung, Ausbildung und Studium hat.

Chatroom

Der Chatroom ist ein Medium, mit dessen Hilfe Internetnutzer mittels zweier Computer kommunizieren können. Websites mit bestimmten Themen bieten einen so genannten Chat an. Themen für mögliche Chats sind beispielsweise: Briefe, Filme, Fernsehen, Freizeit, Hobbys, Reisen, Kultur, Musik, Politik, Religion, Sex, Städte, Themen für verschiedene Altersgruppen, Zeitgeschehen.

Es ist eine tolle Angelegenheit, beispielsweise von Europa aus mit Freunden in Neuseeland oder in den USA Kontakt aufnehmen zu können. Viele Menschen nehmen jedoch Kontakt zu Leuten auf, die sie gar nicht kennen.

Wer von Ihnen spricht auf einem belebten Platz in einer Großstadt jemanden an, um ein Date zu vereinbaren? Doch die Allerwenigsten, nicht wahr? Nehmen wir einmal an, Sie sprechen jemanden an, und die Person ist bereit, mit Ihnen in ein Café zu gehen und gemeinsam etwas zu trinken. Besitzen Sie soviel Menschenkenntnis, dass Sie innerhalb von Minuten erkennen, ob der andere ehrlich, fleißig, gewissenhaft, diszipliniert ist und Charakter besitzt? Laden Sie diese Person zu sich nach Hause ein? Wohl kaum!

Im realen Leben kommen wir auch nicht auf solche waghalsigen Ideen. Doch wie ist es beim Chatten im Internet? Ein Jugendlicher klinkt sich in den Chatroom ein, und eine weitere Person tut das gleiche. Ehe sich der Teenager dessen bewusst wird, unterhält er sich mit dem Internetnutzer. Es muss nicht zutreffen, doch es kann möglich sein, dass diese Person gar nicht diejenige ist, als die sie sich im Internet ausgibt. Das trifft leider manchmal zu.

Kinder und Jugendliche sind in der Regel unbedarft, da sie davon ausgehen, dass sich der Mitchatter im gleichen Alter befindet, in dem man selbst ist. Deshalb begeben sich immer wieder Kinder in die Gefahr, mit Pädophilen Kontakt aufzunehmen.

Die Gefahr besteht hauptsächlich bei Kindern, die zu oft alleine gelassen werden und die sich einsam fühlen. Scheidungskinder suchen ebenfalls Zuhörer für ihre enorme Frustration, die sich in ihnen aufgebaut hat und möchten über ihre Emotionen reden. Der eigene Name und die eigene Adresse sollte an fremde Personen keinesfalls weitergegeben werden. In welche Gesellschaft begibt man sich eigentlich?

Gerade deshalb ist es so wichtig, dass die eigene Familie offene Gespräche führt, in denen nicht nur alles schön geredet wird, sondern in denen Kinder und Jugendliche ehrlich über ihre Gefühle, über ihre Trauer, über ihre Ängste und Befürchtungen und auch über ihre Wut sprechen können. In einem herzlichen Elternhaus mag es Heranwachsenden leichter fallen, über ihre Gefühle und Gedanken zu sprechen, so dass sie keine fremden Personen über das Internet kontaktieren müssen.

„Singles zum Flirten", „Chatten und kennen lernen", „finden Sie Ihren Traumpartner" oder ein „Blind Date", das „Spiel der Liebe", so oder so ähnlich liest man die Überschriften im Internet. Erwachsene können sich ebenfalls einsam fühlen, und so benutzen auch sie das Internet, um Kontakte zu knüpfen. Manche Mitsurfer suchen jedoch lediglich ein Abenteuer, vielleicht sogar in ihrem tristen Ehe-Alltag. Dessen sollten sich die Anwender bewusst sein.

Schüler verplempern ihre kostbare Zeit gerne im Internet, Schularbeiten bleiben dadurch allzu gerne auf der Strecke. Sofern ein Zeitplan aufgestellt ist, fällt es dem Benutzer leichter, sich aus dem Internet wieder abzumelden. Selten können Jugendliche die konkrete Auskunft geben, wie viel Zeit tatsächlich vergangen ist, wenn sie am Computer sitzen.

Chatter gebrauchen Abkürzungen und tippen zu gerne die angewandten Wörter in den Computer falsch ein, weil es schnell gehen muss. Leider leidet die schriftliche Ausdruckweise der Schüler in den Klassenzimmern darunter. Sowohl in den Hausaufgaben als auch in den Schulaufgaben tauchen die in den Internet-Chatrooms benutzen Wörter auf, was ein Unverständnis der Lehrkräfte hervorruft.

Ingesamt gesehen stellt das Internet eine enorme Bereicherung für uns alle dar. Briefe benötigen eine geraume Zeit, bis sie am Bestimmungsort eintreffen. E-Mails kommen bereits nach wenigen Sekunden beim Empfänger an. Online-Konferenzen werden von Firmen durchgeführt. Eine private Unterhaltung ist bei vielen Chats möglich, ohne dass übliche Telefongebühren anfallen.

Ich persönlich nutze die kulturellen und musischen Informationen, die mir das Internet bietet. Außerdem informiere ich mich gerne über mögliche Reiseziele. Da ich mich schon von Kindheit an sehr für Geschichte interessiere, lese ich allzu gerne Details über Geschehnisse und Orte der vergangenen Epochen nach. So findet jeder Nutzer etwas anderes, mit dem er seine Zeit verbringen möchte. Machen wir weise Gebrauch von den Möglichkeiten des Internets.

Computer

Computer sind zumeist verfügbarer als die Menschen aus der eigenen Familie. Dazu gehört natürlich auch das Internet. Diese Medien kompensieren Stress und Langeweile. Zudem ermöglicht die Benutzung Gesprächsstoff. Es geht den Jugendlichen gar nicht so sehr um den Inhalt der Spiele, sondern mehr um das Kennenlernen neuer Mitspieler zu Hause vor dem Bildschirm und um die Gemeinschaft. Außerdem ermöglicht das Internet die Kommunikation mit Leuten in der gesamten Welt, was eine wichtige Rolle spielt. Die eigene Freizeitgestaltung wird damit zum Thema Nummer eins. So wundert es niemand, dass der Computer bei vielen jungen Leuten den ganzen Tag eingeschaltet ist. Spricht man sie darauf an, dass sie ja bereits seit Stunden vor dem Computer sitzen, sind sie völlig überrascht, dass die Zeit so schnell verflogen ist.

Bei uns zu Hause steht der Computer im Wohnzimmer. Das hat verschiedene Vorteile. Ob die Jugendlichen es wollen oder nicht, die Eltern haben einen Überblick dessen, womit sich die Kinder und Heranwachsenden gerade beschäftigen. Dadurch hebt sich zwangsläufig das Niveau der vom Anwender heruntergeladenen Spiele oder Seiten des Internets. Die Eltern und älteren Geschwister geben gerne wertvolle Hinweise, mit was sich die Benutzer auch einmal beschäftigen können.

Grundsätzlich gibt es Digitalcomputer und Analogcomputer. Digitalcomputer sind mit digitalen Geräteeinheiten ausgestattet, die digitale Daten verarbeiten. Analogcomputer enthalten analoge Geräteeinheiten und verarbeiten analoge Daten. Jugendliche spielen hauptsächlich an Digitalcomputern.

Derzeit sind LAN-Partys bei jungen Leuten beliebt. LAN ist die Abkürzung für Local Area Network. Dabei handelt es sich um Computerspiele, die viele Stunden dauern können. Dieses Spiel kann man auch im Internet mit Spielern spielen, die man gar nicht kennt. Ein Zusatzgerät ist notwendig, damit die verschiedenen Rechner miteinander verbunden, also vernetzt werden.

Ein Computerspiel ist ein interaktives Medium, ein Programm auf einem Computer, das einem oder mehreren Benutzern ermöglicht, ein durch Regeln festgesetztes Spiel zu spielen.

Der Begriff E-Game bedeutet Electronic-Game und gilt dabei für fast alle Spiele, weil er Video- und Konsolenspiele vereinigt. E-Games erfreuen sich immer größerer Beliebtheit, vor allem bei den Jugendlichen, aber auch bei den Erwachsenen. Heutzutage gibt es jede Menge an E-Games. Von Jump & Run, was Springen und Rennen bedeutet, über Shooter- und Actionspiele sowie Taktik-, Strategie- und Rollenspiele.

Dabei ist in den beiden Kategorien zwischen Einzelspielerspielen sowie Mehrspielerspielen zu unterscheiden. Bei Einzelspielerspielen handelt es sich um Spiele, die alleine oder zumeist mit Freunden als Zuschauer gespielt werden. Ein großer Teil der Spiele, wie beispielsweise Kartenspiele, beanspruchen nur wenig Zeit und werden in der Regel zum Zeitvertreib oder zur Ablenkung gespielt.

Den anderen Teil bilden Spiele, die oft eine Spieldauer von 20 bis 150 Stunden beinhalten. Die Beliebtheit dieser Spiele hängt meistens mit dem Spielprinzip und der Grafik-Engine zusammen. Bei einem großen Teil dieser Spiele handelt es sich um Shooter- und Ballerspiele, in denen so genannte Bots, also künstliche Intelligenzeinheiten, deren Handeln vom Spiel und dem Computer bestimmt wird, gegen den Spieler antreten. Taktik- und Strategiespiele spielen entweder in der Vergangenheit oder in der Gegenwart. Diese Spiele verfolgen das Ziel, mit einer oder mehreren Strategien gegen den Computer zu gewinnen. Spiele, welche sehr lehrreich sind, fallen oft noch in die Kategorie der Strategie- und Taktikspiele, werden aber als Simulationsspiele bezeichnet.

Mehrspielerspiele, auch Multiplayer-Games genannt, werden zusammen mit oder gegen andere Spieler gespielt. Diese Spiele werden wie bereits erwähnt im Internet oder im Netzwerk sowie auf LAN-Partys und Wettbewerben gespielt. Action-, Shooter- und Taktikspiele dienen dabei nur der Unterhaltung. Rollenspiele hingegen werden vorrangig zur Unterhaltung mit anderen per chatten, einer Unterhaltung per Text, sowie zur Gesellschaftsbeschäftigung genutzt.

Seit neuerem wird auch die Unterhaltung über Voice over IP genutzt, bei der sich die Spieler hören und miteinander sprechen können. Seit mehreren Jahren nimmt vor allem die Zahl der weiblichen Spieler zu. Diese organisieren sich genauso wie die männlichen Spieler in Clans. Clans können an kommerziell vereinbarten Wettbewerben teilnehmen.

Für die Akteure, die am Computer sitzen, verwischen sich Fantasien und Wirklichkeit. Sinnvolle Zeit, die früher für das Lernen, das kreative Spiel und das Zusammensein mit anderen Jugendlichen verwendet wurde, verbringen die Jugendlichen nun am Bildschirm des Computers. Es bleibt nicht aus, dass Spieler ihre Augen überanstrengen und aufgrund des Bewegungsmangels an Gewicht zunehmen. Sofern Jugendliche zu viel Zeit am Computer verbringen, kann dies zu Schlafstörungen, Haltungsschäden, Konzentrationsschwächen in der Schule, zu Sehschwächen, Nervosität und Leistungsversagen führen.

Generell ist es so, dass Computerspiele Jugendliche verbinden. Jungen sind abenteuerlustig. Sie finden Autos toll. Da die meisten von ihnen keinen Führerschein und kein eigenes Kraftfahrzeug besitzen, nutzen sie Autospiele, das ist der größte Kick. Sie sitzen virtuell im Auto und steuern es mit einem Lenkrad. So haben sie das Gefühl, wirklich zu fahren. Beliebt sind auch Skateboard- und Fußballspiele. Jungen nehmen gerne Videos auf oder hören am Computer Musik an. Jugendliche basteln gerne am Computer und installieren eine zweite Festplatte.

Mädchen chatten lieber und investieren ihre Zeit in soziale Beziehungen. Deshalb sind Computerspiele passé, obwohl die Tendenz dazu übergeht, dass sie ebenfalls einen eigenen Computer besitzen.

In der Regel zeigen Teenager, die wenig am Computer sitzen, bessere schulische Leistungen. Deshalb ist es vernünftig, dass die Spielzeiten von den Eltern geregelt werden. Man kann ja vereinbaren, dass hauptsächlich am Wochenende oder in den Ferien gespielt wird. Die Heranwachsenden spielen, weil sie Spaß haben wollen. Es ist eine Flucht in eine Gedankenwelt, eine Ablenkung vom Alltag. Aggressionen, Frust und Wut bauen sie ab. Sie übernehmen die Rolle des Akteurs.

Ich wünsche Ihnen viel Spaß bei diesem und bei Ihren weiteren Hobbys!

Date

Diese Seiten schreibe ich ebenfalls für die Jungen. Interpretieren Sie bitte deshalb ein „er" oder ein „sie" in den Text hinein.

Ihre erste Verabredung steht an. Hurra, er hat angerufen. Sie spüren Schmetterlinge im Bauch und Ihr Herz klopft wie verrückt. Hat er nur aus Höflichkeit angerufen oder findet er Sie nett? Zweifel treten auf. Verhalten Sie sich richtig? War es schlau, sich mit ihm vor dem Kino zu verabreden, oder wäre es geschickter gewesen, eine Eisdiele aufzusuchen? Vielleicht wäre es besser, mit ihm eine Fahrradtour zu unternehmen oder doch wieder nicht? Wäre ein Treffpunkt sinnvoll, an dem jeder einen kennt? Gewiss nicht.

Treffen Sie ihn zusammen mit Ihrer Clique? Er ist zwar schüchtern, doch Ihre Freundinnen lassen Ihnen innerhalb der Gruppe keine Chance, ihn kennen zu lernen. Außerdem fallen ungeschickte Bemerkungen, die Sie sich ersparen wollen. Es kann aber auch sein, dass diese Mädchen Sie unbedingt mit diesem Jungen zusammenbringen wollen. Nein, das kommt gar nicht in Betracht. Schließlich kennen Sie ihn ja noch gar nicht gut.

Eine sportliche Veranstaltung wäre doch geschickter als der Kinobesuch. Fällt Ihnen kein Gesprächsstoff ein, so bietet es sich an, über das Gesehene und Gehörte zu sprechen. Eine solche Veranstaltung ist unverfänglicher. Im Kino sitzen Sie stumm nebeneinander. Nach dem tollen Film kennen Sie sich kein Stück besser, oder doch? Eher nicht.

Seien Sie nur nicht so ernst. Das erste Treffen ist eine gute Möglichkeit, sich etwas besser kennen zu lernen, mehr nicht. Sind Sie beide verliebt, sieht man sich eh wieder. Sofern letzteres zutrifft verabreden Sie sich erneut. Ansonsten haben Sie einen Kameraden dazu gewonnen oder eine neue Erfahrung. Überlegen Sie sich vor dem Treffen, über welche Themen Sie mit ihm reden könnten. Seien Sie zuversichtlich, dass Sie genügend Selbstvertrauen und Mut besitzen, die richtigen Worte zu finden.

Passen Sie auf, dass Sie sich nicht gerade mit dem Jungen verabreden, den die Leute in Ihrem Wohnort als Mädchenhelden deklarieren. Nehmen Sie die rosarote Brille ab. Sehen Sie seine Vorzüge sowie seine Schwächen mit objektiven Augen.

Erzählt Ihnen Ihre Freundin etwas Negatives über ihn, so kann dies zutreffen. Handelt es sich um ein Gerücht, so mag es gut sein, dass Sie davon erfahren. Doch es kann sich auch um eine Flinte handeln. Gewinnen Sie selbst einen Eindruck von seinem Charakter und seiner Wesensart. Ist eine Ihrer Freundinnen oder Kameradinnen eifersüchtig und erträgt es nicht, dass gerade Sie diese Verabredung mit ihm haben?

Eigentlich sollte ein Junge das auserwählte Mädchen einladen. Ist er schüchtern und traut er sich nicht, oder zeigt er wirklich kein Interesse? Da Jungen zumeist höflich sind, stellt es sich mitunter schwierig dar, herauszufinden, was tatsächlich zutrifft. Es kann gut möglich sein, dass er davon ausgeht, dass Sie kein Interesse zeigen. Hat er Angst, zurückgewiesen zu werden? Ist er der Meinung, dass er Ihnen nicht das Wasser reichen kann? Das sagt man, wenn jemand die Ansicht vertritt, dass der andere eine Nummer zu groß ist und es somit keinen Zweck hat, seine Gefühle zu erklären.

In der heutigen Zeit brauchen Mädchen nicht zu warten, bis ein Junge sie einlädt. Allerdings sollte die Initiative nicht ständig von dem Mädchen ausgehen. Revanchiert sich ein Junge nicht und gehen alle Planungen von der weiblichen Seite aus, so hat man zumindest die Gewissheit, dass der anderen Person nichts an einem liegt oder er sich in seiner Rolle strikt und einfach sonnt.

Äußerst selten passiert es, dass Leute an ihrer großen Liebe vorbeigehen. Besonders schade ist es, wenn dies deshalb geschieht, weil keiner von den beiden den Mut aufbringt, seine wahren Gefühle zu zeigen. Dies geschieht aus der Befürchtung heraus, zurückgewiesen zu werden.

Was ziehen Sie zum Date an? Na klar, Ihre Lieblingsklamotten. Da kommt es natürlich darauf an, für welche Unternehmung Sie sich entscheiden. Wählen Sie die sportliche oder die feine, elegante Linie? Das Outfit sollte auf jeden Fall zum Anlass passen. Ein dezentes, unaufdringliches Make-up ist wesentlich angenehmer als mit dem Gesicht in die Farbdose zu fallen. Es sollte auch nicht der Eindruck geweckt werden, dass die Luftwaffe aufgrund der vorherrschenden Umweltverschmutzung ein allerseits bekanntes Parfüm aus Frankreich versprüht.

Sie besitzen ein selbstbewusstes Auftreten, geben sich natürlich und aufmerksam, beachten die Regeln der Pünktlichkeit, sind gut gelaunt, höflich und zeigen dezent Ihre Gefühle. Ein letzter Blick in den Spiegel bestätigt Sie in Ihrer getroffenen Auswahl, Ihr Erscheinungsbild kann sich sehen lassen.

Fragen stellen, Komplimente vergeben, zuhören, die eigenen Gefühle ein wenig zeigen, lächeln, Blicke austauschen, das alles haben Sie sich vorgenommen. Ja nicht aufdringlich sein, ein zu cooles Auftreten zeigen, indiskrete Fragen stellen, schrill lachen, nicht richtig zuhören und über vergangene Freundschaften reden. Das kommt Ihnen in den Sinn, bevor Sie sich treffen.

Da steht er vor Ihnen und lächelt Sie an. Ihre Schmetterlinge im Bauch fliegen hin und her. Ja, es ist der richtige, sagt Ihnen Ihre innere Stimme. Ihr Herz schlägt schneller, Ihre Stimme versagt. Mit den Worten „Hallo, wie geht es?" oder „Hallo, es ist schön, dass du pünktlich bist" oder „Hallo, deine Kleidung steht dir aber gut" oder „Hallo, schön dich zu sehen" oder „Hallo, wie geht es dir?" oder „Hallo, hast du gut hierher gefunden?" oder „Hallo, wie war dein Tag?" haben Sie gleich eine Gesprächsgrundlage.

Verhaspeln Sie sich in den Gesprächen nicht. Bewahren Sie eine gewisse Distanz. Reden Sie so, wie Sie mit anderen Leuten reden, also nicht lauter oder leiser. Fragen Sie ihn ruhig, welche Hobbys er hat und welche Filme ihn interessieren oder welche Bücher er gerne liest. Hört er gerne Musik und wenn ja, welche? Selbst wenn eine gute Stimmung beim ersten Treffen zu spüren ist, heißt das noch lange nicht, dass man sich wiedersieht. Es hat wenig Zweck, sich danach zu fragen, wie man bei dem anderen ankommt. Die Zeit wird es zeigen, ob man ein weiteres Treffen vereinbart. Da heißt es abzuwarten oder doch erneut die Initiative zu ergreifen, aber bitte nicht zu oft.

Sagt der Junge, „dass wir uns sehen", so muss damit nicht gemeint sein, dass er sich tatsächlich meldet. Sofern einer von beiden beim Date redet und der andere nichts sagt und sich gar nicht öffnen möchte, nutzt alle Zeit der Welt nichts, die man hat. Verhält er sich introvertiert oder langweilig? Lässt er gar kein Interesse an Ihrer Person erkennen, so ist es besser, keine weiteren Gefühle zu investieren.

Also, wenn er sagt, „bis bald" oder „ich melde mich" und danach nichts von sich hören lässt, so will er Sie bloß nicht verletzen. Da lobe ich doch taktvolle Ehrlichkeit. Das erspart Hoffnungen, die die Heranwachsende hegt.

Wer weiß, für was es gut ist, dass es mit dieser Freundschaft nicht klappt. Es könnte ja sein, dass der Junge gar nicht beziehungsreif ist. Trauert er am Ende einer früheren Freundin nach? Hatte er ein Wunschbild von Ihnen, das Sie gar nicht erfüllen wollen oder können? Liebt er eigentlich ein anderes Mädchen, wären Sie auf Dauer auch nicht glücklich. Sind Sie ihm als Mensch nur zu schade für seine Eskapaden? Zur wahren Liebe gehören zwei Personen, welche das gleiche wollen und dieselben Ziele haben.

Sie besitzen die gleiche Wellenlänge? Zudem ist die Zeit bei Ihrem Date wie im Flug vergangen? Sie gewinnen den Eindruck, dass er Sie auch sehr mag, so zeigen Sie es ihm durch Ihre Blicke oder durch Worte. Sparen Sie nicht mit Komplimenten. Wie wäre es zum Abschluss des Dates mit „danke, es hat wirklich Spaß gemacht", oder „danke für die Einladung, es hat mich gefreut, dich kennen zu lernen" oder „es war ein schöner Tag", oder „was hältst du davon, wenn wir wieder einmal etwas gemeinsam unternehmen?" Bedeuten Sie ihm etwas, spricht er ein willkommenes zweites Date an.

Das erste Date endet selten im Standesamt. Sehen Sie deshalb nicht alles so verkniffen. Gefühle werden früher oder später verletzt. Das gehört leider ebenso zum Erwachsenwerden wie die ersten Pickel, die selten vermeidbar sind.

Übrigens, meine erste Liebe und ich haben geheiratet.

Ihre Eltern haben mit ziemlicher Wahrscheinlichkeit schon einmal Liebeskummer gehabt. Fragen Sie doch einmal Ihre Mutter oder Ihren Vater, wie es mit ihrer ersten Liebe ausging. Wie war es beim zweiten oder dritten Date? Wie kam es dazu, dass sie geheiratet haben? Welche Eigenschaften hat ihm oder ihr an Ihrer Mutter oder Ihrem Vater besonders gefallen? Was hat ihnen imponiert? Ich kann mir gut vorstellen, dass sie gerne einmal davon erzählen.

Ich wünsche Ihnen, liebe Mädels und Jungen, dass Sie die richtige Partnerin oder den richtigen Partner finden, der hervorragend zu Ihnen passt. Bis dahin mag es ein längerer Weg sein, doch überstürzen Sie nichts. Sie haben unendlich viel Zeit!

Drogen

Ein Mädchen namens Sarina sagt, wie sie sich fühlt:

„Ein Junge kam mir so stark vor,
die netten Jungs ließ ich links liegen,
dieser eine Junge war so toll,
er nahm mich leider nicht für voll.
Wegen ihm fing ich an zu kiffen,
dieser Joint war nicht legal, rauchen,
süchtig nach den Haschischrollen,
nur weil es mein Freund so wollte.
Nur wegen ihm fing ich an,
nur wegen ihm war ich krank.
Jetzt bereu ich es aus tiefstem Herzen,
die Drogen bereiteten mir schlimme Schmerzen.
Eine Beratungsstelle hat mir geholfen,
ich danke all diesen wunderbaren Leuten,
ohne sie hätte ich es nicht geschafft,
heute bin ich wieder voller Kraft.
Ihr Jugendlichen verbaut Euer Leben nicht,
habt für Euch ein besseres Ziel vor Augen,
bleibt normal, werdet nicht abhängig so wie ich,
deshalb schreibe ich dieses kurze Gedicht."

Dieses Mädchen Sarina hatte Glück, weil ihr von qualifizierten Leuten geholfen wurde. Sie nahm die Hilfe einer Drogenberatungsstelle in Anspruch. Nach vielen Gesprächen erklärte sie sich bereit, eine Therapie in Angriff zu nehmen. Mit der Zeit nahm sie Kontakt zu ihren früheren Freundinnen und Freunden auf, die ihr das erforderliche Mitgefühl entgegen brachten und ihr Trost spendeten. Alle freuten sich mit ihr, denn sie war auf dem richtigen Weg. Sie bezogen sie in ihre sinnvollen Freizeitaktivitäten mit ein. Nun gilt sie in ihrer alten Clique als uncool, allerdings stört sie das nicht mehr.

    Die Drogenentziehungskur fing sie vor fünf Jahren an, nun ist sie clean, das Aufhören war allerdings schwer. Jetzt absolviert sie eine Ausbildung und wohnt wieder zu Hause.

Sie wollte an ihrem kaputten Leben etwas ändern. Deshalb nahm sie Kontakt zu entsprechenden Beratungsstellen auf. Sie fragte dort nach, was sie gegen ihre Abhängigkeit tun kann und wie man ihr persönlich helfen kann. Weil sie nicht alleine dort hingehen wollte, nahm sie eine Vertrauensperson mit. Heute hat sie Perspektiven für ihre Zukunft und sieht nach vorne. Ihre Eltern und Geschwister sind ebenfalls sehr froh darüber und unterstützen sie voll und ganz. Ihr Ausbilder ist mit ihrer Arbeit sehr zufrieden, in der Schule bringt sie hervorragende Leistungen auf das Papier. Außerdem hat sie einen netten Freund, der Charakter hat und mit ihr eine gemeinsame Zukunft plant. Der Aufwand hat sich für sie gelohnt.

Unter dem Begriff Drogen versteht man herkömmliche Sucht- oder Rauschmittel. Es gibt auch Drogen, die in der Pharmaindustrie verwendet werden. Drogen sind illegal, das wissen die meisten Jugendlichen, und so macht glücklicherweise nur eine Minderheit davon Gebrauch. Leider verfallen viele Jugendliche heutzutage Alltagssüchten, damit meine ich das Konsumieren von Nikotin. In diesem Buch spreche ich sehr offen über die Abhängigkeit und den Missbrauch von Drogen.

Ich bitte hierfür um Verständnis. Natürlich ist bei jeder betroffenen Familie die Situation anders gelagert. Deshalb kann ich auch gar nicht auf alle möglichen Konstellationen eingehen.

Die unterschiedlichsten Institutionen bieten Beratungen an. Dabei kann es sich um stoffgebundene Süchte wie Medikamente, Alkohol und Drogen handeln. Darüber hinaus gibt es auch Beratungsstellen, die zu stoffungebundenen Süchten Auskunft geben, darunter fallen beispielsweise Zwangsverhalten, Spielsucht oder Internetsucht. Diese Beratungen sind in der Regel kostenfrei. Zu den Hauptaufgaben dieser Institutionen gehört auf jeden Fall die Drogenberatung.

Erwachsenwerden ist ein schwieriger Prozess. Welche Werte sind für die Jugendlichen entscheidend? An welchen sollen sie sich orientieren und von welchen sollen sie sich abgrenzen? Jugendliche drehen an einem Globus und wissen oftmals nicht, für welches Ziel und für welchen Reiseführer sie sich entscheiden sollen. Können sie sich auf den althergebrachten, sich stetig nicht verändernden Reiseführer ihrer Eltern verlassen?

Ist es angebracht, sich einen aktuellen Reiseführer in einer Neuauflage anzuschaffen oder sollen sie gar ihren eigenen Reiseführer schreiben, indem sie eigene Wege finden, die noch kein Mensch erprobt hat? Wo und bei wem sollen sie sich Rat holen? Aufgestellte Prognosen werden von Erwachsenen immer wieder verworfen und sind somit nicht immer verlässlich. Daher fehlt Jugendlichen oftmals die Orientierung.

Die ältere Generation ist oftmals überfordert, den jungen Menschen den richtigen Weg zu zeigen. Die Pubertät ist in der heutigen Zeit eine Phase, die für die betreffenden Kinder und Jugendlichen schwieriger zu bewältigen ist als früher. Weltweit sucht man zukunftsfähige Problemlösungen auf den verschiedensten Gebieten. Die eigenen Eltern und Großeltern sind in manchen Bereichen verunsichert.

Die Heranwachsenden werden auf den unterschiedlichsten Ebenen gefordert, auf denen sie Höchstleistungen erbringen sollen. Mitunter entstehen Identitätskrisen. Dabei ist gleichermaßen eine aktiv gestaltete Lebensplanung unabdingbar. Viele Jugendliche werden mit den für sie bestehenden Belastungen und den von der Außenwelt auf sie herangetragenen Gestaltungsaufgaben und Erwartungen nicht fertig. Das mag ein Grund dafür sein, dass ein Jugendlicher drogenabhängig wird, es können jedoch viele andere Gründe tatsächlich als Ursache gelten. Später führe ich kurz aus, warum vereinzelte Jugendliche zudem nach Drogen greifen.

Ich persönlich kenne keinen Menschen, der sich freiwillig in ein Klapperschlangennest legen würde. Beißt eine Schlange zu, hat man unter positiven Umständen eine Überlebenschance. Leider geht es beim Missbrauch und bei der Abhängigkeit von Drogen bei den meisten ebenfalls um Leben und Tod. Drogen kosten ein Vermögen und bringen dem Konsumenten nichts ein. Das gesamte Lebensglück eines Menschen hängt zudem davon ab, ob man Drogen nimmt oder davon Abstand hält. Es steht sehr viel auf dem Spiel.

Psychische Veränderungen gehen oftmals auf eine Intoxikation zurück. Die Substanz wirkt auf das Zentralnervensystem ein, und während oder kurz danach kommt es häufig zu Streitsucht, kognitiven Beeinträchtigungen, Affektlabilität, beeinträchtigendes Urteilsvermögen und zur Beeinträchtigung im sozialen Bereich. Es kommt zum Versagen bei der Erfüllung wichtiger Verpflichtungen. Wiederholtes Fernbleiben von der Schule oder der Arbeit bis hin zum Schulschwänzen, Einstellen des Schulbesuches oder Ausschluss von der Schule in Zusammenhang mit dem Substanzgebrauch. Hinzu kommt in der Regel die Vernachlässigung der eigenen Familie, der Geschwister und der früheren Freunde.

Eine körperliche Gefährdung ist nicht auszuschließen, sofern man sich an das Steuer eines Kraftfahrzeuges setzt oder Maschinen bedient.

Wiederholte Auseinandersetzungen mit dem Gesetz in Verbindung mit dem Substanzgebrauch und eventuellen Verhaftungen aufgrund ungebührlichen Betragens folgen zumeist unausweichlich. Soziale und zwischenmenschliche Probleme wiederholen sich zudem. Streit mit den Eltern und anderen Personen über die Folgen der Intoxikation und zum Teil auch körperliche Auseinandersetzungen sind keine Seltenheit.

Neurologisch-psychiatrische Grund- und Folgeerkrankungen und vorübergehende Begleitreaktionen wie ein Entzugssyndrom, Delirium, Psychose sowie zelebrale Anfälle gehen mit der Abhängigkeit einher.

Jemand, der kifft, raucht entweder Haschisch (Shit, Piece), das Harz der Hanfpflanze oder die getrockneten Blüten und Blätter der Marihuanapflanze. Diese werden auch Cannabis, Pat, Heu, Gras, Kif oder Ganja genannt. Beide Substanzen können auf verschiedene Weise geraucht werden. Üblich ist das Vermischen mit Tabak als Joint oder pur in der Purpfeife. Die Wasserpfeife, der Bong und der Chillum ist ebenfalls bekannt. Es handelt sich um illegale Drogen, sowohl der Besitz als auch der Verkauf ist verboten!

Beim Gebrauch stellen sich Konzentrationsstörungen und Erinnerungslücken ein. Die Leistungsfähigkeit lässt nach, regelmäßiges Kiffen wirkt sich schädlich aus.

Zu den harten Drogen zählen Heroin, Kokain, Crack sowie Amphetamine. Sie zählen zu den unkalkulierbaren Drogen. Mit einer Überdosierung riskieren Sie Ihre Gesundheit und Ihr Leben!

Ecstasy, wird oftmals als Pulverform in Kapseln oder auch als Tabletten angeboten. Leider passiert es immer wieder, dass irgendeine Person diese Droge in ein Getränk schüttet und es ein Jugendlicher als Betroffener gar nicht merkt und davon trinkt. Dieser wird dann in gewisser Hinsicht ein Opfer. Bei dieser Droge handelt es sich um ein Aufputschmittel. Substanzen wie DOB, MBDB, MDE, MDA, MDEA, MDMA sind hier allgemein bekannt.

Der Konsum dieser Droge entwickelt nach der Einnahme innerhalb spätestens sechzig Minuten eine hochgefährliche Wirkung. Sie ist einer intensiven Rauschwirkung gleichzusetzen mit High-Effekt. Der Blutdruck steigt, die Herzfrequenz erhöht sich, die Pupillen weiten sich. Bei einigen Leuten bricht der Kreislauf zusammen, es kommt teilweise zu hohem Fieber. Die unterschiedlichsten irreparablen Risiken bestehen, auf die ich gar nicht in allen Einzelheiten eingehen möchte. Eine körperliche Abhängigkeit, Psychosen und Nervenschädigungen, auch Todesgefahr sind allerdings eine der nicht wieder gutzumachenden Nebeneffekte des ekstatischen Trips.

Cannabisrauchen verursacht auch Halsentzündungen, vereinzelt erkranken Konsumenten an Bronchitis. Bei Mädchen, die über eine längere Zeit Marihuana rauchen, ist nicht ausgeschlossen, dass sie später Kinder mit Geburtsfehlern auf die Welt bringen. Zumindest ist dies nicht ausgeschlossen.

Ein Drogenkonsument sollte nach Möglichkeit selbst bei einer Drogenberatungsstelle vorsprechen. Familienmitglieder können ebenfalls eine Beratung in Anspruch nehmen.

Zumeist kommt eine Beratung zustande, weil Angehörige einen gewissen Druck auf den Drogenabhängigen ausüben. Dieser Druck wird auch durch eine klare Forderung der Eltern an den Jugendlichen geäußert. Hierbei kann es sich darum handeln, dass dem Sohn oder der Tochter ein Ultimatum gestellt wird. Finanzielle Sanktionen sind im Gespräch oder ein geplanter Rauswurf aus der elterlichen Wohnung.

Ein Abhängiger ist mit seiner Sucht ständig beschäftigt. Er organisiert Drogen und Geld, vielleicht dealt er sogar. Hierbei versucht er, genügend Geld zu ergattern, damit er sich den nächsten und übernächsten Schuss setzen kann. Mitunter bewegt er sich in einem Milieu, in dem jeder nur seinen eigenen Vorteil im Auge hat und wo es keine Gnade gibt.

In den Gesprächen bei den Beratungsstellen wird darauf hingearbeitet, dass der Süchtige den persönlichen Wunsch entwickelt, von seiner Sucht abzukommen. Eine Grundvoraussetzung ist, dass der Jugendliche ein Problembewusstsein einbringt.

Hat sich der Süchtige zu dieser Entscheidung durchgerungen, kümmert sich die Beratungsstelle um einen Platz, voraussichtlich in einem Krankenhaus oder in einem Therapiezentrum, bei dem der Jugendliche entgiftet wird. Diese Entgiftungszeit dauert in der Regel zwei Wochen. Eine stationäre Aufnahme ist notwendig. Anschließend vereinbart dasselbe oder ein weiteres Therapiezentrum mit dem Drogensüchtigen eine fünf- bis neunmonatige stationäre Therapie. In seltenen Einzelsituationen werden ambulante Therapien vereinbart.

Die Erfolgsaussicht der Therapie hängt unter anderem von der Krankheitseinsicht, von der Mitarbeit des Jugendlichen, vom Schweregrad der Abhängigkeit, vom Ausmaß der psychischen und organischen Grund- und Folgeerkrankungen, von Art und Umfang bisheriger therapeutischer Maßnahmen, von der Verfügbarkeit geeigneter Therapieplätze sowie dem sozialen Umfeld, also der Familie, dem Arbeitsplatz, dem Freundeskreis und der sozialtherapeutischen Begleitung ab. Ist die notwendige Motivation vorhanden, ist eine erfolgreiche Entwöhnung innerhalb weniger Monate erreichbar.

Das Thema Rauchen möchte ich nicht ganz außer Acht lassen. Sofern man mit dem Rauchen aufhören möchte, sollte man alles entfernen, was damit zu tun hat. Dazu gehören die Zigaretten, der Aschenbecher sowie die Feuerzeuge. Zudem sollte man während der Abgewöhnungszeit Cafés, Discos und andere Treffpunkte meiden. Sport auszuüben ist eine gute Alternative für das Rauchen und Kaugummikauen, Nikotinersatzstoffe, welche in Kaugummis oder auch in bestimmten Pflastern enthalten sind sowie Akupunkturbehandlungen helfen, einen Entzug zu verwirklichen. Motivierend wirkt, wenn sich ein Freund oder eine Freundin bereit erklärt, ebenfalls mit dem Rauchen aufzuhören. Mit dieser Person kann man seine Freizeit so wählen, dass man Situationen meidet, bei denen geraucht wird.

Manche Jugendliche schneiden sich ihren Lebensfaden selbst durch. In den vergangenen Jahrhunderten war die Wirkung von Alkohol und Tabak wesentlich besser bekannt als die Auswirkungen der heutigen Chemieerzeugnisse oder orientalischer Drogen. Die heutige Sterblichkeit der Leute, die Zigaretten, Alkohol und Rauschgift konsumieren ist hoch.

Einer Rauschmittelsucht kann nur durch Prophylaxe entgegengewirkt werden. Es gibt Personen, die Haschisch konsumieren, ansonsten völlig normal ihren Alltag meistern und das Haschen wieder aufgeben so wie sich andere das Rauchen abgewöhnen. Aber die Fixer, die sich Heroin in ihre Blutbahnen spritzen, ruinieren ihr Leben. Wer mit dem Tod spielt, gilt vor anderen und sich selbst oft noch als mutig. Sofern derjenige daran stirbt, wird er wohl kaum mehr als mutig betrachtet.

Ob ein Jugendlicher aus Gruppenzwang, aus Neugierde, aus Langeweile, aus einer Depression heraus oder einfach aus Genussgründen Drogen ausprobiert, macht keinen Unterschied. Etliche können letztendlich nicht mehr davon lassen. Den meisten Schülern werden im Laufe ihrer Schulzeit früher oder später Drogen angeboten. Viele Schüler besitzen das notwendige Selbstwertgefühl, dieses Angebot abzulehnen.

Diese Jugendlichen wissen oder erahnen, dass sie mit den Problemen, mit denen sie konfrontiert werden, alleine fertig werden müssen. Sie wissen auch, durch ihr häusliches Umfeld, dass es für alles eine Lösung gibt und dass aus ursprünglichen Misserfolgen, die jeder Jugendliche einmal hat, später Erfolge werden können. Man sagt ja, dass sich, sofern sich eine Türe schließt, etliche andere Türen geöffnet werden. Ich persönlich kann das nur bestätigen, weil ich auch hierin im Laufe meines Lebens Erfahrungen gesammelt habe.

Ich kenne das Gefühl des Niedergeschlagenseins, der Frustration, des Selbstzweifels, der momentanen Hoffnungslosigkeit, auch des unglücklichen Verliebtseins, des nicht Weiterwissens, finanzielle Sorgen, Trauer, die einen fast aus dem Gleichgewicht bringt, und der Enttäuschungen. Allerdings wollte ich niemals vor der Wirklichkeit fliehen. Da ich ein sehr positiv eingestellter Mensch bin, sagte ich jedes Mal, dass ich da einfach durch muss und auch wieder eine bessere Zeit kommt. Sofern man emotional ganz unten ist, geht es zumeist wieder aufwärts. Drogen habe ich nie gebraucht. Dafür bin ich dankbar.

Als Jugendlicher kann man in einem materiell sehr begüterten Haushalt aufwachsen und trotzdem oder gerade deshalb mit dem Leben nicht zurechtkommen. Sicherheit findet man bei Drogen nicht. Die Einnahme von Drogen stoppt die eigene Persönlichkeitsentwicklung.

Wollen Sie ein ausgeglichenes Leben führen, sollten Sie darauf achten, mit wem Sie sich anfreunden. Sarina hat sich ursprünglich keine Gedanken dazu gemacht. Sonst wäre sie nicht in die Falle getappt. Sie war neugierig und wollte wissen, wie Drogen wirken. Einige ihrer früheren Freunde der alten Clique haben ihr Leben verpfuscht. Sie haben es nicht geschafft, diesem Prozess zu entfliehen. Sie lungern den ganzen Tag nur so herum und beachten kaum, was um sie herum geschieht. Sie fühlen sich leer und ausgebrannt, sind freundlich zu ihrer Umgebung, jedoch ohne Perspektive.

Sarina wird ihnen einen Brief schreiben und sie bitten, doch einmal darüber nachzudenken, ob sie sich doch dazu aufraffen können, Kontakt mit einer Drogenberatungsstelle aufzunehmen. Den Brief gibt sie jedoch nicht persönlich bei ihnen ab, denn nun geht es ihr besser, und das soll auch so bleiben.

Einelternfamilien

Eltern verdienen Achtung, Respekt und Mithilfe seitens aller Menschen, die mit ihnen zu tun haben. Was wäre unsere Gesellschaft ohne Kinder? Mütter und Väter, die ihre Kinder alleine erziehen, haben mitunter mit großen Schwierigkeiten zu kämpfen. Ob die Kinder von Anfang an alleine erzogen werden oder ob dies nach einer Scheidung oder dem Tod des Partners zwangsläufig erfolgt, spielt hierbei keine große Rolle im Einzelschicksal.

Gleichgültig, für welche Erziehungsmethode sich der Einzelne entscheidet, wirkt sich diese immer nachhaltig auf die Entwicklung der Kinder aus. So sollte sich der Betroffene fragen, ob eine Berufstätigkeit angebracht und möglich ist. Ist die Aufnahme einer Ganztagsbeschäftigung angebracht oder lediglich eine Halbtagsstelle sinnvoll? Wie regelt die Mutter oder der Vater die Kinderbetreuung?

Wie hoch belaufen sich die Kosten für die Kinderbetreuung, das Verkehrsmittel, das Essen außer Haus und die der Arbeitsstelle angepasste Kleidung? Ist es möglich, eine Arbeitsstelle in unmittelbarer Nähe der Wohnung anzunehmen? Lohnt sich die Aufnahme dieser Stelle selbst bei geringerem Verdienst, aber mehr Freizeit? Welche Entscheidung ist die Beste?

Manche Mütter wollen ihre Kinder besser erziehen, als es ihren eigenen Eltern gelang. Statt Freude und Erfolg stellt sich mitunter totale Überforderung ein. Hört man dann auf Ratschläge, die irgendjemand immer parat hat, stellen sich Schulgefühle und Entmutigung ein. Oftmals geben gerade die Personen Rat, die gar keine eigenen Kinder haben. Als hätte man nicht schon genug Sorgen. Stattdessen muss man auch noch abwägen und sich vergewissern, dass die bereits praktizierte Erziehung doch die Beste ist.

Ob und wie es mit der Erziehung klappt, sieht man an den Zeugnisnoten der Kinder und an deren Umgangston sowie ihrem Verhalten im Vergleich zu Erwachsenen und Gleichaltrigen. Stellen sie ein Vorbild für andere dar, oder bedarf es einer gravierenden Änderung?

Damit Freude im Familienleben aufkommt, mag es von Vorteil sein, sich für ein einfacheres Leben zu entscheiden, als man es bisher gewohnt war. Dadurch gewinnt man mehr Zeit, die der Alleinerziehende für das Kind oder die Kinder einsetzen kann.

Erlauben Sie mir die Frage, ob jede Familie die neueste, modernste Technik im Wohnzimmer stehen haben muss? Wie sieht es mit den neuesten Sportartikeln, Markenkleidungen und Freizeitaktivitäten aus? Die wenigsten Alleinerziehenden können diese finanzieren. Da ist schon eher Bescheidenheit angesagt, vor allem, wenn mehrere Kinder zu versorgen sind.

Alleinerziehende fühlen sich sehr alleine, vor allem abends, wenn sich die Kinder im Bett befinden. Mit wem tauschen sie ihre Gedanken aus und kommunizieren sie, wenn sie über Probleme reden möchten? Hoffentlich sehen sie ihre Kinder nicht als erwachsene Gesprächspartner an, doch allzu leicht passiert gerade das. Die eigenen Eltern, Geschwister oder Freunde und Freundinnen sollten eine echte Unterstützung sein und die gemeinsamen Interessen teilen.

Ausgeglichenheit ist die Grundvoraussetzung, um mit den alltäglichen Belastungen fertig zu werden. Daher ist eine sinnvolle Entspannung des Alleinerziehenden oberstes Gebot. Glückliche Mütter und Väter übertragen ihre Gelassenheit auf die Kinder. Deshalb gehört die Reservierung einer eigenen Zeit in den Tagesplan.

Es lohnt sich, als Mutter oder Vater fleißig und aufopferungsbereit zu sein. Denken wir daran, dass die Kinder am meisten von zu Hause geprägt werden. Zollen wir Alleinerziehenden den nötigen Respekt, sofern sie ihn verdienen.

Eltern

Ich möchte das Kapitel mit einer utopischen Geschichte aus der Sicht eines ungeborenen Jungen beginnen:

„Hurra, ein Mädchen!" „Hurra, ein Junge!" keucht überglücklich meine Mami im Kreißsaal des hiesigen Krankenhauses bei unserer Geburt. Wir waren keine Zwillinge, vor neunzehn Jahren brachte meine Mutti ein überaus hübsches Mädchen namens Corinna zur Welt, meine Schwester. Genau drei Jahre später erblickte ich das Licht der Welt.

Wie war es damals? Ich erinnere mich schwach und dunkel an diese Zeit zurück. Jetzt fällt es mir wieder ein, und ich versetze mich gedanklich zurück und erinnere mich, was ich damals fühlte und erlebte: Da wohne ich bereits zehn Wochen hier, doch meine Mami – ich habe einen für mich wichtigen Beschluss gefasst, ich werde meine Vermieterin Mami nennen – weiß erst seit vier Wochen von ihrem Arzt, dem Herrn Dr., dass ich eingezogen bin. Er erläuterte: „Meine Liebe, es ist alles in schönster Ordnung, freuen Sie sich, in Ihre kleine Wohnung ist ein Mieter eingezogen." Könnte er sich nicht gewählter ausdrücken und einfach sagen, dass sie schwanger sei oder ein Kind erwarte?

Damit meinte er mich. Ob Mami wohl an diese Annonce gedacht hat, als sie mit Papi wieder einmal sehr müde war: „Tausche schwerverständliches Buch über Empfängnisverhütung gegen Kinderwagen." Eigentlich wollten sie doch nur ein Kind erziehen, schließlich hatten sie ja auch nur ein Kinderzimmer in ihrer Dreizimmerwohnung, und der Kinderwagen von Corinna war längst verkauft, finanziell ging es auch eher eng her. Mami wuchs in einer fünfköpfigen Familie auf, und sie sagte zu Papi, dass sie es finanziell schon schaffen würden, obwohl sie ihre Arbeit nach meiner Geburt ganz aufgeben müsse.

Alle Achtung, Mami scheint es wirklich gut zu gehen. Du traust dich aber, nimmst Woche für Woche an Gewicht zu, und Papi nimmt dich noch immer gerne in die Arme. Sie sehen sehr glücklich aus. Ein, zwei Küsse, und jetzt höre ich lieber auf. Habe ich Grund zur Eifersucht? Nachweislich kann ich mich nicht beklagen.

Mami streichelt sich regelmäßig über ihren Bauch, wobei ich dann richtig hüpfe. Nun sieht sie richtig rund aus und wird im Gesicht hübscher, als sie es je war. Geht das so weiter mit ihrer Gewichtszunahme, muss sie mit einer Schnur festgebunden werden, sonst fliegt sie noch eines Tages davon wie ein bunter Luftballon.

Mami, iss nicht alles auf einmal auf. Sie sollten meine Mami einmal im Umstandskleid sehen, da sagen Bilder mehr als Worte. Die gesamte Familie sieht wohl genährt aus, auch Corinna, die sich nun viel häufiger an Mami heranschmiegt.

Sitzt sie auf der Couch, ist es eine Riesensache, wenn sie wieder in die Höhe will, weil sie viel zu schwer ist und ihren Bauch nicht hoch wuchten kann. Mami hat ein Moseskörbchen gekauft. Ist es schon so weit? Ich fühle mich absolut geborgen, lasst mich in Ruhe! Aufgepasst! Es ist so weit! Nein, ich will aber nicht geboren werden. Ich bleibe hier, jetzt ist Schluss und damit basta! Nein ...

Ich heiße ..., bin geboren am ..., mein Geburtsgewicht ist ..., mein Entlassungsgewicht ist ..., ich bin ... cm groß, liege im Zimmer ..., Kopflänge ..., Kopfumfang ...

Etwas später fühle ich mich wieder wohl und verkünde mit einem lautem Geschrei: „Hallo Mami, hallo Papi, hallo allerseits, da bin ich!" Lächeln und knipsen. Vielleicht sollte ich später Modell werden oder selbst Fotograf? Bin ich fotogen? Doch halt, erst einmal benötige ich Ruhe, ganz schön anstrengend ist so ein Tag! Schließlich werde ich nicht jeden Tag geboren. Eine Krankenschwester hat mich nach dem Stillen in das falsche Bett gelegt, aber Gott sei Dank hatte ich am Handgelenk einen Identitätsstreifen. Meine Mami hat diesen Fehler auch sofort bemerkt. Als unabhängiger Mensch verlange ich Gehör, sonst schreie ich: Wäääh, Wäääh, Wäääh. Die Zeitreise setzt sich fort.

Falls Sie es immer noch nicht glauben, ich bin tatsächlich geboren worden. Als Beweis erwarten Sie eine Einsichtnahme in die Abstammungsurkunde? Aber bitte, gerne.

Von Vati kamen viele Komplimente an Mami. Er nahm ihr schwere Gegenstände ab und trug ihr diese. Der Verdacht bleibt unausgesprochen, dass er ihr jeden Wunsch von ihren hübschen Augen abgelesen hat. Er flüsterte auch: „Du hast so wunderschöne Augen", was das auch geheißen haben mag.

Es war eine wundervolle Zeit, auch für Corinna. Spazieren gehen mit dem Kinderwagen, oder sollte ich sagen, promenieren mit dem Kinderwagen? Etliche Besuche auf dem Spielplatz, Kaffee trinken bei Verwandten und befreundeten Familien. Die Zeit verging im Nu.

Krabbeln, aufstehen, laufen. Worte wie: „Er kann es, er hat Mami gesagt, Papi kam zuerst oder gar das Wort Auto."

Eine unbeschwerte Zeit mit vielen Spielen, Geschenken, das erste Mal Fahrrad fahren, Ski fahren, Schwimmen, der erste Kindergartentag, der erste Schulbesuch, die Reisen und Besuche bei Oma und Opa, die Hochzeitstage meiner Eltern und die vielen weiteren Festivitäten. Wie oft stand ich im Mittelpunkt der Familie? Wie lieb hatte ich doch auch meine Schwester Corinna, obwohl sie mich manchmal ganz schön getriezt hat? Die vielen gemeinsamen Erlebnisse waren einfach wundervoll. Unser Hund Stuppsi begleitete uns einige Jahre, und wie toll war es, mit ihm herumzutoben. Vati kam mit dem neuen Auto und rief, dass wir nun endlich mehr Platz beim Fahren zur Verfügung hätten. Mami war auch ganz stolz auf seine neue berufliche Position. Der Umzug in das eigene Haus verlief reibungslos. Die Welt schien für uns Kinder in Ordnung zu sein."

Meinen Namen habe ich gar nicht verraten. Das ist auch nicht so wichtig, schließlich könnte man bei meiner Geschichte jeden beliebigen Jungennamen einsetzen. Das gleiche trifft natürlich auf Corinna zu. Mittlerweile bin ich sechzehn Jahre alt, und ich schreibe euch, meinen geliebten Eltern, diesen Brief an meinem Computer:

„Lieber Vati, liebe Mami,

danke, dass die Welt für Corinna und mich die ganzen Jahre über in unserer kleinen familiären Oase in Ordnung war. Heute schätze ich die Weisheit und Erfahrung, mit der Ihr uns erzogen habt.

Dir, Vati, danke ich, dass Du Mutti immer gut behandelt hast. Die Kommunikation riss bei Euch nie ab. Du hattest auch immer ein offenes Ohr für unsere Probleme. Bei Euch herrschte nie Sprachlosigkeit, weder untereinander noch uns gegenüber.

Oftmals warst Du sehr müde, als Du von der Arbeit nach Hause gekommen bist. Gar manches Mal wolltest Du nichts hören, nahmst Dir aber trotzdem Zeit für Mutti und uns Kinder.

Du warst auch immer tolerant und bist auf unsere Bedürfnisse eingegangen. Damit meine ich nicht nur die Auswahl der Filme, die wir uns angesehen haben. Nein, ich denke auch daran, dass Du anstelle eines Fußballspieles, das Du unbedingt sehen wolltest, mit Mutti in die Musical-Aufführung gegangen bist. Bei der Urlaubsplanung hast Du auch Rücksicht auf uns genommen.

Du gehst stets fürsorglich mit uns um. Du bist nie grob, obwohl Du wirklich Kraft besitzt. Wie toll fand ich es, wenn Du mich hochgehoben hast und mit mir Karussell gespielt hast. So oft hast Du Mutti bei ihrer häuslichen Arbeit unterstützt. Wie froh war sie, als der Rasen von Dir gemäht wurde, das Auto staubgesaugt und die Garage ausgekehrt wurde und sie die schweren Getränkekästen nicht schleppen musste.

Wie oft hast Du uns gesagt, wie sehr Du uns liebst. Wie viel Freude haben wir erlebt, als Du Dir die Zeit nahmst, um mit uns Autos, Flugzeuge, Stationen, ein Puppenhaus und vieles mehr zusammenzubauen? Wie viel haben wir von Dir gelernt, als Du mit uns ein Fahrrad repariert, das Auto geputzt oder ein Regal zusammengebaut hast? Dir war Dein geliebtes Hobby, Segeln, nie wichtiger als wir. Mit Lob hast Du nie gespart. Wohltuend war Dein Vorlesen vor dem Schlafengehen. Wir Kinder konnten Dich beim Wort nehmen.

Was Du gesagt hast, hast du auch so gemeint und getan. Du gabst und gibst ein hervorragendes Beispiel. Wie sehr habt Ihr Wertschätzung für unsere Bemühungen auf allen Ebenen gezeigt? Ihr habt beide unsere Kreativität gefördert. Du bist nie fordernd uns gegenüber und stets dankbar, dass wir eine so wundervolle Familie sind.

Dir, Mutti, danke ich, weil Du Vati jeweils in seinen Entscheidungen respektiert und unterstützt hast. Dadurch entstand wenig Streit.

Du achtest stets darauf, dass wir genügend zu Essen im Haus haben. Wie oft bist Du früh aufgestanden, um uns Brote für die Schule herzurichten. Danach hast Du uns zur Schule oder zur Bushaltestelle gefahren. Wenn ich an die Bügelwäsche denke, kommen wohl Berge an Gewicht und Menge zusammen, manchmal bügelst Du bis spät in der Nacht. Unser Haus ist stets blitzblank sauber, und der Garten sieht einfach freundlich aus. Das zubereitete Essen schmeckt stets fantastisch. Die Hausaufgaben hast Du vortrefflich kontrolliert, manchmal sogar abends gegen sieben Uhr.

Mama, Du verdienst ein großes Lob für all Deine Arbeit und wirklich Anerkennung. Das sollte ich ruhig häufiger sagen. Du hast uns eine gute Umgangssprache beigebracht und uns gelehrt, wie wir uns zu benehmen haben. Das betrifft natürlich auch Papa.

Was hast Du uns alles beigebracht, als wir Dir beim Kochen zugeschaut und mitgeholfen haben. Corinna backt als Erwachsene ganz gewiss genauso gute Plätzchen wie Du. Sie ist auch richtig stolz, wenn sie ihren Freundinnen ihre neuesten selbst genähten Röcke zeigen kann. Welche Bereicherung stellt das Erlernen unserer Musikinstrumente doch da.

Wie schön ist es, dass alle unsere Freunde zu uns nach Hause eingeladen sind. Dadurch wisst Ihr, mit wem wir Umgang pflegen.

Gar traurig war ich, als ich mit einem bestimmten Jungen keinen Umgang mehr pflegen sollte. Heute kenne ich seinen Werdegang, Ihr habt mir wirklich geholfen, guten Umgang zu finden. Was wäre aus mir nur geworden, wenn ich Euren Rat nicht angenommen hätte.

Ihr bekundet Interesse für unsere Klassenarbeiten und schätzt unseren Einsatz für die Schule. Über Euer Lob freuen wir uns sehr, über die Kontakte zu den Lehrern weniger. Doch auch das muss wohl sein und hat uns nur Gutes gebracht. Man konnte ja wirklich keine schlechte Note verheimlichen, ich lächele dabei.

Wir konnten mit Euch in jeder Situation, auch über freizügige Themen, reden, ohne dass Ihr uns gleich Vorhaltungen gemacht habt. Dadurch trauten wir uns, über alles zu sprechen. Ihr gabt uns so vieles und hattet ständig Freude dabei. Danke sage ich dafür, dass Ihr Wert darauf gelegt habt, dass ich eine gute Schulbildung genossen habe und all die Jahre gut gekleidet war und bin. Manchmal hat es ja schon genervt, dass Ihr es für uns besser haben wolltet, als es in Eurer Jugend der Fall war. Es hat sich wirklich gelohnt.

Ihr wart Euch nicht immer einig, was die Erziehung von Corinna und mir anbelangt. Doch Ihr habt es uns nie spüren lassen. Entweder gabst Du nach, oder Mami, so dass Ihr Euch einig wurdet zum Wohl Eurer Kinder.

Wie oft habt Ihr den Vor- und den Nachteil Eurer Entscheidungen besprochen und anschließend die richtige Wahl getroffen? Ihr hattet immer gute Erklärungen für Euer „ja" oder „nein" in einer Angelegenheit.

Manchmal haben wir Euch geärgert, weil wir das Zimmer nicht aufgeräumt haben. Zu spät nach Hause kamen wir auch des Öfteren. Ihr wart nie launenhaft oder ungerecht. Heute verstehe ich, dass Ihr uns Grenzen gesetzt habt. Wir waren dann aber nie beleidigt oder wütend, doch manchmal sah ich Euch als altmodisch an. Heute ist mir klar, dass Ihr uns Einiges ersparen wolltet.

Bei vielen Jugendlichen fehlt das Verständnis für ihre Eltern. Sie errichten eine Pyramide um sich, schotten sich ab und schalten auf Durchzug.

Dabei seid Ihr auch nur normale Menschen, und Ihr wart auch einmal jung. Daher versteht Ihr, dass wir gerne reisen und uns modern kleiden möchten. Ihr möchtet, dass wir Euch bei der Hausarbeit helfen und keine Drogen sowie keinen Alkohol zu uns nehmen.

Der Spaß darf allenfalls nicht zu kurz kommen. Freizeit muss sein! Die Emotionen sollten nicht aufgestaut werden, daher ist es so gut, dass wir uns oftmals zusammensetzen und über solch wichtige Themen diskutieren und unsere Ansichten und Meinungen austauschen. Ihr habt uns nie in unseren Ansichten eingeengt, sondern sehr weltoffen erzogen.

Ihr zeigt uns Vertrauen, weil wir Euch nie angelogen haben. Weil wir über alles reden konnten, brauchten wir das auch nicht. Obwohl Ihr eine andere Sprache sprecht als wir, findet Ihr immer einen Weg, mit uns über unsere Probleme zu sprechen.

Es geht Euch nicht immer gut. Klagen höre ich von Euch selten. Mami, Du hast gesundheitliche Probleme und wachst in der Nacht öfter auf. Du, Papa, machst Dir des Öfteren Gedanken, wie es mit der Firma und Deinem Arbeitsplatz weitergeht. Vielleicht sollten wir Kinder und Jugendliche auch einmal Rücksicht auf Eure Belange nehmen.

Erfreulich war auch all die Jahre, dass Ihr Rücksicht auf uns genommen habt, indem wir nicht dem Qualm von Zigaretten ausgeliefert waren. Betrunken habe ich keinen von Euch beiden erlebt, was für unsere Gesundheit sicherlich förderlich war.

Danke auch, dass Ihr Oma und Opa geachtet und Oma stets gut behandelt habt. Ihr schätzt sie, und das merken auch wir Jugendliche. Als Opa im Krankenhaus war, habt Ihr stets nach ihm gesehen und Euch liebevoll um ihn gekümmert und Oma im Haushalt geholfen. Welch vortreffliches Beispiel Ihr stets gebt. Ihr seid einfach großartig!

Danke, dass Ihr größtenteils vermieden habt, Corinna oder mich zu bevorzugen. Wie oft saßt Ihr an unseren Betten, wenn wir krank waren? Ich schätze Euch wirklich sehr!

Heute behandelt Ihr mich, als wäre ich schon erwachsen, und ich habe alle Freiheiten dieser Welt. Dabei sehne ich mich manchmal nach dem kindlichen Dasein sowie der kindlichen Geborgenheit.

Habt Vertrauen, Eure Kinder enttäuschen Euch nicht, gebt uns weiterhin Euer gutes Vorbild! Dann habt Ihr die größere Chance, weil wir Euch nachahmen, dass wir genauso handeln wie Ihr.

Als Erwachsener möchte ich so sein wie Du, Papa, und Corinna so wie Du, Mama. Ich bin wirklich stolz auf Euch. Meine Freunde finden Eure Art und Eure Ansichten ebenfalls toll. Danke, dass Ihr uns zu bindungsfähigen und lebensfrohen Menschen erzieht."

Ich drucke diesen Brief nicht aus. Was würden meine Eltern wohl sagen, wenn sie ihn in ihren Händen hätten? Mami würde weinen vor Freude, und Papa wäre wieder einmal sehr angenehm überrascht. Ich habe ein sehr gutes Verhältnis zu meinen Eltern. Also gehe ich einfach in das Wohnzimmer und sage ihnen, was mir an ihnen so gut gefällt und umarme sie. Das wird ihnen gut tun.

„Hurra, ein Junge, hurra, ein Mädchen." Doch im Laufe der Jahre streiten manche Eltern so sehr, dass ein Teil der Ehepartner trotz der so geliebten Kinder die Scheidung einreichen. Die Welt schien für die Kinder in Ordnung zu sein.

Thorsten aus Deutschland sagt: „Von heute auf morgen stürzte meine Welt ein. Mama betrat das Klassenzimmer während des Unterrichts, redete mit dem Lehrer und nahm mich mit. Damals besuchte ich die sechste Klasse der Hauptschule. Meine Schwester holte sie ebenfalls ab. Sie erklärte, dass wir meine Tante in der Großstadt besuchen, doch ich glaubte ihr nicht. Stattdessen ging sie mit uns in ein Frauenhaus. Man sperrte uns ein. Mit meinem Vater durfte ich nicht einmal telefonieren. Als ich mich in der neuen Schule der Klassenleiterin vorstellte, sagte ich gleich, dass ich hier nicht lange bleiben werde. Heimlich konnte ich mittels einer Telefonkarte Kontakt zu meinem Vater aufnehmen. Der holte meine Schwester und mich ab. Er beantragte das Sorgerecht für uns beide, und der Richter sprach ihm dieses zu. Beim Jugendamt sowie vor Gericht erklärte ich klar, welche Wünsche ich hatte, und fand Gehör. Das ist leider nicht bei allen Jugendlichen der Fall, die von einer Scheidung ihrer Eltern betroffen werden. Eine Zeit lang stotterte ich, und in der Schule erzielte ich keine guten Leistungen. Manchmal redete ich einfach zu schnell, so dass mich niemand verstehen konnte. Es war wirklich schlimm.

Papa war jetzt einsam. Früher war er ein guter Ehemann. Trotz seiner Arbeit unterstützte er Mama im Haushalt, kochte und bügelte sogar. Er nahm sich viel Zeit für die Familie und unterhielt sich auch viel mit uns. Es herrschte zumeist eine gute Atmosphäre, außer wenn Mama an ihm herumkritisiert hat. Mama hat sehr jung geheiratet, und ich denke, dass sie Nachholbedarf hatte. Plötzlich, sie war Mitte vierzig, wollte sie in die Disco gehen. Das nennt man wohl Midlife-Crisis.

Papa hat unter der Scheidung sehr gelitten. Heute möchte sie zu ihm zurück, doch nun ist es zu spät. Papa hat nicht mehr geheiratet, die letzten acht Jahre war er nur für uns da. Die Ausbildung beende ich nun sehr erfolgreich, meine jüngere Schwester befindet sich noch in der Lehre. Papa hat ihr vor fünf Jahren einen Hund gekauft, damit sie abgelenkt wird. Sie ist ein hübsches und glückliches Mädchen.

Mama erscheint manchmal auf der Arbeit und macht richtig Zoff. Weil sie meine Mutter ist, liebe ich sie, das wird auch so bleiben. Große Achtung habe ich keine vor ihr. Meinen Vater liebe ich sehr, vor ihm habe ich verdiente Achtung.

Warum verhalten sich Erwachsene so, wie sie sich verhalten? Als Kind kann das keiner nachvollziehen. Wir werden auch bei solchen Entscheidungen nicht mit einbezogen. Das finde ich unfair."

Es gibt durchaus glücklich geschiedene Erwachsene. Glücklich geschiedene Kinder gibt es selten. Meistens wird das Selbstbewusstsein der Kinder angekratzt. Sie fragen sich, was sie ihren Eltern angetan haben. Sie halten sich am Scheitern der Ehe der Eltern für schuldig.

Das liegt oftmals daran, dass ihre Eltern streiten, und sie hören, dass die Mutter die Verantwortung für die Schulnoten trägt. Vorwürfe zu verschiedenen Themen hören sie entweder von dem einen oder aber von dem anderen Elternteil mit an. Vielleicht auch, dass der Vater nicht schlafen könne, weil die Kinder zu laut seien. Das kommt gerade bei den verschiedenen Schichtdienstarbeitern und -angestellten vor. Gespräche über finanzielle Engpässe hören sie mit, wobei es sich wiederum um Ausgaben für die Kinder und Jugendlichen handeln mag. Die Mutter mag sich allein gelassen fühlen, und es fehlt ihr an Kommunikation.

Die Kinder denken, dass ihre Eltern mehr Hobbys ausüben könnten, wenn sie nicht im Weg stehen. Ein Grund mag sein, dass sie als Geschwister zu viel streiten und sie sich schuldig fühlen.

Wie auch immer, die heile Welt zerfällt wie eine Seifenblase.

Da hilft auch Ablenkung nicht viel. Werden die Kinder gefragt, wie sie es denn gerne hätten? Zumeist nicht. Es wird einfach beschlossen, dass die Kinder abwechselnd alle vierzehn Tage ein Wochenende beim Vater verbringen müssen. Ganz gleich, ob es ihnen an einem gewissen Wochenende gerade passt oder nicht. Und wehe ein Kind mag nicht, dann gibt man gleich der Mutter die Schuld daran. Gerade dann, wenn der Jugendliche oder das Kind nicht so viele Hausaufgaben auf hat und einmal Zeit für Freunde oder Freundinnen bleibt, wird die Freizeit nach

Wunsch des Vaters oder der Mutter gelenkt. Da heißt es alle vierzehn Tage oder drei Wochen Koffer packen und wehe, man kommt zu spät oder wird nicht pünktlich abgeholt. Die Urlaube werden fremd geplant.

Schon haben die Eltern wieder genügend Gründe zu streiten und sich Dinge an den Kopf zu werfen, wie richtig sie doch gehandelt haben mögen bei ihrem Entschluss, sich scheiden zu lassen.

Da bin ich persönlich schon sehr froh, dass es Ehepaare gibt, deren Kinder entweder bereits erwachsen sind oder die gar keine Kinder haben, sofern sie eine Scheidung einer intakten Familie vorziehen. Hätten unsere Kinder doch mehr Mitspracherecht. Vielleicht machen es sich einige Eltern zu einfach. Fühlen Sie sich in einer lieblosen Ehe gefangen?

Verzeihung, es handelt sich um ein sehr heikles Thema, zu dem man sich ganz individuell Gedanken machen sollte.

Wie viel Zeit verbringen manche Männer mit einem alten Auto? Sie richten dieses her und investieren sehr viele Stunden. Plötzlich steht ein wundervoll hergerichteter Oldtimer da. Es wäre gut möglich, dass ein Ehepaar mit viel Zeiteinsatz auch ihre instabile Ehe retten könnte. Der Versuch ist es um der Kinder willen wert.

Ist die Ehe nicht ein Vertrag auf Lebenszeit? Früher hieß es bei der Trauung: „bis dass der Tod uns scheidet", heute heißt es: „so lange es gut geht".

Halten wir nicht x-mal Verträge ein, auf deren Einhaltung es gar nicht ankommt? Nehmen Sie Ihr Hochzeitsalbum zur Hand. War das Ganze nur illusorisch? Wir lieben, ganz gleich ob wir Vater oder Mutter sind, unsere Kinder sehr und wollen von Anfang an nur ihr Bestes. Ist eine Scheidung immer die beste Variante? Vielleicht sollten wir wählerischer sein und einen Abgleich starten.

Warum ist es nur so schwer, nach einem Auszug wieder einzuziehen? Die Speditionen würden sich wahrscheinlich freuen, die Kinder auf jeden Fall.

Väter und Mütter sind nach einer Scheidung oft in einem riesigen Spinnennetz gefangen und kommen von der Energie des anderen nicht los. Richtig glücklich werden sie in einer neuen Beziehung auch nicht, wenn sie ihre Probleme schon in der ersten Familie nicht lösen konnten. Manchmal verschiebt sich nur die Linse, die Perspektive bleibt die gleiche.

Die Kinder boykottieren zu meist zu Anfang die einzelnen Personen der neuen Patchworkfamily. Das kostet den Einzelnen viel Kraft und Energie mit einem vagen Ausgang.

Filme

Die Geschichte begann mit einem leeren Blatt Papier. Es gab keinen zeitlich festgesetzten Rahmen. Diese Freiheit besitzen fast alle Schriftsteller. Was am Ende herauskommt, ist zumeist für den Autor eine Überraschung. Dass es ihm gefiel, war keine. Es handelte sich lediglich um eine Geschichte, die am Ende fast lebendig wurde. Er schrieb mit ganzem Einsatz aus seinem tiefsten Inneren. Er lebte mit seinem geistigen Auge in einer anderen Zeit. All die Gefühle, die die Menschen in dieser Ära hatten, baute der Textverfasser in sein Handlungsgeschehen mit ein. Werte wie Treue, Liebe, Freude, Frieden, Gerechtigkeit, Demut, Selbstbeherrschung, Respekt, Mut, Glauben und Milde kamen zur Geltung. So staffierte er die unterschiedlichsten Personen damit aus. Die Hauptperson stellte er in einem falschen Licht dar, worauf ihn sein Umfeld verkannte.

Wieder einmal entstand eine Fantasiegeschichte, bei der es sich um Gut und Böse drehte. Natürlich siegte die gute Macht. Das Buch wurde ein voller Erfolg. Nun war klar, dass dieser Lesestoff für einen Film geeignet war. Wer sollte Regie führen? Kann derjenige, der die Filmrechte erworben hat, einen geeigneten Produzenten finden?

Das waren Fragen, worauf ich keine Antwort gefunden habe. Also verbrachte ich schlaflose Nächte. Endlich kam der ersehnte Anruf. Hurra! Ich ließ einen Freudenschrei heraus, und ich befürchtete gar in diesem Moment, dass meine Nachbarn zusammenlaufen würden.

Einige der renommiertesten Schauspieler erklärten sich bereit, mitzuwirken. Der Schauspieler, dem die Hauptrolle zugedacht war, sprang im letzten Augenblick ab. Dies stellte sich im Nachhinein als Segen für die ganze Mannschaft heraus. Jetzt galt es nur noch, den geeigneten Drehort zu finden. Natürlich war auch hierfür der Produzent zuständig.

Wird meine Geschichte authentisch dargestellt? Da war es wieder, dieses Bauchkribbeln. Es spielen so viele Zusammenhänge eine Rolle, wenn das Projekt ein Erfolg werden soll. Meine Nervosität hielt sich nicht mehr in Grenzen. Werden erfolgreiche Stuntmen unter Vertrag genommen? Sieht die Kulisse glaubwürdig aus? Reicht das Budget des Produzenten aus, vor allem für die Kostüme, den Szenenaufbau und die Requisiten? Wie ich schon erwähnte, fieberte ich mit.

Das Drehbuch war mittlerweile komplett geschrieben, und die Arbeit konnte beginnen. Freundlicherweise überließ man mir das Drehbuch zur Einsichtnahme. Glücklicherweise wurde kaum Merkliches geändert.

Der Film wurde mit großer Genauigkeit gedreht, und seine Handlung ist mit dem Inhalt des Buches identisch. Da war ich sprachlos, überglücklich und weinte hemmungslos vor Freude. Die Erzählung mit so vielen Menschen vor der Leinwand zu teilen, ist der realisierte Traum eines Autors.

So oder so ähnlich könnte es abgelaufen sein. Meine Fantasie geht mit mir durch. Doch was wäre die Filmindustrie ohne unsere Träume, Träume von einer besseren Welt.

Meine persönlichen Favoriten der letzten Jahre sind zum einen „Der mit dem Wolf tanzt", ein historischer Film, das Drehbuch geschrieben von Michael Blake, und zum anderen „Der englische Patient", geschrieben von Anthony Minghella.

Natürlich haben mir auch immer die Disney-Filme und viele weitere international anerkannte Filme sehr gut gefallen, und ich gab gerne Geld für das Kino aus.

Identifizieren wir uns mit den Rollen der einzelnen Personen? Die Chemie muss zwischen der dargestellten Person und den Zuschauern stimmen. Wie sieht es mit dem Erfolg der Filmindustrie aus? Schaffen können es nur diejenigen, die rechtzeitig erkannt haben, worauf es ankommt, und zwar auf die Tugenden. Ja, wirklich! Dazu gehören auch Ehrgeiz, Charme, Talent und Liebe zum Beruf.

Wie sieht es mit den Schönheitsidealen aus? Persönliche Ausstrahlung zählt wirklich! Selbst im wirklichen Leben kann man nicht genug davon haben. Im Scheinwerferlicht lassen sich Pigmentflecken, Magersucht, Traurigkeit, schiefe Zähne nur schwer verbergen oder wegretuschieren.

Ist nicht jeder Mensch auf dieser wunderbaren Welt einmalig? Wirklich erfolgreiche Schauspieler wechseln sehr schnell das Set, heute Dreh an der Amalfi-Küste, Italien, in drei Monaten zwei Wochen Spezial-Dreh in New York, danach Hollywood. Voriges Jahr Teilnahme am Festival in Venedig und in diesem Jahre Cannes. Das ist sehr aufregend und anstrengend. Wo bleibt das Privatleben? Wer möchte seine persönlichen Lebensumstände zur öffentlichen Angelegenheit gestalten? Deshalb nennt man es ja auch Privatleben. Wie ist es mit den vielen Fans?

Schönheitsoperationen hier und da, aber Verzeihung, doch nicht mit mir. Klingt alles sehr real. Doch es stellt sich wieder einmal die Frage: Wer schafft es bis ganz oben? Wohl doch, mit Verlaub gesagt, die Allerwenigsten.

Wer möchte nicht Schauspieler in der Traumfabrik Hollywood werden? Aber vielleicht ist dieser Beruf ja gar nichts für Sie?

Besitzen Sie eine darstellerische Begabung und haben Sie eine charakteristische Stimme? Wie sieht es mit Ihrer Gestik und Mimik aus? Fällt es Ihnen leicht, sich im Selbststudium mit Ihren Rollen vertraut zu machen? Haben Sie in der Regel drei oder vier Jahre lang eine Schauspielschule besucht und diesen Beruf erfolgreich abgeschlossen? Ach ja. Sie haben sich die erforderlichen Kenntnisse an einer Berufsfachschule, am Berufskolleg, an der Fachakademie oder einer sonstigen Schule erworben? Das funktioniert natürlich auch. Bravo!

Sofern Ihnen jetzt Rollenangebote von einer Schauspiel-Agentur vermittelt werden, kann es losgehen. Leseproben gemeinsam mit der Regie stehen an, Szenen werden besprochen. Sie machen sich mit Ihren Kollegen, dem Bühnenbild, den Requisiten sowie Ihren Kostümen vertraut.

Sofern Sie Ihre Rolle einstudiert haben, wirken Sie bei Dreharbeiten für den Film oder für das Fernsehen mit. Weitere Tätigkeitsgebiete stellen das Theater, Schauspielhäuser, Kleinkunstbühnen, Freilichtaufführungen und anderes dar. Vielleicht wäre ja auch die Synchronisierung von Film- und Fernsehproduktionen etwas für Sie. Synchron- und Hörbuchaufnahmen finden in Aufnahmestudios statt. Film- und Fernsehschauspieler arbeiten entweder im Studio oder im Freien, auch an historischen Orten, mitunter im Ausland.

Viele Jugendliche halten den Schauspielberuf für einen Traumberuf. Es mag an den Vorstellungen liegen, die man hat. Praktika verdeutlichen die Wirklichkeit. Sofern dieser Beruf nicht in Betracht kommt, man sich allerdings doch für einen Beruf in der Filmbranche entscheidet, kann man ja als Alternative noch den Kameramann, die Maskenbildnerin, den Bühnenmaler- und Bühnenplastiker, die Film- und Videoeditorin, den Drehbuchautor, die Schriftstellerin, den Regisseur, die Produzentin, den Cutter, die Komponistin und andere Berufe in Erwägung ziehen.

Richtig gute Rollenangebote erhalten in der Regel nur die bekannten Schauspieler. Diese sind zwischendurch zwar auch ohne Rollenangebot, halten sich aber mit finanziellen Reserven über Wasser.

Gefällt Ihnen das Rollenangebot? Stimmt die Atmosphäre? Sind Sie für das Drehbuch offen, auch wenn der Film ein Misserfolg werden kann? Ist Spannung angesagt? Beinhaltet die Rolle eine erotisch aufgeladene Atmosphäre? Ist das wirklich etwas für Sie? Treten Sie in Werbespots auf? Sind Sie von dem angebotenen Produkt überzeugt? Halten Sie es aus, für längere Zeit von Ihrer Familie getrennt zu sein? Diese Fragen müssen Sie sich selbst beantworten. Das war ein winziger Einblick. Talentierte Leute erzielen eine spezielle Wirkung bei den Zuschauern.

Kreative Ideen mit Gänsehauteffekt sind bei vielen Filmen angesagt. Ab Mitte des letzten Jahrhunderts waren Westernfilme mega-in. Nun, im Grunde genommen bin ich ein totaler Westernfan, sofern es sich um klassische Filme handelt. Heutzutage sind Thriller und Horrorfilme erfolgreich. Viele Zuschauer scheinen sich inmitten des Grauens wohl zu fühlen. Das Kinopublikum wird in Angst und Schrecken versetzt.

Angst ist ein elementares Gefühl. Es gehört zu den Grundgefühlen des Menschen. Selbst Babys haben hier Erfahrungen gesammelt. In allen Kulturkreisen besitzen die Leute unterschiedlichsten Humor. Aber wir alle besitzen eines gemeinsam. Wir fürchten uns vor denselben Dingen wie den Tod, den Verlust eines geliebten Menschen oder den Schmerz und das Unbekannte.

Das Medium Film scheint geradezu ideal zu sein für Science Fiction, Horror, Gewalt, Terror, Monster, UFOS, unbekannte Figuren und Unnatürliches. Nur im Film wirken die damit zusammenhängenden Szenen real. Sofern wir uns Filme ansehen, nehmen wir in bewusstem Zustand unbewusst Dinge wahr! Das fließt in unsere Träume und in unser Unterbewusstsein ein.

Fernsehen hat eine magische Anziehungskraft auf die Zuschauer. Das trifft immer wieder auch auf mich persönlich zu. Da fällt mir der Begriff Sucht ein. Sofern das Gerät läuft, zappe ich durch die Programme. Einige Stunden mögen vergehen, ohne dass ich meine Zeit mit etwas wirklich Sinnvollem nutze. Dann ärgere ich mich, weil ich den Ausschaltknopf nicht betätigt habe.

Meine Familie und ich beschlossen einmal, für längere Zeit den Fernseher nicht zu nutzen. Das haben wir tatsächlich einen vollen Monat geschafft. In dieser Zeit beschäftigten wir uns mehr miteinander. Als Kollegen von etwaigen Filmen, die sie sich ansahen, berichteten, hatte ich nicht das Gefühl, etwas versäumt zu haben.

Heute selektieren wir im Vorfeld anhand der Programmzeitschrift, welche Sendungen uns tatsächlich interessieren und kreuzen diese Titel an. Das klappt natürlich nicht immer, weil zappen einfach zu schön ist, aber immer öfter.

Welche Sendungen sind es wirklich Wert, angesehen zu werden? Das Fernsehen kann durchaus von Nutzen sein. Sehen wir uns Dokumentarfilme, die Übertragung wichtiger Ereignisse, Sport-Übertragungen, Wissenschaftssendungen, Nachrichten oder Reportagen an, oder handelt es sich um überflüssige Details, die für unser Leben unwichtig sind?

Das reifere Publikum zieht vielleicht brillantes Ballett, Opernaufführungen, Kammermusik, Theater, Reiseberichte, Tiersendungen, Nachrichtensender, Musiksendungen und allgemeine Unterhaltungsprogramme vor. Für jeden Zuschauer ist das richtige Programm vorhanden.

Stellen wir uns ein zeitliches Limit vor, und halten wir uns eine Woche lang vor Augen, was wir ansehen und wie viel Zeit das kostet. Prüfen wir, welche Sendungen es Wert sind, angesehen zu werden. Das Ergebnis mag Sie überraschen. Hören Sie auf den Rat Ihrer Eltern.

Als Kind kommt man von der Schule nach Hause und sieht sich vielleicht Zeichentrickfilme und Kindersendungen an. Als Jugendlicher zieht man sich Programme mit Schießereien, Explosionen, Autokarambolagen, Morden, Schlägereien und Vandalismus rein. Teenager, die sich gerne Gewalt ansehen, verhalten sich beim Sport und Spiel aggressiver. Die sprachliche Ausdrucksfähigkeit mag sich zum Nachteil ändern, die Barriere zwischen Gesehenem und der tatsächlich gelebten Realität verschiebt sich. Die Hemmschwelle verändert sich. Nachweislich verschlechtern sich bei einigen Schülern die Noten bei zu hohem Fernsehkonsum. Das Lernen wird zur Tyrannei. Zudem tritt das Lesen in den Hintergrund.

Meike aus Spanien sagt: „Ich wurde immer einsamer. Meine Eltern nahm ich gar nicht wahr. Sofern sie mich auf etwas aufmerksam machten, wurde ich aggressiv. Sie kamen gar nicht mehr an mich heran. Ich nahm meine Mahlzeiten sogar vor dem Fernseher ein. Mit meinen schulischen Leistungen ging es bergab. Darüber hinaus wurde ich immer fauler. Im Haushalt half ich gar nicht mehr mit. Erst als ich die Klasse wiederholte, sah ich langsam ein, dass es an der Zeit war, etwas zu ändern. Heute erziele ich gute Leistungen in der Schule, und zu meinen Eltern und Geschwistern habe ich ein besseres Verhältnis."

Die Werbung darf man ebenfalls nicht außer Acht lassen. Werbespots drängen uns, Dinge zu kaufen, die wir entweder gar nicht brauchen oder uns gar nicht leisten können.

Treffen Sie beim Spielfilm unter Action, Komödie, Thriller, Love-Story, Fantasie, Drama, Abenteuer und dem Klassiker, beim Report unter

Zeitgeschichte, Reisen, Wissenschaft, bei Serien unter Action, Thriller und Ärzteserien, bei der Unterhaltung unter Show, Talk, Komödie und Musik eine gute Wahl. Eltern übernehmen eine wichtige Vorbildfunktion.

Eine gute Auswahl ist angesagt. Dies kann Entspannung und das Aneignen von Wissen zur Folge haben. Ein zauberhafter Abend beginnt. Ein großer Dank sei dann an die Fernsehintendanten angebracht. Natürlich gehen in vielen Familien die Eltern mit einem guten Beispiel voran und treffen selbst ebenfalls die richtige Wahl. Die Kinder sitzen nicht jeder einzeln im separaten Kinderzimmer vor der Glotze. Stattdessen erfreut sich die gesamte Familie am selben Film und hat danach auch noch für längere Zeit Gesprächsstoff. Freuen wir uns auf einen gemeinsamen Fernsehabend, und mit ein wenig Toleranz gibt es keine Reibungspunkte.

Oh, Verzeihung, mein Film beginnt. Ach, was soll es, ich lese einfach weiter und lege später eine spannende DVD ein.

Freizeit

Onkel Tom (Name ebenfalls geändert) liegt auf dem Sterbebett, und eine Nichte fragt ihn: „Hättest du gerne mehr Zeit im Büro verbracht?"

Leise antwortet er: „Ich hätte gerne mehr Zeit mit meiner Familie, das heißt mit meiner Frau und den Kindern, verbracht. Die Freizeit kam in meinem Leben ebenfalls viel zu kurz." Zu seiner Frau sagt er: „Sieh dir die Welt an. Leider habe ich es versäumt zu reisen. Das Geld hatten wir ja eigentlich. Doch ich habe immer gespart, damit ich für meine Kinder in die Bresche springen kann, falls sie einmal finanzielle Unterstützung benötigen."

Ist das Geschehnis weit hergeholt? Ich befürchte, nein.

Wie würden Sie auf diese Frage antworten? Zum Glück liegen wir nicht auf dem Sterbebett. Also lässt sich noch etwas ändern an unserer Einstellung zum Leben, zur Familie und zu den Menschen in unserer Gesellschaft. Zeilen wie diese bringen uns dazu zu schreiben, zu berichten, zu diskutieren und uns für die warmherzigen Kleinkinder, Kinder und Jugendlichen zu öffnen, die es am ehesten verstehen, der Freizeit etwas abzuverlangen.

Gleichwohl hört man sie sagen: „So ein langweiliger Tag, ich weiß nicht, was ich unternehmen soll." Voller Freude genießen sie die Stunden und die Herausforderungen ihres jungen Lebens. Kleine Kinder benötigen gar kein besonderes Spielzeug, ihnen reichen Steine, die sie in das Wasser werfen können, sie beschäftigen sich mit Blumen, reißen die Blätter ab und denken sich hierzu ein Spiel aus. Sie betrachten den Himmel und überlegen sich eine Fantasiegeschichte zu den vorbeiziehenden Wolken aus. Kleinkinder benutzen die Vokabel Langeweile höchst selten, sofern sie gelernt haben, sich auch selbst zu beschäftigen. Die Palette von Fragen an Erwachsene nimmt kein Ende. Warum ist der Himmel blau? Fallen die Sterne vom Himmel? Woher kommen die Babys? Warum sieht Mama anders aus als Papa? Darf ich, wenn ich groß bin, Autofahren? Warum darf ich das Spielzeug meines Bruders nicht kaputtmachen? Er passt ja auf meine Gegenstände auch nicht auf. Es ist herrlich, wenn sie mit ihren Omas und Opas ein Spiel spielen und sie ausrufen: „Ich habe dich gewinnen lassen, damit du auch einmal Punkte sammelst. Was spielen wir als nächstes? Was danach und anschließend?"

Wie viel Freude bringt es uns und wie viel Energie gewinnen wir, sofern wir uns mit Kindern beschäftigen? Ein Lächeln huscht über unsere

Gesichter und stets ein klein wenig Dankbarkeit. Kinder benötigen für ihre körperliche und geistige Entwicklung eine angemessene Freizeitgestaltung. Eine sinnvolle Freizeitbeschäftigung erquickt unseren Körper und unseren Geist. Freizeitbeschäftigungen können etwas ganz Simples sein, aber jede Menge Spaß machen. Ein Einzelner, Kinder und Jugendliche oder eine ganze Gruppe können sich daran beteiligen. Was dem einen sinnvoll erscheint, stellt sich für den anderen als nutzlos dar. Die Geschmäcker sind verschieden. Den einen langweilt es, der andere ist höchst interessiert. Freude bringen der Besuch von Kinofilmen, Sportveranstaltungen, Theateraufführungen, Zirkus-Veranstaltungen, Tierparks und Zoologischen Gärten, Naturparks, Freizeitparks, Museen, Planetarien.

Etwas ausgefallener mag es sein, wenn die Familie für einige Stunden einen Ausflug in die Berge oder in den nahe gelegenen Wald plant. Hier ist ein Picknick angebracht, was zumeist nach einer gewissen Zeit auch den zuerst sich ablehnend verhaltenden Familienmitgliedern gefällt und zur Erholung dient. Eine Ausnahme besteht, wenn der Hund noch vor Beginn des Mittagessens alles auffrisst. Tritt diese Konstellation ein, steht die nahe gelegene Almhütte oder der Biergarten zur Verfügung. Heißt es an der Anschlagstafel „Ruhetag", wird es komplizierter.

Die Kinder schätzen zudem das Schnitzen von Bumerangs oder Pfeil und Bogen, wobei dies für geübte Väter mittels geeignetem Werkzeug leicht zu handhaben ist. Als Alternative findet man überall kleine Bretter und Blätter, aus denen man Boote zaubern kann.

Mit meiner Familie und meinem Sohn habe ich mir in Frankreich ein Automuseum angesehen. Wir waren absolut begeistert von den vielen Oldtimern. Besonders haben es mir die Bugattis angetan. Eisenbahnmuseen, Flugzeugmuseen, Dinosauriermuseen, afrikanische Museen, mittelalterliche Museen, der Louvre in Paris, Museum of modern Art in New York, das Pergamon Museum in Berlin, Kunstausstellungen und Galerien, Ägyptisches Museum, Ethnologisches Museum, Museen der verschiedenen Kulturen, Musikinstrumentenmuseen, Skulpturensammlungen, asiatische Museen, Museen für angewandte Kunst, Naturkundemuseen, Jagdmuseen und viele andere gehören zu den immer wieder in unsere Freizeitplanung eingeschlossenen Ausflügen in den verschiedensten Ländern. Selbst wenn man die Sprache nicht völlig versteht, nehmen unsere Augen doch sehr viel auf. Zudem erweist sich ein Kopfhörer mit entsprechendem Abspielgerät und Kassette in englischer Sprache in jeder

Galerie oder in jedem Museum als nützlicher Helfer. Die Auswahl ist riesig und unerschöpflich. Bau- und Handwerksmessen ertragen Jugendliche weniger.

Es hat uns auch erhebliche Freude bereitet, bei unserer Freizeitplanung Fabrikbesichtigungen mit einzubauen. Autos werden größtenteils von Robotern hergestellt, mit menschlicher Unterstützung. Pralinen laufen über das Fliesband, mit etwas Glück darf man gerade hergestellte Exemplare kosten. Die Herstellung und Konsistenz von Weinen wird erklärt, eine Bananenfabrik bringt uns diese Frucht näher, eine Druckerei lässt uns erkennen, auf welche Weise Papier verarbeitet wird. Eine Saline bringt uns mehr Wertschätzung für das täglich in Gebrauch genommene Salz ein. Ihnen fällt bestimmt noch sehr viel mehr ein, und Sie erinnern sich an Ihren letzten Besuch in einem Werk. Die Mitarbeiter sind stets freundlich und erklären im Einzelnen, wie unsere Gebrauchsgegenstände hergestellt werden. Es hat Spaß bereitet.

Wie sieht es bei Ihnen zu Hause aus? Mit dieser Frage meine ich nicht, ob Sie aufgeräumt haben. Davon gehe ich selbstverständlich aus. Was mich persönlich interessiert, ist, ob Sie ein Musikinstrument in Ihrer Wohnung oder in Ihrem Haus besitzen?

Nein? Wie schade! Das lässt sich ja vielleicht ändern. Sie meinen, dass bei Ihnen kein Familienmitglied begabt ist? Das dachte ich bei uns auch. Ich musste mich eines besseren belehren lassen. Das bedeutet nicht, dass mein Sohn perfekt Klavier spielen würde. Oh nein, wirklich nicht. Doch hören ihm bei Hauskonzerten alle eingeladenen Gäste gerne zu. Ein bisschen Übung gehört schon dazu, das ist klar. Es ist bekanntlich noch kein Meister vom Himmel gefallen. Geduld war auch erforderlich, nicht nur seitens des Kindes und späteren Jugendlichen, nein auch von mir. Wie viele Stunden ich ihn zum Unterricht gefahren habe und auf ihn warten musste, das möchte ich gar nicht erwähnen. Die Warterei und der Zeit- und Geldeinsatz hat sich letztendlich gelohnt. So empfinde ich es jedenfalls. Manche Talente kommen gar nicht richtig zur Geltung.

Richtig süß ist es, wenn eine angehende Violinspielerin mit einem Klavierschüler im Haus probt. Da verkriecht sich zu Anfang schon mehrfach der Hund hinter dem Ofen, selbst wenn es sich mitunter ganz passabel anhört. Sie entscheiden sich als Jugendlicher für die Violine, das Klavier, das Saxophon, die Klarinette, das Akkordeon, die Mundharmoniker, das Keyboard, das Schlagzeug, die Trompete, die Orgel? Ah ja, ich hätte es mir gleich denken können. Sie bevorzugen ausgefallene

Instrumente wie die Bratsche, das Cello, den Kontrabass, die Pikkoloflöte, das Englischhorn, das Fagott, die Posaune, die Basstuba, die Kesselpauke, die Trommel, die Triangel, das Glockenspiel, das Tamburin, das Xylophon, die Harfe, die Oboe, das Horn, das Tamtam, das Becken, die große Pauke, die Celesta oder die Zither?

Alle Achtung, da haben Sie eine gute Auswahl getroffen. Jetzt geht es darum, nur noch die für Sie richtige Musikschule oder den Musiklehrer zu finden, der nicht nur Ihren Ansprüchen gerecht wird, sondern auch ein gut ausgebildeter pädagogischer Unterweiser ist. Dieser zeigt Geduld mit Ihnen, obwohl Sie seinen Anforderungen nicht immer entsprechen. Aus Erfahrung kann ich sagen, dass auch sehr nette Lehrer anzutreffen sind, die dem Jugendlichen nicht arrogant gegenüberstehen. Es ist faszinierend, ein Musikinstrument zu beherrschen. Wer weiß, vielleicht werden Sie Konzertpianist, oder zu Hause schwingt ein Familienmitglied ohne besonderen Anlass das Tanzbein. Da kommt es auf den Rhythmus an.

Eine andere wundervolle Freizeitgestaltung stellt der Besuch von Konzerten und Schauspielhäusern dar. Dies trifft allerdings eher auf die Erwachsenen zu. Aus Erfahrung berichte ich, dass es schon einiger Überredungskunst bedarf, sofern dieser Abend von der kompletten Familie genossen werden soll. Verbreitet der Jugendliche den ganzen Abend miese Laune, weiß man spätestens dann, dass es lohnenswerter gewesen wäre, gleich nur zwei Karten zu bestellen. Spätestens zu diesem Zeitpunkt denkt man sich, dass doch der spätere Partner des heranreifenden Jugendlichen diese Art von Bildung wesentlich leichter an den Mann oder die Frau bringt. Daher gehe ich hier nicht näher darauf ein und verweise auf entsprechende Konzert- und Schauspielführer.

In einem späteren Kapitel zum Thema Lesen erwähne ich Aristoteles etwas ausführlicher. Die Griechen waren dafür als Volk bekannt, dass sie gerne philosophierten. Sie lasen intensiv, hörten aufmerksam zu, beobachteten gut, machten bei passender Gelegenheit Komplimente, brachten sich bei Unterhaltungen mit Worten geschickt in das Gespräch ein und führten dadurch ausgezeichnete Gespräche, und es hat den Vorteil, dass es nichts kostet. Kommunikation stellt ebenfalls eine Form der Freizeitgestaltung dar, eine gute Tasse Tee oder Kaffee gibt den schönen Rahmen dazu.

Mit einer Clique eine Radtour unternehmen, Volleyball spielen, Basketball spielen, Tischtennis spielen, Eislaufen gehen, Fußball, Tennis, Kegeln, Billard spielen, Ski laufen, Snowboarden, Handball spielen,

Theater spielen, mit einem Teleskop den Sternenhimmel betrachten, Reitausflüge unternehmen, Segeln, Fallschirm springen, eine Zirkus-Veranstaltung besuchen, das alles bereitet den heutigen Jugendlichen genauso viel Freude wie der älteren Generation. Dem Freizeitbereich sind keine Grenzen gesetzt.

Übrigens: einen relativ preiswerten Ausflug stellt der Zoobesuch dar. Im Winter ist er ein ganz besonderes Erlebnis. Da kann man schon einmal Pinguine im Freien spazieren gehen sehen. Bei unseren mittlerweile mäßigen Wintern fühlt man sich mit ein wenig Fantasie gleich wie in südlichen Ländern. Den Panther, den Löwen oder die Python-Schlage besichtigt man ganz nah hinter der sichereren Scheibe. Die Clique hat sicher jede Menge Spaß. Richtig gruselig wird es, wenn man erst bei Dunkelheit Richtung Ausgang geht, die Tiergeräusche tun ihr übriges dazu.

Ein Erlebnis der besonderen Art war, als meine Familie und ich an einem winterlichen Sonntagvormittag einen Ausflug zu dem Schloss Hohenschwangau bei Füssen unternahmen. Wir kannten den Text des Buches „Die Schöne und das Biest" von Walt Disney auswendig und sahen im Kleinkindalter meines Sohnes mehrfach per Video-Kassette den passenden Film dazu an. Ich muss gestehen, dass ich nebenbei gebügelt habe. Nun schien der Tag gekommen zu sein, unsere schauspielerischen Fähigkeiten unter Zuhilfenahme einer Traumkulisse unter Beweis stellen zu können. Spontan übernahmen wir die einzelnen Rollen, es kam, mit Verlaub gesagt, keiner zu kurz. Da nur wenige Besucher um diese Zeit das Schloss besichtigten und die Außenanlage nahezu menschenleer war, konnten wir unser eigenes Drehbuch kreieren. Jeder gab sein Bestes, und die wenigen Leute, die an uns vorbeigingen, hielten ein paar Minuten inne und genossen unsere Pointen sichtlich. Die Zeit verging wie im Flug. Viel Gelächter drang in die düstere Morgenstimmung der Berge, gelacht haben wir auch auf der Heimfahrt und noch einige Monate später. Im Auto haben wir uns zudem darüber unterhalten, dass schließlich, wie es bei Bell im Walt Disneys Meisterwerk war, wahre Schönheit im Herzen verborgen liegen muss. Ein entzückender Tag neigte sich dem Ende entgegen. Die Kinder sahen uns Eltern danach mit ihren kullernden Augen anders an als sonst.

Richtig gut gefallen mir Brettspiele wie Monopoly. Hierbei handelt es sich um ein Spiel, bei dem Grundstücke, Häuser, Bahnhöfe und Straßen gekauft und wieder veräußert werden. Monopoly-Spielgeld gibt es in vielen Währungen. Dieses Spiel ist seit Jahren bei Jung und Alt sehr beliebt.

Was wären wir ohne Schach und dem anschließenden Matt? Scrabble findet seinen Urheber im Kreuzworträtsel. Backgammon ist leicht zu erlernen, allerdings schwierig zu gewinnen. Mensch Ärgere dich nicht, leicht gesagt und doch getan. Was wären wir ohne diese und viele weitere wunderbare Spiele? Wir sind natürlich nicht auf diese Spiele angewiesen, betrachten sie aber als Unterstützung. Mit ein wenig Fantasie erfinden Sie ein passendes Spiel für Ihre Familie selbst. Auf los geht es los.

Bei einem netten Abend mit Freunden spielen Sie das Spiel: „Wer bin ich?" Sie denken sich eine prominente Persönlichkeit oder eine Gestalt aus der Geschichte aus, und die anderen Personen müssen Fragen stellen. Sobald Sie mit „nein, das bin ich nicht" antworten, darf der Nächste weiterfragen. Ist der Begriff erraten, überlegt sich ein anderer Mitspieler eine andere Figur.

Ein anderes Spiel könnte folgendes sein: Ein Mitspieler spricht ein Wort aus einer ganz bestimmten Rubrik aus, für die man sich vorher entschieden hat, und der Nächste muss ein neues Wort mit dem letzten Buchstaben finden, welches ebenfalls zu dieser Kategorie gehört. Die grobe Rubrik könnte Geschichte, Kultur, Erdkunde, Religion, Schule, Freizeit, Haus, Garten oder ähnliches sein. Ich verspreche Ihnen, dass der Abend spannend wird und lebhaftes Gelächter zwischendurch erschallt.

Spielen Ihre Kinder und Jugendlichen am Computer, fragen Sie diese, wie das Spiel geht. Erklären Ihre Kinder das Spiel mit Begeisterung, weise ich durchaus auch auf mögliche Gefahren hin.

Kommunikation gehört ebenfalls zur Freizeit. Lernen wir, denken wir über das Gelernte nach, führen wir Gespräche und eignen wir uns Wissen und Weisheit an. Die eigene Freizeit ist ein hohes Gut, das wir mit Sicherheit sehr schätzen.

Also entspannen wir uns, und widmen wir unsere Zeit unserer Familie. Jedem Menschen ist eine andere Freizeitgestaltung wichtig. Regenerieren wir uns, und kommunizieren wir mit den Menschen, die uns lieb geworden sind. Vergessen wir dabei nicht, dass wir uns mit dem beschäftigen, was wir tun wollen, damit wir uns auch wirklich erholen.

Für welche Freizeitaktivitäten entscheiden Sie sich?

Freunde

Sie besuchen ein Rockkonzert, die Menge applaudiert, es herrscht eine Bombenstimmung. Ihr lang ersehnter Traum erfüllt sich. Sie sind Ihrem Idol sehr nah, und die Entfernung zu ihm beträgt gerade einmal zwölf Meter. Es ist echt cool, dass Ihre Eltern Ihnen zwei Eintrittskarten geschenkt haben. Standingovation ist angesagt, und Sie stehen mit Ihrer bereits erloschenen Kerze da, obwohl die meisten der Besucher bereits ihren Heimweg angetreten sind. Es ist ein unglaublich bedeutsamer Abend für Sie. Sie lassen das Konzert noch einmal Revue passieren, bevor Sie den Weg zur S-Bahn antreten. Schade ist nur, dass Ihre Freundin im letzten Augenblick abgesagt hat und nicht mitfahren konnte. Davon einmal ganz abgesehen, dass Sie die zweite Karte, die Sie besitzen, eh nicht mehr an den Mann oder die Frau bringen konnten. Irgendwie fühlen Sie sich einsam, obwohl Sie ein Bad in der Menge genossen haben. Sie fühlen sich glücklich und zugleich verletzt. Dabei kann Ihre Freundin nichts dafür, dass sie absagen musste, denn eine schwere Erkältung kann schließlich jeden treffen.

Zum wahren Glück gehört, dass wir unsere Freuden, als auch unsere Trübsale mit weiteren Menschen teilen. Vorwiegend angenehmer sind, das liegt in der Natur der Sache, die überwiegend erfreulichen Erlebnisse, die uns mit ihnen verbindet. Um die eigene Einsamkeit zu überwinden, benötigt man gute Freunde.

Etwaige Freundschaften halten ein Leben lang. Mit zwei Freundinnen, die mich während meiner Schulzeit begleitet haben, besteht noch immer reger Kontakt, und wir können über alles reden. Mit anderen Schulfreunden ist der damalige Kontakt abgebrochen. Die Erwartungen an sie oder von ihnen zu mir waren unter Umständen zu hoch. Damals waren wir noch zu jung, als dass wir die Gleichgesinnten realistischer gesehen hätten. Ein Ortswechsel und eine spätere Heirat haben wohl ebenso dazu beigetragen, dass der bestehende Kontakt abgebrochen ist. Der Begriff Schulkamerad trifft bei vielen am ehesten auf die damalige Zeit zu.

Fakt ist, dass der Mensch für das Alleinsein nicht geschaffen ist, denken wir nur an Adam und seine Eva, dem ersten Menschenpaar, zurück. Selbst Schwäne sind bekanntlich nicht gerne alleine. Da es sich hierbei keinesfalls um ein zoologisches Buch handelt, gehe ich hierauf nicht weiter ein.

Die tiefen Glücksmomente im Leben hängen mit dem vollkommenen Verständnis, das wir mit anderen haben, überein. Die Person ist uns wohl gesonnen, und wir erlangen eine über neunzigprozentige Anerkennung, das Gleiche trifft umgekehrt zu.

Heutzutage ist man stark freizeitorientiert. Persönlich stelle ich fest, dass mir heute wesentlich mehr Freizeit zur Verfügung steht als noch vor zehn oder fünf Jahren.

Flexible Arbeitszeiten haben viel zum Wohle des Menschen beigetragen. Da stelle ich schon einmal die Frage: Was fange ich mit meiner Freizeit an? Suche ich Kontakt im Internet? Im Schnitt verbringt jeder Europäer rund acht Stunden seiner täglichen Zeit entweder vor dem Fernseher oder dem Internet. Das heißt, sie leben ganz schön isoliert, nicht wahr? Zu befürchten ist, dass ich ebenfalls zu dieser Statistik beigetragen habe. Unter uns gesagt, trage ich derzeit dazu bei, dass sie sich ein klein wenig verändert.

Seit Jahren ist es mir ein enormes Bedürfnis, die Anzahl meiner Hobbys zu erhöhen sowie meine Kontakte in meinem privaten Umfeld intensiv zu pflegen. Bei mir zu Hause scheint die Welt noch in Ordnung zu sein. Meine Mutter wohnt im Nachbarhaus, einige Nachbarn bieten Nachbarschaftshilfe in formvollendeter Art an. Mein Sohn wächst mit Tieren auf. Drei Generationen leben in einer räumlichen Entfernung von dreißig Metern zusammen. Das war nicht immer so und erforderte eine persönliche Entscheidung, die ich getroffen habe mit allem Für und Wider. Diese Konstellation mag zwischendurch Konflikt beladen sein, stellt insgesamt gesehen eine große Bereicherung dar. Der Aufwand hat sich gelohnt, man nimmt oftmals gemeinsam das Mittagessen ein, plaudert, hat Verständnis für die ältere Generation und erspart sich lang geplante Besuche und Fahrten. Davon ganz abgesehen, dass die Enkelkinder einen Freiraum genießen, den sie sonst nie hätten. Auf den Nachteil des vermehrten Schokoladenkonsums der Kinder gehe ich nicht näher ein. Was wären die Zahnärzte ohne Omas und Opas?

Leider nehmen die Einelternfamilien stark zu. Wer wünscht sich nicht ab und zu, für eine gewisse Zeit auf eine einsame Insel zu fliegen oder eine einsame und verlassene Berghütte aufzusuchen, gerne ohne fließendes Wasser und Strom, dafür aber mit Brunnen vor der Türe? Selbstfindungstrip sprechen wir nicht aus, dann schon eher, dass man eine kreative Phase hat und gleichzeitig Energie tanken muss.

Nachsinnen und die Lebensplanung überdenken, treffen eher den Kern der Sache. Statt auf eine einsame Insel zu reisen, die meisten von uns können sich das sowieso nicht leisten, nehmen wir eines unserer Lieblingsbücher zur Hand. Daraus holen wir Informationen, die wir von unserem besten Freund erwarten. Die Texte bringen uns neue Erkenntnisse über uns oder die Welt, in der wir leben. Wir schließen Freundschaft mit unserem Buch, bewahren dieses wie einen Schatz auf und schließen gleichzeitig Freundschaft mit uns selbst. Das gelesene Buch hilft uns, Krisen zu meistern. Wir sind beeindruckt, gut gelaunt, tanken Energie, stellen das Buch wieder auf seinen Platz zurück und meistern die vor uns liegende Woche mit Bravour.

Kommen wir auf die zweibeinigen Freunde zurück. Schätzen wir sie? Wissen wir, wie nützlich sie für uns sind? Welchen Einsatz und welche immateriellen Geschenke bringen wir ein, wenn wir unsere Freundschaften pflegen? Es überrascht mich wiederholt, wenn ich kleine Kinder unter sich sagen höre: „Möchtest du mein Freund sein?

Sofern das Kind das Gefühl hat, dass die Eltern ihr Leben meistern, ist die Welt okay. Kinder, die diese Erfahrung erleben, können später auf andere zugehen.

Aus eigener Erfahrung spreche ich an, dass Kinder miteinander befreundet sein sollen, wenn es die Eltern auch sind. Das klappt natürlich gar nicht. Schwierig wird es, wenn Eltern plötzlich mit einer Mutter oder dem Nachbarn im Streit liegen. Die bessere Variante stellt dar, dass die Kinder sich ihre Freunde im Kindergarten oder in der Schule selbst suchen. Auf die Wahl der Kinder gehe ich in späteren Ausführungen im Kapitel Gruppenzwang ein. Positiv wirkt sich bei Einzelkindern der Umgang mit Gleichaltrigen aus.

Im Laufe der Pubertät löst sich das Kind langsam aber stetig vom Elternhaus ab, später erfolgt in der Regel wieder eine Annäherung an die überaus geliebten Eltern. Die Jugendlichen verbringen mehr Zeit mit Gleichaltrigen und besprechen ihre Probleme, die sie bezüglich der Eltern, der Schule, der Ausbildung, der Freunde, der Gleichaltrigen, des Aussehens und der Akzeptanz haben mögen, untereinander. Sofern man als Eltern nicht aufpasst, holen sie sich erforderlichen Rat ausschließlich bei Gleichgesinnten. Innerhalb der Clique fühlen sich die heranwachsenden Jungen und Mädchen mit zeitweiser Ausnahme voll und ganz akzeptiert.

Aus eigener Erfahrung kann ich nur sagen, dass sich ein Jugendlicher, egal, was man in dieser Zeit zu Hause sagt, schnell in Worten angegriffen fühlt. Ein falscher Satz oder Ton reicht aus, dass sich Teenager für längere Zeit in ihre Zimmer zurückziehen. Plötzlich, von heute auf morgen, passen ihnen vereinzelte Freunde nicht mehr, weil sie in der eigenen Entwicklung weitergehen. Freunde aus der gleichen sozialen Schicht, Kultur und mit der gleichen Weltanschauung werden zumeist untereinander eher akzeptiert.

Möchten Sie der Freund sein, dann investieren Sie viel Zeit. Zumindest einen verlässlichen Freund sollte jeder Mensch haben. Lehrer merken sehr schnell, wenn ihre Schüler keine Freunde haben. Schüler und Auszubildende sehnen sich nach echten Freunden. Da stellt sich die Frage: „Wer ist ein wirklicher, wahrer Freund?"

Fragen wir doch einfach die davon betroffenen Jugendlichen, was sie unter Freundschaften verstehen, welche Eigenschaften der Freund mitbringen soll und was sie von ihm als Person erwarten. Sie geben gerne Auskünfte, wie Freundschaften sie selbst beeinflusst und wie sie sich mitunter fühlen. Viel Freude beim Lesen und Nachdenken!

Brit aus Belgien sagt: „Eine Freundin soll interessant sein, keinesfalls langweilig."

Freja aus Dänemark: „Meine Familie kennt viele Leute, aber warum sollte jemand mit mir befreundet sein wollen?"

Jack aus Wales: „Vor kurzem sind wir in eine andere Stadt gezogen. Daher habe ich alle meine Freunde verloren. In der neuen Schule sind bislang nur die Lehrer freundlich. Ich würde am liebsten wieder dahin gehen, wo ich zuvor gelebt habe."

Aleksi aus Finnland: „Der Gedankenaustausch ist bei einer Freundschaft wichtig. Mit einem Freund möchte ich über alles reden können. Über die Schule und die Lehrer, auch welchen Mist manche Schüler in der Klasse bauen. Sie pöbeln ältere Leute an, ohne darüber nachzudenken. Das finde ich nicht gut. Wenn ich zu Hause etwas sage, meinen meine Eltern, dass ich auch mitgemacht habe."

Camille aus Frankreich: „Meine Eltern haben keine Zeit für mich und meine Probleme. Sie sind sehr beschäftigt. Deshalb wende ich mich an etwas ältere Schüler, die mir dann Rat geben. Ob der immer passt, kann ich gar nicht beurteilen, ich befolge ihn einfach. Hätten meine Eltern ein offeneres Ohr für mich, würde ich mit meinen Fragen zu ihnen gehen. Da heißt es: „Das hat doch Zeit" oder „es wird schon nicht so wichtig sein."

Dimitra aus Griechenland: „Ich möchte meine Eltern nicht belasten, sie verstehen mich eh nicht. Sie versuchen es auch nicht. Man versucht ihnen etwas zu erklären, sie geben einem gar nicht die Möglichkeit dazu. Nach ein paar Sätzen ziehe ich mich in meine Welt wieder zurück. Freundinnen stehen einem wesentlich näher."

Konstantinos aus Griechenland: „Ich habe einen intellektuellen Freund, mit dem philosophiere ich dann Stunden lang. Wir kennen uns schon lange und tauschen unsere Gedanken aus. Weil wir beide ehrgeizig sind, motivieren wir uns gegenseitig und erzielen sehr gute schulische Leistungen. Die sportlichen Aktivitäten kommen bei uns auch nicht zu kurz. Wir verbringen viel Zeit miteinander."

Femke aus den Niederlanden: Mein Freund teilt mit mir seine mitgebrachten Joghurts und das Obst, wenn ich in der Schule nichts dabei habe. Das finde ich toll. So soll ein Freund sein. Zudem unterstützt er mich bei den Hausaufgaben. Meine Mathe-Note hat sich bereits verbessert."

Jack aus Irland: „Von zu Hause aus bin ich mir selbst überlassen, deshalb zieht es mich zu Cliquen. Meine Eltern denken gar nicht darüber nach, warum das so ist. Wir machen gern Radau in der Stadt, weil uns gar nichts besseres einfällt. Ich finde die Schule blöd und alles entsetzlich langweilig. Alkohol ist auch im Spiel, die Clique gibt mir Halt, die interessiert sich für mich."

Leah aus Irland: „Meine Eltern kommen aus der Mittelschicht. Weil sie bei meinem Bruder vieles falsch gemacht haben, achten sie bei mir darauf, mit wem ich Umgang pflege. Seit einiger Zeit stellen sie Fragen, das haben sie früher nie getan. Wir verbringen mehr Zeit miteinander. Zu Ausflügen darf ich auch Freundinnen mitnehmen, die dürfen auch bei uns übernachten. Das finde ich toll. Mein Verhältnis zu ihnen ist viel besser geworden."

Tommaso aus Italien: „Ich müsste viel mehr für meine Freunde tun. Ich bin sehr bequem und rufe sie zu selten an. Meine Freunde laden mich bei ihnen zu Hause zum Essen ein. Das habe ich noch nie getan. Es ist wirklich einseitig, vielleicht bringe ich es ja auf die Reihe. Okay, ich strenge mich an."

Ida aus Norwegen: „Sobald ich ein gutes Buch zu Ende gelesen habe, rufe ich eine meiner Freundinnen an und erzähle ihr davon. Das ergibt guten Gesprächsstoff."

Miroslav aus Polen: „Jeder meiner Freunde hat Talente. Mit dem einen spiele ich Fußball, mit dem anderen am Computer. Ich erwarte von einem Freund, dass er ehrlich ist. Jeder ist nett, ich hoffe, dass sie mich genauso einschätzen."

Raquel aus Portugal: „Wenn ein neues Mädchen in die Klasse kommt, gehe ich auf sie zu. Ich frage sie, welche Interessen sie hat und versuche, sie in die Klassengemeinschaft zu integrieren. Jedem sollte man Chancen geben. Das erwarte ich auch von anderen."

Wladislaw aus Russland: „Einen Freund muss man so nehmen wie er ist. Will man zu viel an ihm ändern, passt er nicht zu einem."

Madison aus den USA: „Ich fühle mich oftmals sehr einsam, daher benötige ich gute Freunde."

George aus England: „Ich denke über den Sinn des Lebens nach, über Werte und Ziele. Manchmal fühle ich mich sehr ängstlich, geradezu mutlos. Dann möchte ich über meine Gefühle reden können, mit einem Freund kann ich das."

Tyler aus den USA: „Mich interessieren Themen wie Liebe, Zukunft, Gott, das Universum. Mein Freund muss mich verstehen können, wenn ich mit ihm darüber rede."

Pauline aus Frankreich: „Meine Freundin spricht viel über die Liebe, die Familie und die Sexualität. Ich höre dann gut zu, und sie bedankt sich für mein Verständnis, das ich mitbringe. Sie sagt, dass ich die gleiche Einstellung habe. Manchmal sagen wir im gleichen Moment das gleiche. Oft weiß ich, was sie gerade denkt. Das ist echte Freundschaft."

Paolo aus Italien: „Es kommt auf die Zuverlässigkeit in einer Freundschaft an. Außerdem muss er verschwiegen sein. Ein Freund darf kein Weib sein, das alles auf dem Marktplatz erzählt, was er gehört hat."

Jurij aus Russland: „Man kann viele Leute kennen, jedoch nur mit wenigen befreundet sein."

Joonas aus Finnland: „Wir Jungs reden gerne über Autos und Sport. Über meine Gefühle rede ich selten offen."

Noora aus Finnland: „Eine Freundin soll mich so akzeptieren wie ich bin. Wenn ich schlecht gelaunt bin, weil ich nicht ausgeschlafen habe, soll sie auch nett zu mir sein."

Jessica aus England: „Vielleicht bin ich zu kritisch. Ich erwarte zu viel von meinen Eltern, von den Lehrern und von Freundinnen."

Abigail aus den USA: „Freundschaftsfähig ist man nur, wenn man in die Tiefe geht, oberflächliche Personen benutzen einen nur."

Maria aus Katalanien: „Meine beste Freundin bin ich."

Gonzalo aus Portugal: „Meine Mutter hat mich allein erzogen und möchte meine beste Freundin sein. Sie ist oft sehr einsam, dabei belastet sie mich mit ihren Problemen."

Jan aus Tschechien: „Oftmals war ich schüchtern. Deshalb bin ich nie auf andere zugegangen. Jetzt öffne ich mich mehr und drücke mich gewählter aus. Ich habe Freunde gefunden, die auf mich Rücksicht nehmen."

Laura aus Dänemark: „Ich muss meinen Freundinnen vertrauen können. Wenn sie etwas Vertrauliches weitersagen, beende ich die Freundschaft."

Anna aus der Schweiz: „Mein Freund ist mein Tagebuch."

Alfonso aus Spanien: „Ich habe immer ein offenes Ohr für die Probleme der anderen, deshalb suchen viele Jungs und Mädchen in der Klasse eine Freundschaft mit mir."

Aleksandra aus Polen: „Eine Freundin darf nicht neidisch oder eifersüchtig sein."

Pawell aus Polen: Wenn ich krank bin, müssen meine Freunde für mich da sein und zu mir halten."

Andrej aus Russland: „Bei uns ist es üblich, Freundschaft mit jemandem zu schließen, der der gleichen Partei oder dem gleichen Verein angehört. Wenn man austritt, verliert man auch seine Freunde."

Mathew aus den USA: „Wir werden sehr kontaktfreudig erzogen. Ich schätze auch sehr die Hilfsbereitschaft, die wir haben. Weniger schätze ich, dass alles so oberflächlich ist. Bekanntschaften hat man unwahrscheinlich viele, wirkliche Freunde eher selten. Denn, wer möchte schon in die Tiefe gehen."

Rebecca aus Italien: „Wenn ich eine Freundin habe, halte ich auf allen Gebieten zu ihr wie Pech und Schwefel."

Helene aus Norwegen: „In der Pubertät hat man das Bedürfnis, bei Gleichaltrigen beliebt zu sein und von ihnen akzeptiert zu werden. Die Eltern stehen nicht mehr an erster Stelle."

Krystian aus Polen: „Es gibt Freunde, die sich nur überlegen, was sie anstellen können. Sie brauchen den Nervenkick."

Was als die ideale Freundschaft angesehen werden kann, muss jeder Jugendliche für sich selbst herausfinden. Ein wahrer Freund wird Sie warnen, wenn Sie von Ihrem Lebenskurs abkommen, er wird ehrlich mit Ihnen umgehen. Schlechter ist es, wenn er sagt: „Das war mir klar, dass es schief gehen musste. Das habe ich gleich gewusst. Aber ich wollte dich nicht verletzten und dich als Freund nicht verlieren. Daher schwieg ich." Wahre Freunde müssen allerdings auch nicht von der Brücke mit in das Wasser springen, sondern sie versuchen eher, einen vom Springen abzuhalten. Freunde untereinander sind oftmals einem gewissen Gruppenzwang ausgesetzt, hiervon handelt das entsprechende Extra-Kapitel.

Glauben

Ein weiser Mensch sagte einmal: „Wir sind körperliche Wesen mit einem Geist", was uns im allgemeinen von Tieren grundsätzlich unterscheidet. Das wirkt sich natürlich auf alle Aspekte unseres Daseins aus, also auf die sozialen, geistigen, emotionalen und physischen Bereiche. Deshalb wird unsere emotionale, geistige und physische Gesundheit von unserem Seelenleben, also unserer urgeistigen Natur, hauptsächlich beeinflusst. Wir Menschen sind in unserer Spiritualität einzigartig. Deshalb stellen wir Fragen wie: Woraus ist das Universum entstanden? Gibt es einen Schöpfer, der die Verantwortung für das Universum trägt und sich um uns kümmert? Liegt dem Leben ein Plan zugrunde oder ist alles dem Zufall unterworfen? Ist es für den Menschen möglich, eine sinnvolle Verbindung zum All herzustellen? Gibt es in unserem Sonnensystem etwas, das mir Liebe, Gerechtigkeit und Güte zuteil werden lässt? Kann ich an etwas teilhaben, wenn ja, welchen Beitrag kann ich leisten? Worin besteht meine Aufgabe in diesem Plan? Welche Rolle spiele ich?

Mit diesen Fragen beschäftigen wir uns ein Leben lang.

Reicht es denn nicht aus, jeden Tag aufzustehen, zur Schule oder zur Arbeit zu gehen, in der Freizeit fernzusehen, am Computer zu sitzen oder Musik zu hören, ein Buch zu lesen, Sport zu treiben oder sich mit Freunden zu treffen?

Wahrscheinlich nicht, denn viele Jugendliche fühlen sich in den verschiedenen Ländern, in denen sie leben, isoliert, nicht integriert, ja gar entfremdet, ganz und gar ihrem Dasein ausgeliefert. Sie leben mit Klischees, fühlen sich wertlos, umgeben von einer materiellen, kalten, unnahbaren Welt, frustriert, gar manchmal zornig und durchaus überfordert, weil sich aus ihrer Perspektive so wenig ändern lässt. Wie viele Generationen vor uns haben sich mit Fragen nach dem Ursprung und dem Sinn des Lebens eines Einzelnen befasst? Eine positive Einstellung ist unerlässlich.

Gerade auch die Jugendlichen sind auf dieser Erde, um positiven Einfluss auszuüben, egal wie klein dieser sein mag. Überlegen Sie in aller Ruhe, welche Fähigkeiten Sie haben. Finden Sie heraus, wie Sie diese Fähigkeiten am Besten in Ihrem Leben einsetzen. Überlegen Sie, wie Sie Ihre Freizeit gestalten, was Sie im Fernsehen ansehen, mit welchen Freunden Sie Ihre Freizeit gestalten. Sofern wir uns die Zeit nehmen, die Erde genauer zu betrachten, bleibt es nicht aus, an den Wäldern, Bergen,

Seen und Ozeanen Gefallen zu finden und staunend die Schöpfung zu betrachten.

Schätzen wir das Obst sowie das Gemüse, welches von den Feldern und Gärten geerntet wird? Selbst die Entwicklungen der Technologie können zum Guten der Menschheit eingesetzt werden.

Das Geschriebene und viele weitere Faktoren, die wir mit allen unseren Sinnen wahrnehmen können, lässt uns darüber nachdenken, ob nicht doch hinter all dem ein großartiger Plan steht, in dem Sie und ich unseren Platz haben. Sich darüber Gedanken zu machen, lohnt sich ganz bestimmt.

Da der Glaube des einzelnen Menschen eine ganz persönliche Sache darstellt, gehe ich nicht näher auf die einzelnen Religionen ein.

Glück

Glück ist ein positiv empfundener Zustand. Man empfindet Glück oder spürt Glückseligkeit. Eine Bedeutung ist, dass Glück als positiver Zufall im Sinne von *Glück haben* in unser Leben tritt. Hierbei handelt es sich um einen unverdienten positiven Umstand, im Sinne von *einfach Glück haben*. Soweit oder ähnlich findet man die Definition in Wörterbüchern.

Das Wort Glück leitet man vom niederländischen Wort „Gelucke" ab. Dieses Wort wurde im 12. Jahrhundert unserer Zeitreichung gebraucht. Ein anderes verwandtes Wort war „Gelücke". Beide Verben bedeuten „gelingen", welches sich vom Wort „leicht" ableitet. Glück kann man somit mit etwas Gelungenem, etwas leicht zu Erreichendem oder mit einem positiven Resultat einer Sache definieren.

Glück zu haben heißt nicht, dass man das gewünschte Ergebnis durch seine angeborenen Talente erwerben kann. Manchmal hat jemand Glück, der ohne eigenes Zutun und ohne besondere Leistung ein von ihm gestecktes Ziel erreicht oder dieses Ziel eigentlich gar nicht erreichen will und von gewissen Umständen und Personen, die ihn fördern, an dieses Ziel manövriert wird.

Sofern Ihnen jetzt einfällt, dass es auf unserem Planeten Erde nicht immer gerecht zugehen mag, gebe ich Ihnen Recht. Sich dagegen wehren, kann sich selten ein Erwachsener, noch weniger ein Jugendlicher oder ein kleines Kind. Wer wird schon den Finger heben und bekennen, dass er vielleicht schon einmal völlig zu Unrecht Glück gehabt hat und Partei für denjenigen ergreifen, dem es nicht so ergangen ist? Die Allerwenigsten, wie schade. Zumeist tritt man schon deshalb nicht für andere ein, weil man dann auch mit eigenen Nachteilen zu rechnen hat. Vielleicht sollten wir es wagen, und ein ganz anderes Ergebnis mag uns überraschen. Dann sind wir der Held, nicht unbedingt bekanntermaßen, sondern einfach nur so, für und vor uns selbst.

Wir erleben ein Glücksgefühl und befinden uns in einem Zustand, der in uns ein bewusstes oder unbewusstes Wohlbefinden auslöst. Dieses Erleben ist rein auf das einzelne Subjekt, also auf die eigene oder fremde Person bezogen. Sie haben bestimmt schon einmal von dem Begriff „subjektives Wohlbefinden" gehört. Ich empfinde dieses Wohlbefinden im Übrigen, wenn ich mich an den Computer setze und zu schreiben anfange. Da spielt es dann gar keine Rolle, ob ich meine Gedanken gut oder weniger gut zu Papier bringe. Sofern ich erst damit beginne, mir zum

Ziel zu setzen, vollkommene Resultate zustande zu bringen, kann ich lange darauf warten. So gehe ich davon aus, dass mein persönlicher Stil und meine Wortwahl mit der Zeit an Eleganz und Einfallsreichtum und der richtigen Wortwahl zunehmen.

Schreiben ist Alchemie. Ein Vergleich mit der Musik sei mir gestattet: Eine Melodie geht einem durch den Kopf. Es handelt sich um eine bislang nicht gehörte Inszenierung. Die einzelnen Töne schreibe ich auf und weiß am Anfang nicht, wo sie mich hinführen. Im Moment habe ich das Verlangen, meine Gedanken niederzuschreiben. Ob prachtvolle Formationen entstehen, wird sich zeigen. Assoziationen wollen auf das Papier gebracht werden. Eine Portion Mut und Selbstvertrauen benötigt der Schreiber gleichfalls.

Lassen Sie mich auf den Begriff Wohlbefinden zurückkommen. Wohlbefinden schließt Gesundheit und Freiheit beim Menschen ein. Faktoren, auf die wir zumeist keinen Einfluss haben, beeinflussen uns stetig. Das Wetter im Allgemeinen mit seinen Temperaturunterschieden, Lärm, Ruhe als auch das soziale Umfeld, wie beispielsweise das Verhalten von Personen in unserer unmittelbaren Umgebung.

Was uns beeinflusst, hängt z. B. davon ab, ob unser innerer Motor mit entsprechender Nahrung und Flüssigkeit gefüllt und gesättigt ist, ob geistige und körperliche Frische besteht, ja ob wir uns ausgeschlafen fühlen und von Schmerzen befreit sind.

Für unser Wohlbefinden ist ebenfalls Freiheit erforderlich. Wohlbefinden geht mit Zufriedenheit einher. Letzteres kann man allerdings auch besitzen, ohne wirklich glücklich zu sein. Für mich bedeutet Glück vital zu sein, Freude zu empfinden, soziale Kontakte zu pflegen. Das ist meine subjektive Einschätzung hierzu.

Glück kann mit einem angenehmen Leben assoziiert werden. Eine Lebensqualität ist vorhanden, die Freude zum Ausdruck bringt.

Wann empfinden die meisten von uns Glück? Bei der Geburt unserer Kinder, beim Sex mit dem eigenen Partner, beim Hausbau, bei einem gutem Essen mit Freunden, bei der Unterzeichnung eines für uns wichtigen Vertrages, bei Reisen. Hierbei handelt es sich zumeist um Momente, Tage oder Wochen, also um eine kurze Zeit, in der dieses Glücksgefühl zu Tage tritt.

Jugendliche empfinden ein Glücksgefühl, wenn sie in der Schule gute Noten erhalten, in der neuen Clique akzeptiert werden, ihre Eltern Zeit für sie haben, wenn sie sich zum ersten Mal verlieben, wenn in der

Schule Gaudi entsteht, wenn man beim Sport ein tolles Ergebnis erzielt oder einfach nur im entscheidenden Augenblick richtig reagiert. Ein anderes Mal mag man dieses Gefühl haben, wenn man sich ein neues T-Shirt, eine Hose oder einen Rock erwirbt. Beim Musizieren, beim Computerspiel oder Rockkonzert mögen ebenfalls kurze Glücksgefühle entstehen. An späterer Stelle gehe ich intensiver auf dieses Thema ein.

Es gibt aber auch das dauerhafte Glück, beispielsweise in Form einer glücklichen Ehe, mit seinem Leben sehr zufrieden zu sein, an seiner Arbeit Wohlgefallen zu haben, insgesamt ein ausgefülltes und erfülltes Leben zu führen mit entsprechenden Hobbys, sozialem Einsatz sowie freundlichen und aufrichtigen Menschen in seinem persönlichen Umfeld. Dann leben wir mit der Welt und uns in einer gewissen Harmonie.

Glück empfinden wir, wenn unsere Erwartung mit den eingetroffenen Ereignissen völlig übereinstimmt. Der Mensch ist so geschaffen, dass die meisten der folgenden Kriterien, langfristig gesehen, vorhanden sein sollten: Ein positives Selbstwertgefühl, die soziale Integration, ein erfülltes Sexualleben, materielle und ideelle Ziele sowie ein emotionales Gleichgewicht.

Sokrates, ein griechischer Philosoph, vertrat die Meinung, dass wahres Glück und ein erfülltes Leben an Glückseligkeit und Beständigkeit gebunden sind. Dies beinhalte sogar die Beherrschung zügelloser Begierde. Aristoteles, ebenfalls ein griechischer Philosoph, war der Auffassung, dass Menschen nur dann einen wirklichen Glückszustand erreichen können, wenn sie materiellen Wohlstand erlangen und während des gesamten Lebens tugendhaft leben. Diogenes vertrat eine asketische Haltung. Er war der Meinung, dass man nur durch Verzicht einen absoluten Glückszustand erreichen könne. Innere Seelenruhe wird erlangt, indem man über die Todesfurcht siegt. Die Lehre der Epikureer ist von dem Ziel des Glücks durch ein Leben der Freude und der Lust sowie der Freiheit von Schmerz und Unruhe bestimmt. Die Stoa vertraten die Ansicht, dass das Hauptinteresse der praktischen Lebensführung, sprich der Ethik, gelten solle. Der Rigorismus der alten Stoa milderte sich nach und nach, so dass neben dem Ideal des Weisen die Gestalt des sich um Tugend Bemühenden wichtig wurde. So gab es in der Antike viele Glücksdefinitionen, die die nachchristliche Welt bis in die Moderne hinein prägen.

Viele Ideen des Christentums sind der antiken Vorstellung von Glück entnommen. Immanuel Kants Theoriensynthese beinhaltet, dass ein Mensch nur glücklich sein kann, sofern dieser seine Tugenden mit Glück erstrebendem Handeln koppelt und das Ziel der Glückseligkeit durch Pflichterfüllung während des Lebens und letztendlich nach dem Tode, erreicht.

Glückseligkeit und Sittlichkeit sind untrennbar miteinander verbunden. Hier tritt die Moral zu Tage und wird zum höchsten Gut ernannt. Jesus, der bekannteste und wohl bedeutendste Mensch, der je auf Erden lebte, sprach in seiner Bergpredigt ebenfalls über Glück. Seine Glücks- oder Seligpreisungen wurden im Kapitel sechs des Matthäus-Evangeliums in den verschiedenen Bibeln dieser Welt sinngemäß wie folgt aufgezeichnet: „Glücklich sind die Armen im Geiste, denn ihrer ist das Himmelreich; glücklich sind die Trauernden, denn sie werden getröstet werden; glücklich sind die Sanftmütigen, denn sie werden das Land besitzen; glücklich sind die, die hungern und dürsten nach der Gerechtigkeit, denn sie werden gesättigt werden, glücklich sind die Barmherzigen, denn sie werden Barmherzigkeit erlangen; glücklich sind die, die reinen Herzens sind, denn sie werden Gott schauen; glücklich sind die Friedensstifter, denn sie werden Söhne Gottes heißen. Glücklich sind die, die verfolgt werden um der Gerechtigkeit willen, denn ihrer ist das Himmelreich. Glücklich seid Ihr, wenn Sie Euch schmähen und verfolgen, und Euch alles Böse lügnerisch nachsagen um meinetwillen. Freut Euch und frohlocket, denn Euer Lohn ist groß im Himmel. Denn so haben sie auch die Propheten verfolgt."

Zudem sagte er auch: „Glücklich sind die, die sich ihrer geistigen Bedürfnisse bewusst sind." (Matthäus 5/3)

Es lohnt sich, auch einmal über die gerade zitierten Worte nachzusinnen. Vielleicht beziehen wir das eine oder das andere auf uns persönlich und unsere Lebensumstände, vielleicht können wir uns aber auch in dem einen oder anderen im Alltag verbessern. Jeder Mensch hat verschiedene Wege vor sich liegen. Manchmal übersehen wir in unserer schnelllebigen Zeit den Glück bringenden Wegweiser. Wir gehen nicht geradlinig auf das Ziel zu, sondern entscheiden uns für Einbahnstraßen, Sackgassen oder weitläufige Umwege.

Glück geht über die bloße Zufriedenheit hinaus. Bloßes Vergnügen kann durch eine kurze Begegnung oder einen äußeren Anlass entstehen, der nichts mit Glück zu tun hat.

Etliche Menschen sind nicht glücklich und versuchen durch die Einnahme von Drogen und Alkohol ihre Probleme zu verkleinern. Gar manche stürzen sich in ein Kaufhaus und erwerben Gegenstände und Kleidung, die sie eigentlich gar nicht benötigen. Wahres Glück erlangt man weder durch die Einnahme von Pillen, noch von Alkohol, nicht durch Spritzen und auch nicht durch sein Bankkonto. Glück ist nicht käuflich. Es gibt Personen, die sehr viele Besitztümer haben, jedoch nicht wissen, was echtes Glück bedeutet. Viele Leute besitzen materiell wenig und empfinden ein echtes Glücksgefühl. Es gibt glückliche Millionäre und weniger glückliche. Manche Ehepaare nennen sich glücklich, andere eher nicht. Die einen Singles sind glücklich, die anderen nicht. Das Wort Glück ist ein relativer Begriff.

Wahrscheinlich kennen wir alle das Glückshormon Serotonin. Dieses Hormon wird von unserem Gehirn immer wieder ausgeschüttet, beispielsweise beim Sport, beim Geschlechtsverkehr, während der Nahrungsaufnahme und wenn uns ein ausgesprochenes Wohlfühlerlebnis auf unserem Wege begleitet.

Echtes Glück kostet kein Geld. Persönlicher Erfolg hängt nicht unbedingt mit Glück zusammen. Was trägt zum Glück bei? Wie Forscher von der Columbia-Universität (USA) festgestellt haben, ist es das Vertrauen in die eigenen richtungsgebundenen Werte und der Glaube, dass das eigene Leben einen Sinn hat.

Manchmal muss man einfach alles loslassen, was wir gedanklich als Glück verheißend ansehen. Klammert sich eine Person zu sehr an Dinge, die man nicht bekommt, fühlt man sich eventuell sehr unglücklich. Wahres Glück hängt nicht von Gebrauchsgegenständen oder äußeren Umständen ab. Es ist auch personenunabhängig. Wahres Glück ist eine Frage der Entscheidung.

Fragen Sie sich einmal, was Ihnen in Ihrem Leben wirklich wichtig ist. Sie wissen es nicht? Ah, Sie wollen es mir nur nicht sagen. Das verstehe ich. Welche Motivation haben Sie bei Ihren einzelnen Angelegenheiten, in Ihrer Familie, in Ihrem Beruf, in Ihrer Freizeit, einfach bei allem was Sie bewerkstelligen? Sie besitzen eine Sehnsucht nach Glück. Sie sind der tiefen Überzeugung, dass Ihnen dieses Glück einfach zusteht. Sie warten und warten, dabei brauchen Sie sich nur dafür zu entscheiden, dass Sie glücklich sind. Persönliches Glück hängt nämlich nicht vom Besitz vieler Reichtümer oder eines zu erwartenden Geldsegens ab.

Also entscheiden Sie sich richtig, seien Sie glücklich! Heute, morgen und in nächster Zukunft. Wie viele Menschen strahlen von innen heraus und lächeln. Ob ihnen immer danach zumute ist, sei dahingestellt. Doch aufgrund ihrer Ausstrahlung, ja ihres Charismas, erwidern ihnen andere Leute auch ein Lächeln und noch ein Lächeln. Probieren Sie es aus. Öffnen Sie Ihr Herz, und die Menschen in Ihrem Umfeld werden Ihre Ausstrahlung zur Kenntnis nehmen, Sie insgeheim bewundern und Sie in Ihrer Art nachzuahmen versuchen. Übrigens, Zufriedenheit ist das Glück des Geistes. Was wir als unser Eigentum betrachten, gehört uns nicht wirklich, wir benutzen es nur!

Bitte verzeihen Sie, jetzt wäre ich fast vom Thema abgekommen. Schließlich soll es bei diesem Buch vorwiegend um die Jugend gehen. Glück bedeutet für Jugendliche, eine Familie beziehungsweise Eltern zu haben. Mit dem Begriff Familie verbindet die Jugend Begriffe wie Liebe, Geborgenheit, ein Zuhause, ja eine Oase, ein Ort, bei dem er oder sie neue Kräfte auftanken kann. Zum Erwachsenwerden braucht man mitunter ein ganzes Leben. Da genügt es nicht unbedingt, volljährig zu sein. Was man früher mit Erwachsenwerden in Verbindung gebracht hat, zum Beispiel die Berufsplanung, eine Gründung der Familie, verschiebt sich bei etlichen jungen Menschen zeitlich nach hinten. Heute steht bei vielen Jugendlichen zuerst einmal ein Auslandsjahr an.

Glück bedeutet für viele Jugendliche einen eigenen Computer zu besitzen, Zugriff zum Internet zu haben, ein Handy sein Eigen zu nennen. MP3-Player und Discman gehören ebenfalls dazu. Viele Jugendliche sind viel zu beschäftigt, als dass sie sich über das Erwachsensein Gedanken machen. Zudem haben Erwachsene sehr viele Pflichten zu erfüllen. Wer strebt schon freiwillig an, diese Rolle zu übernehmen. Ewige Jugendlichkeit wird überall, vor allem aber doch in den Medien, propagiert. Da kommt es schon vor, dass die eigene Mutti auf Teeny macht. Kleidergröße 34 oder 36 sind da keine Seltenheit. Sieht man Tochter und Mutti von hinten, ist nur schwer zu unterscheiden, wer von beiden wer ist. In der Umkleidekabine des Modehauses oder einer Boutique probieren sie die gleiche Kleidung oder wie es im jugendlichen Jargon heißt, Fetzen, an. Bei Vati oder Pa ist es nicht viel anders. Er joggt jeden Tag und ernährt sich nur von Salaten. Bei Ihnen gibt es zu Hause Suppe, Hauptmahlzeit und Nachspeise? Na denn, ich lade mich sofort ein.

Glück bedeutet unterschwellig auch, noch nicht so sein zu müssen, wie die Eltern es sind. Autowaschen, Garage fegen, Reifen wechseln, Rasen mähen, Getränkekästen sowie Müll wegfahren, Staubsaugen und Reparieren wie Papa, Einkaufen, Kochen, Backen, Putzen, Betten überziehen, Bügeln, Stricken, wie Mama. Habe ich etwas vergessen? Dann war es absichtlich. Diese vielen Pflichten. Da reicht es aus, wenn man als Jugendlicher nur die eine oder andere Aufgabe zur Erledigung übertragen bekommt.

Ein Ziel im Leben wird trotzdem gesucht, manchmal auch der Sinn. Der Jugendliche sucht es sich selbst. In der Regel beginnt heutzutage die Pubertät früher und man zieht trotzdem später von zu Hause aus.

Zu den wirklichen Glücksmomenten zählt der Erwerb einer bestimmten DVD und CD. Eine coole Frisur, ein Tattoo, ein gewonnenes Fußballmatsch, ein endlich erlerntes Musikstück, eine Reise, der Abschluss eines Tanzkurses, Feierlichkeiten verschiedenster Art, die Bewältigung eines persönlichen Problems. Die Beseitigung von Akne und bei übergewichtigen Jugendlichen eine Gewichtsabnahme gehört ebenfalls dazu. Die bestandene Führerscheinprüfung, Ausbildungsprüfung oder das erworbene Motorrad dürfen nicht unerwähnt bleiben. Hurra, endlich mehr Taschengeld, ein weiterer Kinobesuch ist auch schon geplant.

Wir leben in einer sich verändernden Zeit. Plötzlich stehen Partnerschaften, Freundschaften und das Familienleben wieder hoch im Kurs. Später heiraten, ein Haus bauen und Kinder kriegen sind bei den älteren Jugendlichen im Gespräch. Klingt spießig, ist es aber nicht. Zuerst einmal ist man von den Eltern finanziell abhängig und damit nicht wirklich frei, wozu auch?

Klar, ausgehen und Städtetouren gehören zum Jetzt dazu. Die Spaßgesellschaft hat sich trotzdem gewandelt, Werte zählen jetzt. Für die eigene Clique tut man viel, ja persönlicher Einsatz wird selbstlos erbracht, die Freundschaften neu gepflegt.

Adoleszenz, heißt es bei den Jugendlichen oder auch Pubertät, die Eltern jedoch pubertieren mit. Denn diese Zeit ist auch für sie äußert schwierig. Dass es sich hierbei um keine leichte Zeit handeln kann, weiß ich aus eigener Erfahrung mit meinen Kindern und Neffen. Derzeit umkreist mich das wohlige Gefühl, die Situation einigermaßen im Griff zu haben. Die schlaflosen Nächte scheinen vorbei zu sein. Mal sehen, ob es dabei bleibt.

Ich wünsche uns allen viel Glück!

Gruppenzwang

Sie verbringen einen herrlichen Tag am Meer. Sie begeben sich kurz vor Sonnenuntergang in das tiefblaue Wasser und schwimmen mit kräftigen Zügen weit hinaus. Der Wellengang ist perfekt, Sie fühlen sich frei. Plötzlich berühren Sie mit Ihren Füßen etwas, das Sie nicht definieren können. Eine innere Stimme flüstert Ihnen zu, dass Sie umkehren sollten.

Es war wohl nur ein Seegras, schießt es Ihnen durch den Kopf, doch Sie sind unsicher. Ihnen ist nicht sogleich bewusst, dass die Naturkräfte wirken. Den kühlenden Wind empfinden Sie als angenehm bei 25° Wassertemperatur und 40° im Schatten. Sie drehen sich um und wollen diesen Moment nicht loslassen. Ihre Gedanken wandern zu dem Platz unter dem Sonnenschirm, an dessen Stelle Ihre Freunde liegen. Ob Tom wohl das Spiel gewonnen hat oder Tatjana Anfängerglück gehabt hatte? Im Urlaub ist ja alles möglich. Ist der Strand bereits leerer geworden und der Sand nicht mehr gar so heiß? Später schieße ich mit meiner Kamera einen Schnappschuss von der Szene. Es wird ein prickelndes Urlaubsbild.

Mit Unterstützung der Wellen nähern Sie sich dem Ufer. Gegen die Unterströmung wehren Sie sich mit noch kräftigeren Schwimmzügen. Sie versuchen mit einem gezielten Blick Ihren Liegeplatz ausfindig zu machen und stellen fest, dass Sie die Strömung zu weit abgetrieben hat. Ihnen wird allmählich bewusst, dass Sie die Orientierung verloren haben. Sie waren der Strömung des Meeres ausgesetzt. Am Anfang hat Ihnen das zugesagt, doch jetzt wird es lästig. Nun geht es nur noch darum, sicher an das Ufer zu gelangen, und es gelingt Ihnen. Eine leichte Erschöpfung tritt ein. Sicher am Strand angekommen, laufen Sie nass und etwas frierend in die südliche Richtung und halten solange Ausschau nach Ihren Freunden, bis Sie diese wieder sehen. Ob sie warten werden?

Eigentlich wollten Ihre Urlaubsgefährten pünktlich zum Hotel zurückgehen. Wie spät ist es wohl? Sie fühlen sich orientierungslos und unsicher. Finden Sie den Weg zum Hotel alleine zurück, obwohl es sich um Ihren ersten Urlaubstag in einem für Sie fremden Land handelt?

Eigentlich haben Sie diese Reise nur angetreten, weil Sie in Ihrer Clique dazugehören wollten. Dafür haben Sie eine Menge investiert. Wie schwer war es doch, den bereits eingetragenen Urlaubstermin mit einer anderen Auszubildenden zu tauschen. Ihre Eltern haben es Ihnen mitunter auch nicht gerade erleichtert, sich für das Mitfahren zu entscheiden.

Schließlich haben sie vor der Reise jede Menge Bedenken in das vorangegangene Gespräch mit eingebracht. Ihr Erspartes musste herhalten.

Einige der Mitreisenden trinken jede Menge Alkohol, andere rauchen wie ein Schlot und wechseln Partner wie ihre Kleidung, manche benehmen sich hoch anständig, gar vorbildlich, nett sind sie alle. Warum kommen Ihnen plötzlich Bedenken in den Sinn? Schließlich sind Sie gerade einmal fünfzehn Jahre alt, die jüngste in der Gruppe und dürfen sowohl Ihre Meinung als auch Ihre Einstellung jeden Tag ändern. Das ist das Privileg der Jugend.

Was Ihnen heute gefällt, können Sie morgen verwerfen und umgekehrt. Wer darf das schon, diese Freiheit besitzen in der Regel nur Kinder und Jugendliche. Es gibt niemand in Ihrem Umfeld, der Ihnen das ernstlich krumm nimmt. Da heißt es höchstens: „Lass sie, die Pubertät überstehen wir auch". Diese Erfahrung besteht in Ihrem Bewusstsein.

Bloß jetzt keinen Ärger mehr produzieren. Die Gruppe ist bestimmt stinksauer, weil sie wegen mir zu spät das Buffet genießen können. Anpassen ist angesagt, egal bei was. Na, das kann mitunter schon schwer fallen. Da muss ich durch, schließlich habe ich zu der Reise ja gesagt und gleich heute Ärger produziert.

Ihre Gedanken schweifen dahin, als sie eine Stimme hören. „He, da ist sie ja. Komm, zieh dir schnell trockene Kleidung an. Wir warten alle schon auf dich und waren bereits ernstlich um dich besorgt." Sie freuen sich und spüren ein kleines Dankeschön-Gefühl, das ist gerade noch einmal gut gegangen.

Dieses Beispiel kann man damit vergleichen, wie es mitunter uns Erwachsenen, aber hauptsächlich Ihnen als Jugendliche im Alltag ergeht. Unser Bewusstsein, unsere Gedanken und Gefühle werden beeinflusst, ohne dass wir uns dessen bewusst sind. Ihre Persönlichkeit verändert sich, ja passt sich an, ohne dass es Ihnen bewusst werden mag. Dies lassen Sie im positiven als auch im negativen Sinn zu. In einem Gruppenerlebnis oder einer Clique kommt es oftmals zum Gruppenzwang. In Jugendlichen sitzt die Angst, von Gleichaltrigen abgelehnt zu werden.

Gruppenzwang ist der Wunsch, dazugehören zu wollen. Dieses Thema ist facettenreich. Gerne bringe ich meine Gedanken mit ein und überlasse es Ihnen, aus Ihrer Sichtweise eine völlig andere Meinung zu haben. Sie sind einverstanden? Na, dann packen wir es an.

Jugendliche befinden sich im Wachstum, während sie sich von ihren Eltern immer mehr lösen. In erster Linie wünschen sie sich, von Gleichaltrigen geliebt zu werden, die erwartete Akzeptanz tritt in den Vordergrund.

Sie benötigen jemanden, dem sie vertrauen können, der sie versteht, gar ihre persönliche Sprache spricht. Falls sie zu Hause nicht offen reden können, suchen sich Jugendliche Gleichaltrige, die ein offenes Ohr für ihre Belange und Probleme haben. Es fehlt von Zeit zu Zeit am erforderlichen Selbstbewusstsein, sie möchten gleichzeitig beliebt sein, fühlen sich jedoch auch unsicher und treten so auf.

Ist es Ihnen als Erwachsener gleichgültig, wie jemand über Sie denkt? In aller Regel kaum. Man muss schon sehr selbstsicher oder abgebrüht sein, wenn dies immer zutrifft. Aha, wenn es Ihnen schon nicht ganz gleichgültig ist, wieso sollte es also bei den Jugendlichen der Fall sein?

Meinem Sohn wurde nach der Schule eine Zigarette angeboten. Er nahm sie an und paffte diese. Wie alt er zu diesem Zeitpunkt war, erwähne ich besser nicht. Von Vorteil ist, dass es nur bei einer Zigarette blieb.

Ich überlege gerade, wie es den Freunden meiner Kinder ergeht. Was sie wohl mit in etwa Gleichaltrigen in ihrem ganz persönlichen Umfeld erleben, beispielsweise in und außerhalb der Schule und ihrer ganz privaten Freizeit. Ich versuche, mich in sie hineinzuversetzen und schreibe einige Gedanken, die sie haben mögen, nieder.

Wahren Freunden kann man vertrauen. Manchmal sagen sie im selben Moment dasselbe. Sie kennen sich in- und auswendig. Gehört man nicht zur Clique dazu, wird man auch nicht eingeladen. Man fühlt sich isoliert. Jeder Mensch benötigt Freunde, keiner mag ein Außenseiter sein. Wenn man nicht zu einer bestimmten Altersgruppe gehört, bleibt man draußen. Man bleibt zu Hause und beschäftigt sich alleine.

Tipp: Bekunden Sie Interesse für die anderen Jugendlichen, versuchen Sie auf andere zuzugehen. Stellen Sie Fragen. Eingebildete Jugendliche schrecken ab. Dazu gehören Leute, die sich zu wichtig nehmen.

Tipp: Bleiben Sie einfach Sie selbst, lernen Sie sich auszudrücken und in das Gespräch mit einzubringen. Unterbrechen Sie Ihre Freunde nicht, gehen Sie auf die Bedürfnisse Ihrer Kameraden ein.

Sind Sie schnell eingeschnappt? Ziehen Sie sich dann zurück? Es gibt so viele Jugendliche, die zu Ihnen passen. Diese müssen gar nicht gleichaltrig sein, können durchaus jünger oder älter sein. Andere Kulturen kann man mit einbeziehen.

Oftmals ziehen Freunde in eine andere Stadt. Sie kommen und gehen. Mein Sohn hat dies oft erlebt. Tipp: Beziehen Sie andere in Ihre Freizeitaktivitäten mit ein. Zum Teil schätzt man jüngere Schüler falsch ein. Wahre Freunde verletzten einen nicht, weder körperlich noch geistig. Sie bauen einen auf.

Der Spaßfaktor ist in diesem Alter sehr wichtig. Beim Gruppenzwang passt sich ein junger Mensch in der Sprache, bei der Haarfrisur und im Aussehen ganz allgemein an.

Welchen Umgang sucht man sich? Beneiden Sie arrogante, jähzornige Jugendliche, die Leute anpöbeln? Jeder Mensch auf der Erde möchte geliebt werden, beliebt sein, oder täusche ich mich? Da nimmt man einiges in Kauf, um akzeptiert zu werden. Kann man da bei Drogen, Alkohol, Zigaretten nein sagen, wenn sie einem angeboten werden? Bereiten Sie Ihren Eltern Sorgen?

Es gibt ein Sprichwort, das heißt: „Steter Tropfen höhlt den Stein." Das trifft auf einen guten Umgang, aber auch auf einen nicht so guten Umgang zu. Sind Ihre Freunde langweilig, weil sie nicht alles mitmachen? Sicherlich gibt es Jugendliche, die ihre Eltern anlügen, weil sie es ihnen nicht zumuten wollen, Einblick in ihre Freundeswelt zu erlangen.

Wie oft sagt man zu Hause, meine Freunde sind harmlos. Da raucht keiner, Drogen nimmt auch niemand zu sich. Überhaupt sind alle perfekt. Etwas Schlimmes kann nicht passieren. Warum gibt es dann so viele Teenagerschwangerschaften und allein erziehende Mütter, die nicht volljährig sind? Warum gehen so viele Jugendliche auf Drogen-Entziehungskur? Viele suchen Nervenkitzel, beispielsweise beim Klauen oder zu schnellen Autofahren. Es mangelt an Reife, Leichtsinn ist im Spiel. Warum sind so viele junge Leute alkoholabhängig? Der Umgang in ihrem Freundeskreis mag nicht gerade förderlich gewesen sein. Kennen wir unsere Kinder und Jugendlichen wirklich gut? Welche Kommunikation führen wir zu Hause mit den Kindern?

Trauen sich unsere Kinder im Familienkreis alles offen anzusprechen? Haben Sie als Erwachsener Verständnis für ihre Probleme? Wollen wir wissen, wie es in den Jugendlichen aussieht und welche Probleme sie haben?

Dann gibt es nur eines: Fangen wir an, mit ihnen genügend Zeit zu verbringen, damit sie die Möglichkeit haben, mit uns über die wirklich wichtigen Angelegenheiten zu sprechen. Da geht es nicht darum, zu planen, was man einkauft, dass der Rasen gemäht werden muss, dass sie bei der Hausarbeit mithelfen sollen, das Auto gestaubsaugt werden muss oder ob sie die Schulaufgaben schon erledigt haben. Sie nehmen sich bereits ausführlich Zeit für die wichtigsten Personen in Ihrem Leben? Das ist gut so, dann haben Sie langfristig gesehen wahrscheinlich weniger Probleme mit den Heranwachsenden.

Natürlich beseitigt ein gutes Bespiel und ein angenehmer Freundeskreis nicht immer alle Probleme. Aber der gute Umgang ist ein erster Schritt. Es ist wichtig, dass man mit den Eltern reden kann. Allerdings sollte man nicht das Gefühl haben, sie auch noch zu belasten. Teenager sollten mit deren Vater oder Mutter reden können, ohne das Gefühl zu haben, dass sie von den Eltern gleich in Worten angegriffen werden. Sonst wenden sie sich an ihre Altersgruppe, und da erhalten sie nicht immer die besten Tipps. Die Variante ist, dass sich der Heranwachsende an gar niemanden wendet und verschließt, als Folge daraus unter Umständen depressiv wird.

Zeigen Sie als Jugendlicher Ihre innersten Gefühle. Das gilt natürlich nicht gleich für den Fall, dass Sie einen Kameraden gerade erst kennen lernen.

Jacob aus Dänemark sagt: „Zwischendurch wird man schon mit etwas konfrontiert. Bei längerem Überlegen kommt mir in den Sinn, wie sich meine Eltern verhalten würden, und dann fällt es mir leichter, nein zu sagen."

Toni aus der Schweiz: „Meine Mama hat mir erzählt, dass sie als Jugendliche bei einer Mutprobe mitgemacht hat, nur weil es andere von ihr verlangten. Sie war neugierig, klaute eine Hose in einer Boutique, zeigte diese den anderen Schülern und brachte sie danach dem Geschäft zurück, was Mut erforderte. Die Geschäftsinhaberin nahm darauf hin von der Anzeige Abstand. Das war ihr eine Lehre für ihr Leben. Danach wusste sie, dass sie auch ohne Mutprobe ein wertvoller Mensch war."

Jochen aus Deutschland: „Ich lasse mich vom Gruppenzwang nicht beeinflussen, weil ich von meinem Standpunkt nicht abweiche. Meine Schulkameraden akzeptieren mich und fragen mich sogar nach meiner Meinung zu den verschiedenen Themen, die wir haben.

Bei Klassenfahrten werde ich ebenfalls akzeptiert. Die Schüler merken, dass man hinter dem steht, was man sagt. Man darf sich von seiner Einstellung zu Drogen und Alkoholgenuss einfach nicht abbringen lassen."

Sofern ein weiterer Schüler in die Klassengemeinschaft aufgenommen wird, können Sie ihn anschließend fragen, wo der Junge oder das Mädchen herkommt. Welche Hobbys hat er oder sie? Hat er oder sie noch Geschwister? Mag er oder sie nachmittags mit nach Hause kommen? Vielleicht könnten sich beide auf eine anstehende Prüfung vorbereiten und nach getaner Arbeit miteinander reden, ein wenig albern und, na ja, irgendetwas wird den beiden schon einfallen. Es könnte ja durchaus sein, dass die beiden gemeinsame Interessen haben. Wenn das nicht zutrifft, war es ja ein Versuch wert. Sofern viele Gemeinsamkeiten bestehen, beginnt unter Umständen eine echte Freundschaft.

Eine Freundschaft hält dichter als Pech und Schwefel. Vielleicht engagiert man sich bei einer freiwilligen Arbeit? Ehrenamtliche, gemeinsame Arbeit bringt viel Freude. Oder wollen wir eine Gesellschaft der Ichlinge sein? Helfen Sie Ihrem Schulkameraden, sich in der Klassengemeinschaft zu integrieren. Damit meine ich, ohne Zwang, ohne Forderungen, ohne eingeforderte Kompromisse.

Wir leben in einem materialistischen Umfeld. Menschen sind bestrebt, sich diesem anzupassen. In der Schule ist es üblich, dass Kinder Markenkleidung anziehen. Wehe, wenn Eltern dafür keine Mittel zur Verfügung steht. Eltern sollten herausfinden, wie das Kind denkt und fühlt. Heutzutage ist die allgemeine Situation der Schüler wesentlich schwieriger, als es für uns als Erwachsene früher war. Das frühzeitige Vermitteln von Selbstwertgefühl ist wichtig, damit sie von der Akzeptanz der Schulkameraden und Freunde nicht so abhängig sind. Sofern Kinder nicht das Gefühl haben, so sein zu wollen oder zu müssen, wie die anderen Kinder, ist es leichter für sie, nein statt ja zu sagen.

Wozu könnte man nein sagen? Beispielsweise zum Gebrauch von Fluch- und Schimpfwörtern. Sprechen Sie zu Hause eine vortreffliche Sprache, Ihre Kinder danken es Ihnen.

Kinder und Jugendliche schikanieren gerne ihre Mitschüler. Diese Art von Aggression gehört zu den heimtückischen Problemen in der Schule. Zumeist sind diese schikanierenden Kinder und Jugendliche nicht konfliktfähig. Woran merken Eltern, ob ihre Kinder schikaniert werden? An folgenden Punkten: Fühlen sich Kinder plötzlich krank und bleiben sie zu Hause, ohne dass eine erkennbare Krankheit existiert? Gehen sie nicht mehr gerne zur Schule oder möchten sie gar die Schule wechseln? Meiden sie bestimmte Schulkameraden? Ist ihre Kleidung zerrissen oder der Rucksack beschädigt? Stellen Sie an ihnen blaue Flecken fest?

Reden Sie mit ihnen und fragen Sie detailliert nach, was passiert ist. Ob sie wirklich schikaniert wurden, muss man genauestens herausfinden.

Ansprechpartner ist dann ein Lehrer, der Ihr Vertrauen besitzt. Die betroffenen Schüler sollten sich eng an freundliche Kameraden halten und zu ihnen Kontakt suchen. Zudem sollten sie Situationen meiden, die es den Schikanierenden erleichtern, anzugreifen. Kommt es zu Schikanen, sollten die Jugendlichen nicht Gleiches mit Gleichem heimzahlen. Geschickter ist es, wenn sie in Worten schlagfertig sind.

Übrigens in Sachen Markenkleidung tragen oder nicht wird man von den Schülern generell eher akzeptiert, wenn zumindest die Noten passen.

Es ist klar, dass in der Schule häufig ein starker Gruppenzwang herrscht. Dieses Thema habe ich eingehend beschrieben. Doch komme ich nochmals kurz auf die Klassenfahrten zurück, an denen unsere Kinder teilnehmen. Jugendliche benötigen Unterscheidungsvermögen, was die Wahl ihrer Freunde und ihren Umgang betrifft. Welche Eigenschaften bei ihren Freunden zu suchen sind, kann ihnen von zu Hause aus bestens vermittelt werden.

Kennen Sie als Vater oder als Mutter die Freunde Ihrer Kinder? Nein? Dann ist es höchste Zeit, sie zu sich nach Hause einzuladen. Fragen Sie Ihre Kinder, welchen Ruf die Kameraden in der Schule haben. Fallen einem Veränderungen im Verhalten, der Kleidung und der gewählten Sprache auf, ist es höchste Zeit, mit ihm oder ihr über seine/ihre Freunde und Freundinnen zu sprechen.

Allerdings ist es nicht angebracht, automatisch nur den Umgang mit den Worten zu verbieten: „Mit dem Freund oder der Freundin darfst du keinen Kontakt haben." Viel besser ist es, ihm oder ihr zu helfen, guten Umgang zu finden.

Übrigens, noch ein Hinweis zur einleitenden Geschichte: Der Urlaub war echt cool, viel Spaß war geboten. Die Sorge der Eltern war unbegründet. Das Mädchen hat sich so verhalten, wie es zu Hause von ihr erwartet wurde. Zudem schickte sie eine Postkarte mit folgendem Inhalt nach Hause: „Hi Mom, hi Pa, wir haben Sonne satt, 40°, keine einzige Wolke, mega sauberes Wasser 26°, coole Disco, Spitzen-Essen, riesigen Spaß, gute Laune, wenig Zeit, kaum zum Aushalten (alle lachen gerade!), Ihr habt Null-Probleme, brave Tochter und sehr viel Freude mit mir. Bis bald
Eure ..."

Handys

Sie befinden sich gerade in einem Schwimmbad im Wasser, gleichzeitig klingelt Ihr Handy im abgesperrten Schrank. Als Sie bereits im Auto sitzen und nach Hause fahren, lesen Sie eine SMS mit der Nachricht: „Komm aus dem Wasser heraus, du bist schon viel zu lange drinnen." Die Familie lacht. Ein Jugendlicher sagte, dass er auf einer Beerdigung gewesen sei. Da klingelte schrill das Handy, er schaltete es sofort ab. Hinterher meinte er, dass dieses Klingeln fast die Stimmung vernichtet hätte. Was wären wir ohne Handys?

Ein Mobiltelefon, auch Handy genannt, ist ein kleines, tragbares Funktelefon. Satellitentelefone beruhen auf einer anderen technischen Basis, werden jedoch ebenfalls zu den Mobiltelefonen gezählt. Die Entwicklung der Handys geht in die Richtung, dass zunehmend Multifunktionsgeräte entstehen. Eine zusätzliche Nutzung als Uhr, Kamera, Spielkonsole, Rechner, Navigationsgerät und MP3-Player ist möglich. Jedes Mobiltelefon besteht aus einem Lautsprecher, einem Mikrofon, einer Tastatur, einer Anzeige sowie einer Steuerung. Ein Funkteil ist ebenfalls integriert. Dieser besteht aus einer Antenne und einem Sendeempfänger. Alle Mobiltelefone sind mit der Funktion ausgestattet, Kurzmitteilungen zu versenden. Das Kürzel SMS bezeichnet den Trägerdienst und heißt short message service. Der richtige Name müsste eigentlich SM lauten. Bei den Mobiltelefonen mit integrierter Kamera befindet sich das Bildaufnahmegerät auf der Rückseite des Handys. Selbst die Aufnahme von Videos ist zeitlich begrenzt möglich. Mittlerweile sind bereits 7-Megapixel-Handys auf dem Markt. Seit neuestem erhält man sogar Handys mit integriertem MP3-Player und Radio. Manche Handys gewähren Zugang zum Internet, und Websites können besucht werden.

Der Begriff Handy stammt aus den militärisch genutzten Motorola-Produkten auf der Ebene der mobilen Funkgeräte. Walkie-Talkie hat man früher die Rucksackfunkgeräte genannt, Handie-Talkie das Handsprechfunkgerät. Bei den Mobiltelefonen handelt es sich um bewegliche Telefone.

Als sehr störend wird die Benutzung der Handys in Theatern, Opern, Kinos, Gotteshäusern oder Restaurants empfunden. Deshalb setzen einige Länder in diesen Häusern Störsender ein, damit eine störungsfreie Aufführung beziehungsweise eine angebrachte Ruhe gewährleistet wird.

SMS-Nachrichten werden millionenfach ausgetauscht. Diese Textnachrichten sind relativ preiswert. Es wird geflirtet, Verabredungen werden getroffen und Freundschaften per Nachricht beendet. Die veränderte Rechtschreibung zieht in die Klassenzimmer ein. So tauchen Abkürzungen in Schulaufgaben und Hausaufgaben auf. Lehrer stehen dem ganzen zumeist gelassen gegenüber. Das Versenden von Textnachrichten ist bei Schülern sehr beliebt, ist jedoch während der Schulzeit nicht angebracht.

Eltern sollten die Handys der Kinder in der Nacht ausschalten, damit der erforderliche Schlaf gewährleistet ist. Eine Benutzung des Handys am Steuer eines Kraftfahrzeuges ist dem Trinken von Alkohol gleichzusetzen. Gefährlich wird das Schreiben von SMS-Nachrichten. Störungen durch Mobilfunkwellen wirken sich bei manchen Flugzeugen, die im Einsatz sind, ebenfalls fatal aus.

Handys sind sowohl bei jungen als auch bei etwas länger jung gebliebenen Menschen sehr beliebt. Es ist sehr praktisch, dass die eigenen Freunde und Eltern stets erreicht werden können und umgekehrt.

Vorsicht ist geboten, wenn man keine allzu hohe Rechnung erhalten möchte. Selbst wenn die Eltern bereit sind, die monatlichen Kosten zu übernehmen, wäre es für den Jugendlichen gut, wenn er über diese finanzielle Ausgabe Bescheid weiß. Auf alle Fälle ist es vor der Anschaffung eines Handys klug zu überlegen, ob man denn eines benötigt. Wenn ja, so wäre es sinnvoll, dieses sinnvoll einzusetzen und die Kosten im Griff zu haben. Jugendlichen empfehle ich, dass sie sich für ein Handy mit einem bestimmten Gesprächsguthaben entscheiden. So behalten sie den Überblick über die entstandenen Kosten.

Schüler werden oftmals bei ihren Hausaufgaben abgelenkt. Da empfiehlt es sich durchaus, das Gerät vorübergehend abzuschalten oder die eingegangene SMS später abzurufen. Sofern wir weise von dieser wunderbaren Errungenschaft Gebrauch machen, werden wir viel Freude damit haben.

Ich habe gerade eine SMS mit folgender Nachricht erhalten: „Keine einzige Wolke, Sonne satt, 30° sauberes warmes Meerwasser, kühle Getränke, kaum zum Aushalten. H&U." Die zweite SMS lautet: „Hi M., I hope you are well? I will call you soon! bye, bye!"

Jetzt ist es an der Zeit, dass ich auch eine SMS-Nachricht verschicke, und zwar an Sie: „Also viel Spaß beim Telefonieren oder Text versenden!"

Körperpflege

Jeder Mensch hat das Bedürfnis, sich wohl zu fühlen, glücklich zu sein, eine befriedigende Arbeit zu haben und dass andere Leute gerne Umgang mit einen pflegen.
Während meiner Schulzeit habe ich ein Haushaltsbuch für junge Mädchen mit dem Titel „Koche und lebe gesund", herausgegeben vom R. Oldenbourg-Verlag, München, ISBN 3-486-02130-0, gelesen. Die Tipps fand ich so gut, dass ich sie noch heute größtenteils anwende. Diese Tipps sind natürlich teilweise auch für junge Männer geeignet. Mit freundlicher Genehmigung des Verlages veröffentliche ich nachstehenden Auszug des Originaltextes (Seite 84, 102-104): „Kleider wollen gepflegt sein. Wenn wir gut angezogen sein wollen, genügt es nicht, dass die Kleider gut sitzen, gut zum Gesicht stehen und auch der Mode entsprechen; es gehört ganz besonders dazu, dass die Kleidung gepflegt ist. Das heißt, sie muss sauber und fleckenlos, geruchlos, nicht abgescheuert oder gar zerrissen, immer glatt und faltenlos sein.

Um das zu erreichen, müssen die Kleider täglich gepflegt und von Zeit zu Zeit gründlich überholt werden. Es lohnt sich, die Kleider zu pflegen, denn ihre Anschaffung erfordert beträchtliche Geldmittel."

„Mit der Ordnung im Kleiderschrank fängt es an. Der Kleiderschrank soll wenigstens zweimal im Jahr vollständig ausgeräumt und mit Tetra oder Spülmittelwasser ausgewaschen werden. Wenn er gut getrocknet ist, wird er mit Schrankpapier ausgelegt.

Die Kleider dürfen nicht zu eng hängen, damit sie nicht verdrückt werden. Röcke gehören auf ein Rockholz, die Kleiderbügel müssen groß und breit genug sein. Empfindliche Kleider schützt man durch Plastikhüllen. Feuchte Sachen dürfen nicht in den Schrank gehängt werden. Schuhe, Lebensmittel, stark riechende Dinge wie zum Beispiel Seife gehören nicht in den Kleiderschrank."

Die tägliche Pflege der Kleider: Zuhause Hauskleider anziehen, um gute Sachen zu schonen, zum Arbeiten Schürze anziehen! Kleidungsstücke sogleich nach Gebrauch auf Bügel hängen, „verbrauchte Stoffe" ins Freie hängen, auslüften lassen. Feuchte und beschmutzte Stücke erst trocknen lassen, dann ausbürsten und weghängen. Verstaubte und trocken beschmutze Kleidung sofort ausbürsten, dabei Taschen und Hosenaufschläge nicht vergessen. Flecken entfernen. Abgerissene Knöpfe sogleich annähen, sonstige kleine Schäden unverzüglich ausbessern. Sitzfalten in Röcken und verknitterte Stoffe feucht abbürsten, Kleider aus guten Stoffen soll man aushängen oder an die feuchte Nachtluft hängen, andere Stoffe müssen gebügelt werden."

Tägliche Pflege des jungen Mädchens:

Augen: Vor Sonne und grellem Licht schützen; ermüdete Augen durch Eintauchen des Gesichts in angewärmtes Wasser unter mehrmaligem Öffnen und Schließen der Augen erfrischen.

Baden: Ein- bis zweimal wöchentlich ein Vollbad bei einer Wassertemperatur von 32°-36° (Badethermometer). Dabei Körper gründlich abseifen, Knie und Ellenbogen mit Bimsstein abreiben, den Körper unter Wasser mit der Badebürste zum Herzen hin bürsten (Blutzirkulation), anschließend kalt duschen und gründlich abtrocknen. Um die Haut geschmeidiger zu machen, mit Hautöl oder Hautcreme einreiben.

Bürsten: Einmal täglich den Körper zur besseren Durchblutung der Haut trocken oder nass (siehe Baden) bürsten, immer zum Herzen hin, möglichst Körperbürste mit Naturborsten verwenden.

Duschen: Möglichst täglich, erst warm, dann kalt, hernach kräftig abtrocknen (Blutzirkulation).

Fußpflege: Füße täglich im warmen Wasser mit Seife waschen, Hornhaut mit Bimsstein abreiben, gründlich abtrocknen, eincremen, feuchte Füße einpudern, müde Füße in Salzwasser baden.

Nagelpflege: Die Fußnägel jede Woche einmal abschneiden oder feilen, gerade schneiden, dabei die Nagelecken nicht wegschneiden, weil sie sonst einwachsen. Wunde Stellen zwischen den Zehen mit Lanolinsalbe streichen.

Schuhwerk: Gut passende Schuhe mit bequemen Absätzen erhalten die Füße gesund. Hohe Absätze nur zu besonderen Gelegenheiten tragen. Zu enge Schuhe begünstigen die Bildung von Hühneraugen. Die Strümpfe täglich waschen, um Fußschweiß und Brennen der Füße zu verhindern. Richtiges Gehen beeinflusst die Füße günstig. Füße beim Gehen gerade setzen, damit sie richtig belastet werden, sonst rasche Ermüdung und schmerzende Füße.

Gesichtspflege: Damit die Haut atmen kann, abends gründliche Reinigung, unempfindliche Gesichtshaut mit Wasser und Seife waschen. Trockene Gesichtshaut möglichst mit abgekochtem oder enthärtetem Wasser (Borax) waschen. Kalte Gesichtsbäder straffen die Haut. Nach dem Waschen Gesicht bei trockener Haut mit guter Fettcreme, bei fetter

Haut mit fettarmer Hautcreme unter leichter Massage einreiben. Keine Grimassen schneiden, es entstehen dadurch Falten im Gesicht.

Gymnastik: Täglich fünf Minuten Gymnastik bei offenem Fenster fördert den Blutkreislauf, erfrischt und hält beweglich; dabei auf richtiges Atmen achten.

Haarpflege: Haare täglich bürsten. Mit nicht zu harter Bürste die Haare vom Kopf weg nach allen Richtungen bürsten und dabei zugleich den Haarboden massieren (Blutzirkulation in der Kopfhaut). Fettes Haar wenig bürsten.

Haarwäsche: Haare waschen, wenn sie schmutzig sind. Nicht zu oft waschen, sonst werden sie sehr rasch fett. Je nach Haarart gutes Haarwaschmittel nach Gebrauchsanweisung verwenden. Mit reichlich warmem Wasser nachspülen, zuletzt Essig oder Kamillenabsud oder Zitronensaft zugeben, damit die Haare sich gut frisieren lassen. Haare langsam trocknen, helle Haare an der Sonne trocknen lassen. Bei Schuppen, sehr trockenem Haarboden oder Haarausfall gutes Haarwasser verwenden. Kamm mit Bürste wenigstens einmal wöchentlich in Salmiakwasser waschen.

Handpflege: Zum Händewaschen eine gute Seife, eine nicht zu harte Handbürste und bei rauen Händen Bimsstein verwenden. Hände immer gut abtrocknen und jedes Mal mit einer Spezialhandcreme oder bei sehr rauen Händen mit einer Mischung aus Glyzerin und Zitronensaft einreiben; dabei die Hände von den Fingerspitzen zum Handgelenk massieren. Feuchte Hände sind meist nervöser Natur. Abhilfe: Nach dem Waschen die Hände mit Franzbranntwein abreiben. Rote Hände: Abhilfe durch Wechselbäder oder heiße Meersalzbäder (20 Minuten). Trockene Hände bekommen leicht Schrunden. Abhilfe: Vor Schmutzarbeiten die Hände mit einer guten Handcreme einreiben oder Gummihandschuhe tragen.

Haut: Die Haut ist ständig vielen Einflüssen ausgesetzt: Staub, Ruß, Küchendunst, Wind, Regen, Kälte und Sonnenhitze verändern sie und können sie schädigen. Bei falscher Ernährung, bei schlechter Verdauung, zu wenig Schlaf bilden sich häufig Pickel, Mitesser, Akne, Hautgrieß usw. Die Haut kann von Natur aus zu fett oder zu trocken sein. Durch richtige Lebensweise können wir die Haut gesund halten.

Für gesunde Ernährung (viel Obst und Gemüse, keine scharfen Gewürze, nicht zu viel Fleisch) und gute Verdauung sorgen. Genügend schlafen.

Durch Trockenbürsten und viel Aufenthalt an der frischen Luft die Durchblutung der Haut fördern. Im Winter die Haut durch warme Strümpfe und warme Unterwäsche sowie passende Schuhe vor Erfrierungen schützen. Die Haut nicht ohne Schutz der prallen Sonne aussetzen – Sonnenbrand. Hände und Gesicht immer gut abtrocknen und anschließend einfetten, sonst bilden sich raue Haut und Schrunden.

Körpergeruch ist für die Umwelt eine Zumutung. Abhilfe: Häufig gründlich waschen, am besten mit einer geruchbindenden Seife oder Essigwasser. Körperpuder verwenden. Nie versuchen, Körpergeruch mit Parfüm oder Puder zu beseitigen; es wird nur schlimmer.

Körperreinigung: Mindestens einmal am Tag von Kopf bis Fuß zuerst mit warmen Wasser und einer guten Toilettenseife, dann mit kaltem Wasser waschen, gründlich abtrocknen und anschließend mit einem guten Hautöl oder einer guten Hautcreme einreiben.

Lippen: An kalten Tagen Fettstift (Lippenpomade) verwenden, vor Sonnen- und Gletscherbrand schützen. Zur Anregung der Blutzirkulation mit der Zahnbürste vorsichtig bürsten.

Make-up: Die Jugend hat es normalerweise nicht nötig. Für ein junges Mädchen ist die richtige Körperpflege die beste Schönheitspflege. Greift man trotzdem zum Make-up, dann nur sparsam verwenden. Ein Zuviel wirkt eher abstoßend als anziehend.

Müdigkeit bei Tag: Fünf Minuten flach hinlegen, dabei Beine leicht anziehen und völlig entspannen, tief und gleichmäßig atmen.

Mundgeruch: Ursachen können sein: schlechte oder schlecht geputzte Zähne, eine Mandel- oder Magenerkrankung. Abhilfe: Gründliche Mundpflege, Mundwasser verwenden, mehrmals am Tag Wacholderbeeren kauen und gut eingespeichelt schlucken. Lässt sich der Mundgeruch nicht beseitigen, zum Arzt gehen.

Nagelpflege: Nägel am besten mit der kurzborstigen Seite der Nagelbürste beim Händewaschen reinigen. Gefällig schneiden oder besser mit einer guten Nagelfeile feilen, dabei kurz halten. Nagelhaut nicht schneiden (Gefahr einer Nagelhautentzündung), sondern einfetten und mit einem watteumwickelten Hölzchen vorsichtig zurückschieben.

Ohrenpflege: Die Ohrmuschel beim täglichen Waschen reinigen. Das Innenohr von Zeit zu Zeit mit einem käuflichen Ohrreiniger vorsichtig von Ohrenschmalz befreien, keine Haarklammern, Sicherheitsnadeln usw. dazu verwenden, weil das Ohr sehr leicht verletzt werden kann.

Schlaf: Regelmäßig sieben bis neun Stunden schlafen, am besten bei geöffnetem Fenster. Der Schlaf vor Mitternacht ist der beste und der gesündeste. Gelegentliche Schlaflosigkeit kann die Folge von Überarbeitung, Überreizung (Kaffee, Tee), seelischer Belastung sein, ständige Schlaflosigkeit ist ein Zeichen von falscher Lebensweise, Arzt um Rat fragen, nicht selbst zu Tabletten greifen!

Schönheitsfehler: Kleine Schönheitsfehler sind kein Makel; sie können die Eigenart eines Gesichts sogar unterstreichen. Beste Hilfe: sich damit abfinden.

Pickel, Mitesser: Nicht drücken, sondern von innen her bessern. Schokolade, Tee, Kaffee, scharfe Gewürze meiden, wenig Fett, viel Gemüse und Obst, für gute Verdauung sorgen, Hefepräparate nehmen oder Bierhefe trinken, Höhensonne, viel frische Luft. Hände aus dem Gesicht.

Großporige Haut: Mit Zitronensaft, Gurkensalat oder roher Milch abreiben. Sommersprossen sind eigentlich keine Schönheitsfehler. Durch Sonnenschutzcreme, Meiden von starker Sonnenbestrahlung zu bessern versuchen. Vorsicht bei Verwendung von Sommersprossencreme, Hautschädigungen sind nicht selten.

Erfrierungen: Wechselbäder, Massage. Schnelle Abhilfe: Wenn möglich mit Schnee abreiben, Hände oder Füße ins kalte Wasser, viel Bewegung.

Rote Nase: Nicht mit Wasser waschen, sondern mit Reinigungscreme reinigen und mit Gesichtswasser pflegen. Liegt die Ursache tiefer, für gute Verdauung und gute Blutzirkulation sorgen.

Verdauung: Schlechte Verdauung ist die Quelle vieler Übel (Hautunreinheiten, Kreislauf- und Darmbeschwerden). Abhilfe: Leinsamen, am besten aufs Butterbrot nehmen, Nahrung mit viel Zellstoff, insbesondere Sauerkraut, Vollkornbrot.

Wechselbäder: Wechselbäder bei roten Händen, Wechselwarmbäder bei Kopfschmerzen, Wechselfußbäder bei chronisch kalten Füßen oder Fußschmerzen. Durchführung: ein Gefäß mit Wasser von etwa 40°-43°, ein anderes mit Wasser von 15°-20°. Das heiße Wasser lässt man ein bis zwei Minuten einwirken, das kalte dagegen nur fünfzehn bis zwanzig Sekunden. Man beginnt stets mit dem heißen Wasser und hört mit dem kalten auf. Ein drei- bis viermaliger Wechsel ist am günstigsten. Wechselbäder sind ein ausgezeichnetes Mittel zur Förderung des Blutkreislaufes.

Zahnpflege: Nach dem Essen, insbesondere abends, die Zähne gründlich putzen. Eine nicht zu harte Zahnbürste, am besten mit Naturborsten und Zahnpasta nach Geschmack verwenden. Zähne und Zahnfleisch gründlich von allen Seiten bürsten. Zahnbürste und Zahnglas nach Gebrauch trocknen. Bei Beschwerden sofort zum Arzt gehen. Kranke Zähne können Urheber manch schwerer Krankheit sein. Auch wenn sie nicht schmerzen, sollte man die Zähne mindestens einmal im Jahr vom Zahnarzt nachsehen lassen. Zur Gesunderhaltung der Zähne ist es günstig, viel rohes Obst zu essen, geröstetes Brot zu kauen. Zu harte Speisen gefährden die Zähne. Unter keinen Umständen soll man versuchen, Nüsse mit den Zähnen zu knacken.

Sind dies hervorragende Tipps? Ganz bestimmt!

Lehrer

Ein Lehrer sagt zu einem anderen: „Manche Schüler sind nicht mehr davon überzeugt, dass ihnen die Schule hilft, ihr Leben zu meistern. Da stellt sich die Frage, welche Bildung man anstreben sollte, damit man aus dem Leben das Beste herausholen kann. Welche Erziehung sollte jedes Kind oder jeder Jugendliche erhalten? Was meinst denn du?"

Lehrer B. erwidert darauf: „Es ist ja nett, dass du dich immer so sehr engagierst und deine Zeit für die Schüler opferst. Du zeigst wirklich vollen Einsatz. Die einen Schüler werden ja völlig antiautoritär erzogen, die anderen Schüler genießen im Rahmen der elterlichen Fürsorgepflicht strenge Erziehungsmaßnahmen. Ein Schüler sagte vor kurzem zu mir, dass bei ihm zu Hause Zucht und Ordnung herrsche. Beide Varianten erscheinen mir zu übertrieben. Wie definierst du denn diese Begriffe Zucht und Ordnung?"

Lehrer A. antwortete wie folgt: „Nun denn. Zur internationalen Erziehung gehören außer Wissensvermittlung und Ausbildung von Fertigkeiten Willensbildung, Charakterbildung, Gewissensbildung sowie die Entwicklung der Fähigkeit, sich selbst zu sehen und zu beurteilen. Diese Vermittlung gehört zu den Hauptaufgaben des pädagogischen Unterrichts. Die Gesamtheit aller Bestrebungen schließt alle Vorgänge und Tätigkeiten ein, die den Erziehungsvorgang direkt oder indirekt beeinflussen. Was hat das mit Zucht und Ordnung zu tun?"

Lehrer B. erklärt seine Überlegungen: „Im Bürgerlichen Gesetzbuch ist verankert, dass zum Wohl und zur Disziplin des Kindes oder des Jugendlichen im Rahmen der elterlichen Fürsorge Erziehungsmaßnahmen zulässig sind. Entwürdigende Maßnahmen, z. B. Prügel oder Einsperren, sind verboten und vom elterlichen Erziehungsrecht nicht gedeckt."

Lehrer A. hat folgende These: „Zurechtweisung dringt in das Innere eines Jugendlichen ein und bringt ihn wieder auf den richtigen Weg, wodurch jemand Verständigkeit oder Unterscheidungsvermögen erwirbt. Bei der Kindererziehung muss der innere Kern, ja das Herz des Individuums, sprich des Schülers, angesprochen werden."

Lehrer B. schüttet Lehrer A. sein Herz aus: „Die meisten Nerven kosten Schüler, die durch ihren Stolz, Starrsinn und Eigenwillen ihrem Verstand und jedem Verständnis entgegenwirken. Das erlebe ich vor allem ab der zehnten Klasse, und manche Lehrer resignieren, wie du sehr wohl weißt."

Lehrer A. gibt Lehrer B. Recht. „Wer wirklich verständig ist, denkt nicht, er wisse alles. Weil er wirklich verständig ist, ist er bereit zuzuhören. Er erkennt den Grund der Zurechtweisung an, auch wenn es vor der ganzen Klasse geschieht, und zieht mehr Nutzen daraus als ein Unvernünftiger."

Lehrer B. fügt ein: „Du sprichst hier eine gezielte Lenkung an."

Lehrer A. führt seine These fort: „Werden wir Erwachsene denn nicht auch ab und zu zurechtgewiesen? Gefällt uns das immer? Unsere Befugnis, die wir haben, sollte die Schüler erbauen und sie nicht niederreißen. Unsere Unterweisung sollte niemals übertrieben sein. Durch unsere Unterweisung werden verkehrte Absichten berichtigt sowie die Geisteskraft der Schüler und ihr Lebenswandel geformt."

Lehrer B. befindet sich im Zweifel: „Das wäre ja der Idealfall."

Lehrer A. fügt hinzu: „Für uns Lehrer besteht die moralische Verpflichtung, Kinder und Jugendliche nicht zu reizen, indem wir zu sehr auf ihre Fehler achten, damit sie nicht mutlos werden."

Lehrer B. erklärt sich im Einverständnis mit Lehrer A. und sagt: „Ich persönlich wünsche mir viel mehr Unterstützung durch die Eltern bei unserer Arbeit. Schließlich kann man die Verantwortung nicht allein den Schulen und Lehrern in der Erziehungsarbeit übertragen. Das gute Vorbild der Eltern ist immer noch die beste Garantie, das aus ihrem Nachwuchs eine gereifte Persönlichkeit wird, auf die man in späteren Jahren ein klein wenig stolz sein darf. Sie haben mich überrascht. Na, vielleicht können wir das Gespräch ja einmal fortsetzen."

Lehrer A. antwortet: „Sehr gerne. Gut fände ich, wenn die Beteiligung der Eltern an den Elternabenden und Schulsprechzeiten größer wäre. Da sehen auch die Schüler, dass ihre Eltern wirklich an ihnen interessiert sind. Zu mir kommen zumeist nur die Eltern, deren Sprösslinge sowieso gute Noten aufweisen. Dabei benötigen die anderen viel mehr Unterstützung von zu Hause, vielleicht auch in Form von Nachhilfeunterricht und vermehrter Beaufsichtigung, vielleicht auch nur von intensiver Zuneigung, Zuspruch, Anerkennung, Verständnis und Liebe."

Lehrer B. sieht es genauso: „Das Problem ist auch im Kultusministerium bekannt. Es liegt einfach an den Familien, also in der kleinsten Einheit des jeweiligen Staates. Vielleicht lassen sich ja nicht nur Schüler formen, sondern auch Eltern. Wo ein Wille ist, da ist bekanntlich auch ein Weg. Weißt du was, wir gehen als Vorbilder voran, sowohl als Lehrer als auch als Elternteile, was wir ja ebenfalls sind."

Die unterschiedlichsten Lehrer unterrichten an den jeweiligen Schulen. Hiermit möchte ich Ihnen die Lehrer einmal anders näher bringen. Genau, nicht so, wie Sie diese im Unterricht tagtäglich erleben, nein, sondern welche Schulen sie unterrichten und welche Aufgaben sie haben. Ein Lehrer ist eine Lehrkraft. Alle Lehrer an einem Lehrinstitut bezeichnet man insgesamt als Lehrkörper. Sie sind mit der Aufgabe betraut worden, Kinder, Jugendliche oder Erwachsene dabei zu unterstützen, sich Kenntnisse, Fähigkeiten und Bildung anzueignen. Man nennt sie auch Pädagogen, weil sie in aller Regel mit einem allgemeinen Erziehungsauftrag versehen sind. Das trifft natürlich nur bei Kindern und Jugendlichen zu. Im üblichen Sprachgebrauch sagt man Lehrer, Pädagoge oder Dozent.

Es gibt Lehrer, die als Privatlehrer unterrichten, beispielsweise Musiklehrer. Lehrer sind auch an öffentlichen und privaten Schulen, entweder in Form eines Beamtenverhältnisses, als Angestellter oder als freier Mitarbeiter beschäftigt. Beamte stehen in einem Dienstverhältnis zu ihrem Arbeitgeber. Lehrer arbeiten im öffentlichen Schulwesen an allgemeinbildenden oder berufsbildenden Schulen. Lehrer besitzen verschiedene Titel. So besitzt ein Hochschullehrer den Titel Professor Hochschuldozent, oder Privatdozent. An allgemeinbildenden Schulen sind Grundschullehrer, Hauptschullehrer, Realschullehrer, Gymnasiallehrer, Gesamtschullehrer und Sonderschullehrer vertreten. An berufsbildenden Schulen sind Berufsschullehrer, Diplom-Handelslehrer, Lehrer für Fachpraxis und Lehrer der Textverarbeitung vertreten. An Fachakademien, Fachschulen, Universitäten und Fachhochschulen gibt es Professoren, Lehrbeauftragte, freie Dozenten und Dozenten, welche angestellt sind.

Sie haben bestimmt schon einmal von einem ersten und zweiten Staatsexamen gehört. Sofern ein Lehrer für seine spätere Einstellung das erste Examen benötigt, durchläuft er zuerst ein wissenschaftliches Studium an einer Universität und bringt dieses zum Abschluss, indem er an einer staatlichen Prüfung erfolgreich teilnimmt. Nun besitzt er das erste Staatsexamen, welches er durch ein Hochschulstudium erreicht.

Für bestimmte Berufe reicht das erste Staatsexamen nicht aus. Beispielsweise Juristen müssen einen Vorbereitungsdienst durchlaufen und werden anschließend zum zweiten Staatsexamen zugelassen. Mit dem ersten Examen darf man sich als Referendar des Lehramtes bewerben, mit dem zweiten Examen besitzt man den Status Assessor des Lehramtes. Das klingt alles ganz schön schwierig, finden Sie nicht auch? Man liegt den Eltern lange Zeit finanziell auf der Tasche und weiß noch nicht einmal, ob man nach erfolgreichem Lehramtsstudium bei einer Schule eine Anstellung erhält. Da kann ich nur sagen, dass ich alle Achtung vor unseren Lehrern habe. Die meisten von ihnen haben diesen Beruf aus Idealismus gewählt. Sie wollen helfen.

Was wären unsere Staaten ohne Lehrer? Lehrer vermitteln Kindern und Jugendlichen Informationen in mündlicher oder schriftlicher Form. Lehrer erklären etwas, oder sie bedienen sich anderer Methoden, die Schülern helfen, sich an den Lehrstoff zu erinnern.

Prinzipiell obliegt den Eltern die Verantwortung, ihre Kinder zu lehren beziehungsweise zu unterweisen. Den Beruf Lehrer wählen weltweit gesehen wahrscheinlich mehr Menschen als irgendeinen anderen aus. Wir können wirklich froh sein, dass es sie gibt. Dankesworte von Schülern und Eltern erwarten sie selten. Erhalten sie die ihnen zustehende Anerkennung, bezieht sich diese zumeist auf die echte Freundlichkeit sowie auf ihr aufrichtiges Interesse, die sie ihren Schülern entgegenbringen. Allerdings haben nicht alle Lehrer eine positive Einstellung. Das darf auch nicht unerwähnt bleiben. Vergessen Sie bitte nicht, dass sie oftmals unter Zeitdruck stehen. Zudem sind sie Druck und Zwängen ausgesetzt. Wissen Sie, dass es Luther war, der dem Staat die Wichtigkeit einer allgemeinen Schulbildung bewusst machte? Damit verhalf er dem Lehrerstatus zu einem höheren Ansehen.

Lehrer kämpfen mit zu großen Klassen, extrem viel Schichtarbeit, erdrückender Bürokratie und ebenso unmotivierten Schülern. Viele Barrieren sind zu überbrücken. Täglich ist man Kritik und gar unüberwindlichen Entscheidungen und neuen Situationen ausgesetzt, die klares Denkvermögen und Handeln erfordern. Schwer haben es vor allem Lehrkräfte in Großstadtschulen. Hier sind sie besonders gefordert, was den Alkoholgenuss, den Drogenkonsum, die vorherrschende Gewalt und die Moral der Schüler anbelangt. Eltern stehen der Tätigkeit in den Schulen zum Teil gleichgültig gegenüber. Sie zeigen wenig Wertschätzung. Manch ein Vater sagt zu Hause zu seinem Kind: „Was dein Lehrer sagt, interessiert mich nicht."

Wie soll da ein Lehrer mit diesem Kind diszipliniert arbeiten können? Welche Werte kann er hier vermitteln? In der Regel nur die, die der Schüler zulässt. Junge Leute zeigen gerne ihre Widerspenstigkeit. Dieses Verhalten zeigt sich in Respektlosigkeit gegenüber den anderen Schülern und den Lehrern. Lehrer ihrerseits reagieren mitunter zu heftig und werden über die Maßen streng. Lehrer sind durchaus Spießrutenläufen ausgesetzt und benötigen mitunter Mitgefühl.

Warum wählt ein Mensch den Lehrerberuf? Es mag die unterschiedlichsten Gründe hierfür geben, über ein paar schreibe ich. Es ist sicherlich ein wunderbares Gefühl zu sehen, wie Jugendliche Fortschritte machen. Es handelt sich zudem um eine kreative Tätigkeit. Es mag der Fall sein, dass bereits ein Elternteil im Schuldienst tätig war und dass man sich daher ebenfalls für diesen Beruf entscheidet. In diesem Beruf kann man das Denken junger Leute positiv formen. Vielleicht hatte man selbst wunderbare Lehrer und möchte diese nachahmen. Sie müssen auf jeden Fall vom Wert der Bildung überzeugt sein und aufrichtiges Interesse an Kindern und Jugendlichen haben. Viele von ihnen wollen ein anerkannter, mit sich zufriedener und routinierter Lehrer sein, der erfolgreich Lehrstoff vermittelt. Die Menschlichkeit, sprich der Humanismus, wird an die erste Stelle gesetzt. Sie lieben ihre Arbeit und sind mit dieser fest verwurzelt.

Kinder und Jugendliche sind von ihrem Elternhaus geprägt. Sie bringen beim Schulbeginn ihre Wurzeln mit in das Klassenzimmer. Wie eine Raupe entfalten sie sich mit der Zeit zu einem wunderschönen Schmetterling. Ihre Fähigkeiten, ihr Wissen, ihr Selbstbewusstsein und ihre Motivation wachsen im Idealfall, so dass sie zu ausgeglichenen, wertvollen Persönlichkeiten heranwachsen. Dieses Resultat zu erreichen, erfordert ein hohes Maß an Engagement seitens der Lehrer, aber auch in jeglicher Hinsicht seitens der Eltern. Schüler sind ihren Lehrern gegenüber durchaus kritisch eingestellt. Sie halten diese für humorlos und werfen ihnen vor, dass sie den Unterricht recht langweilig gestalten. Es stellt sich die Frage, ob es nicht auch an der Einstellung zu den jeweiligen Fächern liegen könnte, die diese Überzeugung zu Tage treten lässt.

Besteht überhaupt kein Interesse an einem Fach, ist es für den Unterweiser äußerst schwer, den Lehrstoff geeignet zu vermitteln. Ein guter Lehrer sollte darüber hinaus mit seinen zu unterrichtenden Fächern bestens vertraut sein. Bringt ein Lehrer den zu vermittelnden Unterricht nicht so herüber, wie er sollte, so bleibt ein zusätzliches Lernen zu Hause nicht aus.

Bei positiver Einstellung fragt man sich, ob man denn trotzdem etwas von ihnen lernen könne? Lehrer verfallen wie auch andere Berufsstände in Routine. Eine hoch motivierte Klasse mit herausragendem Einsatz begeistert wohl jeden Lehrer. Selbst Pädagogen, die eigentlich dazu neigen, das Handtuch zu werfen, fällt es damit leichter, ihren Unterricht erfrischender zu gestalten.

Sie bevorzugen, wie die Praxis zeigt, kluge und adrette Schüler und Schülerinnen. Diese genießen dann durchaus eine Bevorzugung. Lehrer sind wie Sie, ich und Ihre Eltern. Sind wir nicht alle mit Launen behaftet? Hegen wir nicht alle zwischendurch Vorurteile gegen unsere Mitmenschen? Ist es nicht schön, dass wir alle eigenständige Individuen mit den verschiedensten Fähigkeiten und Eigenarten sind? Was wäre das Leben, wenn wir alle gleich aussehen und handeln würden?

Lehrer besitzen Emotionen, und das ist gut so, diese verhindern jedoch durchaus Objektivität. Wie bei einer Kamera müssen sie von Zeit zu Zeit die Linse richtig einstellen. Ein Schüler mit ursprünglich schlechten Noten darf nicht über Jahre hinweg immer in die gleiche Schublade gesteckt werden. Das hat er nicht verdient. Jetzt zeigt er gute Leistungen, und seine privaten, für ihn ehemals fatalen Umstände mögen sich grundlegend geändert haben. Mein Tipp für Lehrer: Sehen Sie die Schüler, wie sie jetzt sind, nicht wie sie zu irgendeiner Zeit waren.

Nichtsdestotrotz werden die Lieblingsschüler bevorzugt. Es betrifft zumeist weiterhin die schulisch guten Schüler, welche keine Probleme bereiten. Steht ein Schüler sehr im Vordergrund, erzeugt dies den absoluten Unwillen der Klassenkameraden. Ein echter Gefallen wird dem bevorzugten Schüler mit dieser Handlungsweise daher nicht wirklich entgegengebracht.

Die Regelschülerzahl pro Klasse wird mit zwanzig bis fünfunddreißig Schülern beziffert. Dies erfordert höchste Anstrengung für den einzelnen Lehrer, vor allem, wenn er nach jeder Unterrichtsstunde in die unterschiedlichsten Klassen wechselt. Pubertierende Jugendliche sitzen rein körperlich im Unterricht und wandern in ihrer gedanklichen Welt in zumeist völlig andere Dimensionen ab. Es reicht auch schon aus, wenn sich der Einzelne mit seinen Gedanken mit einer anderen Mitschülerin oder einem anderen Mitschüler befasst. Wie soll der zu behandelnde Lehrstoff dargeboten sein, damit der Lehrer die Gunst der Schüler erhält? Meines Erachtens ist es dem Lehrer nicht zu verdenken, dass er sich auf engagierte Schüler vermehrt konzentriert, die ihm darüber hinaus keinen sonstigen Ärger bereiten. Dieses Verhalten ist nur allzu menschlich. Ein großes Lob sei für die Lehrer angebracht, die sich allen Schülern gegenüber fair zeigen. Solange die gesamte Klasse nicht vernachlässigt wird, darf sich die Lehrkraft über besonders fleißige Schüler freuen. Besteht eine absolute persönliche Abneigung gegenüber einem Schüler, sollten beide hiervon betroffenen Seiten in sich gehen und bei sich nachfragen, warum diese besteht.

Hat der Lehrer den Schüler vor versammelter Klasse zurechtgewiesen und damit in eine gewisse Verlegenheit gebracht? Stört dieser Schüler ständig den Unterricht, oder zeigt er sich als ewiger Klassenclown? Beruht diese Situation auf einem Missverständnis? Sind beide bereit, freundlich miteinander umzugehen, damit die vorliegende Situation besser wird? Schließlich müssen beide Parteien tagtäglich ihre Zeit im Klassenzimmer verbringen, ob sie wollen oder nicht.

Natürlich kommt es auch vor, dass man sich als Schüler ungerecht behandelt fühlt. Die erhaltene Note passt nicht in das Konzept. Lehrern unterlaufen Fehler. Eventuell hat er sich in der Punktzahl verrechnet. Suchen Sie als Schüler das Gespräch. Lassen Sie sich das Benotungssystem erklären. Kritisieren Sie ihn nicht, besprechen Sie mit ihm im ruhigen Tonfall, dass Sie eine andere Note erwartet haben. Erklären Sie Ihre Gründe, die Sie zu dieser Meinung veranlassen. Kinder und Jugendliche wissen zu meist über ihre Rechte bestens Bescheid. Ihre Pflichten zu kennen, ist ebenfalls erforderlich.

Ein Thema ganz anderer Art ist die Gewalt an den Schulen, vorwiegend in der Großstadt. Lehrer werden in ihrer Würde verletzt. Kinder merken sehr schnell, wie weit sie gehen können. Referendare sind teils Opfer von Streichen, die sie nach bereits bestandenem ersten Staatsexamen resignieren lassen. Dann heißt es für die hiervon betroffenen Lehrer, sich beruflich umzuorientieren. Wie schade, dass so etwas immer wieder vorkommt. Zu erwähnen bleibt, dass der eine oder andere zumeist psychische Schwierigkeiten davonträgt.

Haben Sie oder Ihre Klassenkameraden Ihren Lehrer mehrfach geärgert, dann sollte es keine Überraschung sein, dass sich dieser in seinem Verhalten Ihnen gegenüber verändert hat. Zeigen Sie sich stets tadellos und respektvoll den Lehrern und Klassenkameraden gegenüber, so gratuliere ich Ihnen von ganzem Herzen.

Damit der Schulbetrieb einigermaßen funktioniert, muss es in den Schulen diszipliniert zugehen. Lehrern obliegt eine enorme Verantwortung. Pädagogen werden mit der Aufgabe betraut, für einen reibungslosen Ablauf im Unterricht zu sorgen. Sie benötigen hierzu Ihre volle Unterstützung. Respekt hat man nur vor den Lehrern, die sich von den Schülern nicht alles gefallen lassen. Deshalb bleibt dem Pädagogen gar nichts anderes übrig, als gerechtfertigte Strafen zu vergeben oder seinem zugezogenen Ärger Luft zu machen. Ob ein junger Mensch später einen Ausbildungs- oder Arbeitsplatz erhält, hängt auch davon ab, ob er die Fähigkeit besitzt, mit erwachsenen Personen respektvoll umzugehen.

Lehrer und Schüler bringen Opfer. Als Anregung für die Eltern muss ich Folgendes erwähnen: Lernen Sie die Lehrer Ihres Kindes kennen, dann wissen Sie von wem Ihr Kind zu Hause erzählt. Sie sind der Meinung, dass es Zeitverschwendung ist? Das finde ich persönlich nicht. Ich sehe es als die Gelegenheit an, ein Vertrauen und Verständnis zu den Menschen aufzubauen, die Sie bei Ihrer Erziehungsarbeit am besten unterstützen können und die wie Sie nur das Beste zum Wohle Ihrer Kinder wünschen.

Übrigens, der Onkel meines mittlerweile verstorbenen Mannes war Oberstudiendirektor an einer Schule in Lemgo und genießt nun seinen verdienten Ruhestand. In meiner unmittelbaren Nachbarschaft wohnen ebenfalls zwei Lehrer, einer davon ist Direktor an einer Grund- und Hauptschule, der andere unterrichtet Schüler an einer Knaben-Realschule. Bei beiden handelt es sich um sehr sympathische Leute, die sich absolut zum Wohle der Kinder einsetzen und engagieren. Vielen Dank dafür und Gottes Segen! Der Alltag in den Schulen gestaltet sich mitunter humorig.

Zur Abwechslung und als kleine Aufmunterung veröffentliche ich ein paar Schülersprüche (Ähnlichkeiten sind rein zufällig, kommen jedoch überall vor – die Klasse setze ich hinter die Ausführungen): „Ich bin weder körperlich noch geistig in der Lage, Ihren Aussprüchen zu folgen, Herr ..." K 13

Ein Schüler kommt morgens zu spät zum Unterricht mit folgenden Worten: „Ich habe eine gute Ausrede." K 10a

Ein Schüler sagt zu einem anderen Schüler: „Wenn du jetzt noch deine Haare abschneidest, bist du unwiderstehlich." K 13

„Seid Ihr vom Blödheitsvirus überfallen worden?" Die anderen antworten: „Ja, das stimmt." K 7a

„Meine Nachbarin stört mich sogar, wenn sie gar nicht neben mir sitzt." K 12

„Wenn man Mathematik im Hirn hat, kann man Rechnen." K 10a

Ein Schüler sagt zur Lehrkraft: „Wissen Sie die Frage überhaupt noch?" K 11

„Ist Verena krank oder macht sie blau?" K 9

„Ich habe einen Artikel in der Zeitung gelesen, der über die Gleichberechtigung schreibt, ich meine, so eine Schwachsinnszeitung." K 12

„Natürlich haben Sie Recht, dass ich nichts weiß, ich bin eine Flasche." K 9a

Auf die Frage der Lehrerin, welche Hobbys die Schüler haben, erfolgt auch prompt die Antwort: „Telefonieren." K 12

Auszüge aus einer Bewerbung für einen Lehrstellenplatz: „Durch ein gutes Arbeitsklima werde ich eine Leistungssteigerung entwickeln, die zu mehr Arbeitsfreude führen wird." K. 9a

„Ich bin mir sicher, dass ich mit diesen Fähigkeiten eine Bereicherung für Ihre Arztpraxis sein werde." K 9b

„Ich vereinbare mit dem Firmenchef ein privates Treffen. Bei dem stellt er dann fest, dass ich ein ganz netter Mensch bin." K 12

„Ich habe den Entschluss gefasst, dass mir dieser Beruf Spaß machen wird." K 9 b

„So einen Schwachsinn wie Sie möchte ich gar nicht studieren." K10

Beim morgendlichen Zuspätkommen betritt ein Schüler den Klassenraum mit folgenden Worten: „Ich habe den Schönheiten der Welt entsagt." K 13

„Bringt mir Abschreiben Vor- oder Nachteile?" K 9b

Ein Schüler kommt morgens zu spät zum Unterricht und sagt: „Es hört sich dumm an, aber es ist wirklich so." K 10

Der Lehrer fragt: „Wofür steht die Abkürzung BGB (Bürgerliches Gesetzbuch)?" Antwort: „Bürgerlicher Grundbesitz." K 9c

„Kann man im Restaurant nicht einfach eine Pizza essen und sagen, dass man sie nicht erhalten hat?" K 9c

„Zwischen fünfzehn und achtzehn Jahren ist man ein Sonderfall." K 10

„Bei Schülern in der Oberstufe muss die geistliche Reife vorhanden sein." K 10a

„Gibt es so was wie Beihilfe zum Spicken?" K 9c

„Heute bin ich um sechs Uhr morgens aufgestanden, um zu lernen. Jetzt schreiben Sie keine Extemporale? Ich hasse Sie, Frau ..." K 10b

„Kleinere Geschwister kann man einfach so unterdrücken." K 8a

„Keiner außer mir weiß, dass ich dumm bin." K 9a

„Frau ..., können Sie mir noch eine drei geben?" K 9a

„Von Nichts weiß ich sehr viel, Herr ..." K 9c

Lesen

Wie begeistert war ich doch, als ich in meiner Kinder- und Jugendzeit unter anderem Winnetou, Onkel Toms Hütte, Huckleberry Fin und Walt Disney sowie Märchen von den Gebrüdern Grimm las. Je mehr Seiten das gerade zur Hand genommene Buch hatte, umso lieber war es mir. Es gab und gibt so viele gute Kinder- und Jugendbuch-Autoren. Es fehlt mir die Zeit, alle mit deren Namen und Buch-Titeln zu benennen.

Oftmals schickten mich meine Eltern rechtzeitig zu Bett, damit ich für den nächsten Schultag geistig fit sei und ausgeschlafen habe. Mein Dank gilt an dieser Stelle allen Taschenlampen und Batterieverkäufern. Was hätte ich nur ohne sie angestellt? Mein Vater brachte mich meistens zu Bett und betete noch kurz mit mir. Vielleicht sollte man das heute auch wieder einführen, sofern man mit der wundervollen Aufgabe betraut wurde, Kinder erziehen zu dürfen und aufwachsen zu sehen.

Das Licht ging im Zimmer aus. Das war der Augenblick, den ich seit dem Abendessen herbeigesehnt hatte. Jetzt endlich erfuhr ich, wie es mit der Hauptfigur in meinem Buch weiterging. Unter der Bettdecke versetzte ich mich unter Zuhilfenahme meiner Taschenlampe in eine andere Welt. Doch ich hatte auch eine kleine Sorge. Welche war das wohl? War es die, dass ich am nächsten Tag nicht ausgeschlafen haben könnte? Oder, vielleicht schreibt ein Lehrer oder eine Lehrerin ja eine Extemporale? Nein! Meine Gedanken kreisen sich höchstens darum, ob die Batterien der Lampe zur Neige gehen konnten und mir diesen spannenden Abend den Garaus machten. Das war zu meinem Glück nicht der Fall. So ging es in meiner fantastischen Reise weiter.

Eine gewisse Spannung kam auch deshalb hinzu, weil ich nie wusste, ob meine Eltern doch nochmals nachsehen würden, ob ich auch wirklich schliefe. Diese Zeit möchte ich in meinem Leben nicht missen und ich denke nur zu gern daran zurück. Schließlich prägte mich meine Lust am Lesen, und heute besitze ich hunderte von Büchern, die ich allesamt gelesen habe.

Wie verhält es sich in der heutigen Zeit unter Kindern und Jugendlichen? Bei einer Umfrage antworten manche mit: „Ich lese", oder „ich bin eine Leseratte", andere: „Ich lese ungern" oder „mit dem Lesen habe ich es nicht, ich spiele lieber am Computer", vielleicht auch „mir fällt es schwer, ein Buch zu Ende zu lesen", oder sogar: „bei uns zu Hause gibt es gar keine Bücher." Wie dem auch sei, wenden wir uns den aktiven Lesern zu. Einige Jugendliche habe ich direkt angesprochen und sie um ihre Meinung gebeten. Sie haben ganz offen geantwortet mit folgenden Zitaten:

Andrea aus Deutschland: „Beim Lesen kann ich meine Fantasie spielen lassen. Dies umso mehr, wenn der Autor nicht jedes Detail beschreibt. Das finde ich einfach Klasse. Bei einem Film ist das nicht der Fall. Die Szene reißt ab und mit der Spannung ist es vorbei."

Timm aus Italien: „Sofern meine Eltern meine Bücher zur Hand nehmen und diese ebenfalls lesen, weiß ich, dass sie sich für mich interessieren und ich ihnen nicht gleichgültig bin. Sie wissen dann, wie ich denke und welche Einstellung ich habe."

Ilona aus Portugal: „Meine Mutter kommt auf mich zu und sagt: Lies dieses Buch, das bringt dich weiter. Es ist das genau richtige für dich. Das klingt so, als wolle sie sagen: Nimm dieses Medikament ein, dann wirst du wieder gesund."

John aus England: „Der Titel ist in Ordnung und interessiert mich. Doch dann benutzt mein Lehrer dieses Buch, um mit der Klasse Grammatik-Übungen durchzuführen. Schon ist es mit der Freude vorbei, und ich lege es beiseite, wie schade."

Olivia aus Frankreich: „Meine Eltern haben keine Zeit für mich, und so lese ich aus Einsamkeit. Sie merken gar nicht, dass ich mich völlig aus ihrer Welt zurückziehe."

Marko aus Polen: „Bücher geben mir eine Freiheit, die ich zu Hause nicht habe. Beim Lesen geht es nicht nur um Pflichten, gutes Benehmen sowie gute Noten. Bei den Fantasiebüchern werden mir keine Grenzen auferlegt, alles ist erreichbar. Ich kann mein eigener Held sein und habe die Anerkennung auf meiner Seite."

Thorsten aus Dänemark: „Es gefällt mir, wenn meine Freunde die gleichen Bücher lesen. Wir haben Gesprächsstoff, der verbindet. Man fühlt sich verstanden und nicht so isoliert."

Maria aus Spanien: „Wenn mein Vater meinem kleinen Bruder vorliest, höre ich gerne zu. Plötzlich fühlt man sich wieder geborgen und wie ein kleines Kind, so richtig behütet wie ein Baby im Mutterleib."

Svenja aus Finnland: „Beim Einkauf eines Buches spielt der Preis, den meine Mutter zahlt, keine Rolle, bei einem Spiel knausert sie."

Christian aus Rumänien: „Ich spare lange, damit ich mir ein bestimmtes Buch leisten kann. Dieses bewahre ich dann wie einen Schatz auf. Das darf auch keiner meiner kleineren Geschwister in die Hand nehmen. Sonst bekommt es noch Eselsohren."

Versetzen wir uns in die Geschichte, die rund 2.300 Jahre zurückgeht. Schon in der Antike legte man großen Wert auf Bildung und entsprechende Unterweisung, durchaus in schriftlicher Form. Aristoteles entstammte einer Ärztefamilie und wurde in Athen ein Schüler Platons. Er übernahm im Jahre 342 v. Chr. die Erziehung Alexander des Großen. Aristoteles war ein großer Geist, der Weltoffenheit mit Geistesschärfe, Tiefsinn mit größte Verstandeshelle, Spekulation mit Erfahrung verband. Er ist vielleicht die wirkungsmächtigste Gestalt der griechischen Philosophie. Er verfasste unter anderem Schriften für die von ihm geleitete Schule. Diese umfassten Themen wie Ethik, Politik, Poetik, Natur-Psychologie, Philosophie, Metaphysik, Logik sowie Kunsttheorie und bestimmt noch andere. Dieser große Denker hat hervorragende Werke verfasst. Über dessen Veröffentlichungen lohnt es sich, in den Bibliotheken dieser Welt und Lexikotheken nachzulesen.

Wie sieht es heutzutage mit dem Lesen aus? Viele Menschen können Lesen, sind daran aber nicht interessiert. Etliche Jugendliche lesen nur selten Bücher oder Zeitschriften. Selbst hochgebildete Persönlichkeiten schalten oftmals lieber den Fernseher ein, anstatt ein Buch zur Hand zu nehmen. DVD, Kinofilme, Videos, Walkman und Nintendo stellen eine starke Konkurrenz dar. Der größte Zeiträuber ist das Fernsehen. Damit meine ich nicht, den zauberhaften Moment zu genießen, dem einen der Blick von einem hohen Berg gewährt. Durchschnittlich verbringt jeder Mensch neun Jahre seines Lebens vor dem Fernseher. Sind wir froh darüber, dass es sich nur um einen Durchschnitt handelt und nicht um uns persönlich?

Ein gutes Buch regt den Geist an und beflügelt die lesende Person. Zudem hilft das Lesen, sich sprachlich gut auszudrücken. Die Sprach- und Schreibkenntnisse verbessern sich merklich. Der sich angeeignete Wortschatz erweist sich in der Schule und im Beruf als nutzbringend. Die Geduld sowie die Fähigkeit der schriftlichen Argumentation verbessern sich stets. In der Ausnahme erreichen bestimmte Fernsehsendungen, das heißt auch Verfilmungen von Jugendbüchern, dass sich Jugendliche veranlasst fühlen, das jeweilige Buch zu erwerben.

Lesen ist also im allgemeinen Gebrauch der Prozess, schriftlich niedergelegte Informationen und Ideen aufzunehmen und zu verstehen. Da fällt mir ein, dass man ja auch in Gesichtern lesen oder Spuren lesen kann. Auch da kann man sich üben. Nur wer sich in seiner Heimatsprache auszudrücken vermag und diese beherrscht, dem fällt es auch leichter, logisch und folgerichtig zu denken.

Ist die Sprache etwas herrliches, was uns von Gott gegeben wurde? Stimmen Sie dieser Äußerung zu? Mit wenigen Lauten kann man sich verständlich machen und erreicht dadurch Kommunikation. Diese mag auch durch die schriftliche Form zwischen dem Autor und dem Lesenden entstehen. Sollte man im Jugendjargon sprechen, schreiben oder generell verfallen, sofern man auf die Belange der jungen Leute eingehen möchte?

Der Buchhandel weist ein reichhaltiges Büfett auf, an dem man sich bedienen kann. Geistige Nahrung im Überfluss wird angeboten. Lesestoff, den man nicht begreift, ist schwer verdaulich. Inhalte, die einem gar nicht schmecken, ebenfalls. Entweder weil das sprichwörtliche Salz in der Suppe fehlt oder weil sie geschmacklos sind.

Allerlei liest man einfach zu oft, und ständige Wiederholungen sind einem zuwider. Auf diesem reich gedeckten Tisch wird für jeden Menschen eine geeignete Literatur angeboten. Nur in Haushalten, in denen der Fernsehkonsum sowieso eingeschränkt ist, lesen Jugendliche und Kinder eher spannende Erzählungen, Erlebnis- oder Reiseberichte. Es besteht auch hier eine Zwei-Klassen-Gesellschaft. Die einen informieren sich stets neu und absorbieren Wissen. Ihnen fällt der schriftliche Ausdruck leicht. Die anderen kämpfen sich ein Leben lang durch das ihnen vorliegende Wörter-Chaos. Für sie stellt das Lesen eine nicht endende Plage dar. Wem es sichtlich schwer fällt zu lesen, sollte sich eine Lektüre aussuchen, die ihm gefällt und einfach ist. Kein Mensch erzielt im sportlichen Bereich gleich eine Medaille. Jeder Sportler fängt im kleinen Bereich an und steigert von Tag zu Tag seine Leistungen. Im übertragenen Sinne hat selbst ein Analphabet die Chance, ein guter Leser zu werden.

Ein Literatursuchender hat seine liebe Not. Da freut er sich, wenn ihm die Buchhändlerin zu Hilfe kommt oder gar zu Hause, doch wieder im Fernsehen, der Literaturkritiker.

Spontan antwortet man im Buchhandel auf die Frage: „Suchen Sie etwas Bestimmtes?" mit „Wo finde ich Georg Friedrich Händels Oratorium ‚Der Messias'", und schon wird man mit „Da müssen Sie schon den Buchladen an der Oper aufsuchen" in Ruhe gelassen. Na ja, ein Versuch war es Wert.

Welch Geistes Kind der Autor ist, erkennt man spätestens beim Lesen.

Holen Sie sich Tipps bei den Eltern, Freunden, Lehrern, Ausbildern oder Studienkollegen. Dieser Personenkreis kennt am ehesten Ihre Interessensgebiete und weist Sie auf Neuerscheinungen hin oder macht Sie auf Ihren Lieblingsstoff in Buchform aufmerksam. Ein halbwegs gebildeter Mensch braucht seine Lieblingsbuchhandlung. In den größeren Häusern können Sie sich den Inhalt der Bücher verinnerlichen, ohne sie gleich kaufen zu müssen. Besonders hilfreich ist das Feuilleton. Dieser Bildungsteil ist in den bekannten Zeitungen zu finden. Zur Welt der Musik, Literatur, Kunst, Politik, Wissenschaft und der Medien erhält man Zugang. Essays, Fernsehkritiken, Konzerte, Kongresse, Berichte, Kunstausstellungen, Rezensionen und anderes werden einem zugänglich. Bekämpfen wir den Analphabetismus.

Jugendliche sind Nachahmer ihrer Eltern. Stellen Sie genügend gute Bücher in Ihrem Haushalt zur Verfügung. Praktizierende Leser gehören nur dann zur Familie, wenn man mit gutem Beispiel vorangeht. Jetzt fehlen nur noch die richtigen Rahmenbedingungen. Hervorragende Lichtverhältnisse, eine gute Leselampe und absolute Ruhe ebnet uns ein wirkliches Vergnügen.

Ach ja, noch ein Tipp an die Kids: Wählen Sie Ihre Bücher gut aus, bei der Kleidung tut man es ja auch.

Na dann, viel Spaß beim Lesen!

Liebe

Scheinwerferlicht und Kameras umgeben die Schriftstellerin. Nie zuvor erklärte sie sich bereit, Rede und Antwort zu stehen. Doch bei diesem jungen Moderator lässt sie diese Ausnahme zu. Es liegt wohl an seinem Lächeln und seiner überaus freundlichen, offenen Art, die von ihm ausgeht. Eine vertrauensvolle Basis ist zwischen den beiden vorhanden und erfüllt den Raum. So lag es nahe, dass sie sich vor Beginn der Aufzeichnung das Du angeboten haben. Marianne, die bekannte Schriftstellerin, und Marco, der weniger bekannte Moderator. Wie hätte man es sich sonst erklären können, dass sie über ihr Leben so offen Auskunft gibt. Die Sendung beginnt, hören wir zu:

Marco erklärt allen Zuschauern, dass es bei seiner heutigen Sendung um das Thema Liebe geht. Er bedankt sich dafür, dass sich Marianne die Zeit nimmt, daran teilzunehmen und als Gast bei ihm zu erscheinen. Gleich zu Anfang stellt er folgende Frage: „Marianne, du warst schon einmal glücklich verheiratet, doch das Schicksal nahm seinen Lauf."

„Ja, das stimmt. Mein Mann, Peter, und ich wollten eigentlich zusammen alt werden. Er gab mir den Kosenamen Püppi, und er vergötterte mich stets. Damit will ich zum Ausdruck bringen, dass er mich während unserer Ehe auf Händen trug. Er liebte mich wirklich sehr und las mir jeden Wunsch von den Augen ab. Wir waren so jung, und mir war damals gar nicht bewusst, dass wir ein Prinzen- und Prinzessinnendasein geführt haben. Ich liebte so vieles an ihm, und es gab sehr vieles, was er an mir liebte. Wir passten sehr gut zusammen, und ich richtete mein gesamtes Leben nach dieser Beziehung aus."

„Marianne, doch dann kam die unerwartete Wendung."

„Ja, leider. Wir verbrachten zwei herrliche Wochen in einem traumhaft schönen Hotel in Südtirol. Untertags wanderten wir in den Bergen, am Nachmittag lagen wir am Swimmingpool, und am Abend saßen wir mit Peters Tante und seinem Onkel, einem ehemaligen Oberstudiendirektor, in lauen Sommernächten auf der Veranda des Hotels bei einem guten Glas Rotwein nach dem Verzehr des allerfeinsten Essens. Wir waren so glücklich und hatten noch so viele Träume und Sehnsüchte, die wir gemeinsam realisieren wollten. Zu Hause angekommen, fragte mich Peter, ob ich mit ihm im nächsten Jahr nach Afrika reisen wolle. Er plante und buchte diese Reise. Das Bauen eines gemeinsamen Hauses und das in die Welt setzen von Kindern wurde des Öfteren von ihm in das Gespräch gebracht, er wollte auch zumindest ein Kind adoptieren. Zu gerne kaufte er sich an einem Samstag im August wieder einmal die schickste Kleidung, er sah immer wie aus dem Ei gepellt aus. Das sagten uns jedenfalls ständig die Leute. Drei Tage später war sein Leben abrupt und völlig unerwartet zu Ende. Wir hatten viele herrliche Tage zusammen, nur zu wenig Jahre."

„Du hast in der Öffentlichkeit oder in deinem Bekanntenkreis nie dein früheres Leben erwähnt, wie du mir gestern erzählt hast."

„Das ist tatsächlich so. Selbst in meiner Familie habe ich niemals über meine Gefühle gesprochen. Mein Bruder sagte damals, dass ich diese Kluft nicht überbrücken könne, die mich von meinem Mann Peter trenne. Er wollte mir damit sagen, dass ich endlich wieder beginnen solle zu leben."

„Das hört sich wie die große Liebe an, die da jäh zu Ende gegangen ist."

„Ja, das ist so. Wir hatten sieben wundervolle Jahre. Damals wurde mir der komplette Boden unter den Füßen weggezogen. Ich merkte mir keine Texte mehr, und es hatte den Anschein, dass ich alles, was ich bis dahin geistig in mich aufgenommen hatte, für alle Zeit verloren war. Die ersten zehn Jahre konnte ich mit dem Satz, dass die Zeit Wunden heilt, nicht das geringste anfangen. Heute hege ich die Überzeugung, dass für jeden Menschen zwei oder drei Partner auf unserem Planeten leben, die man als Seelenpartner bezeichnet und mit denen man eine überaus glückliche, ja die ideale Partnerschaft führen kann. Mit einer dieser Personen erfährt man die Erfüllung der großen Liebe. Natürlich gibt es auch andere Menschen, zu denen man sich hingezogen fühlt oder mit denen einen irgendetwas verbindet. Man spricht hier oft davon, dass man die gleiche Wellenlänge hat, das muss mit der großen Liebe aber noch nichts zu tun haben."

„Liebe, die stärker als der Tod ist. Bitte verzeih, dass ich dich danach frage. Hast du schon einmal daran gedacht, über diese Liebe ein Buch zu schreiben?"

„Darüber nachgedacht habe ich schon mehrfach. Obwohl ich niemals ein Tagebuch geschrieben habe, kann ich mich an jeden Augenblick unserer gemeinsamen Zeit erinnern, der für mich wie ein wundervoller einziger Tag war."

„Was rätst du Personen, die bereits einen Partner durch den Tod verloren haben?"

„Ich rate ihnen, sich dem Leben und einer neuen Liebe zu öffnen. Dazu gehört natürlich Mut. Denn oftmals erwartet gerade der engste Bekanntenkreis, dass man für alle Zeit trauert. Dies ist vor allem bei vielen etwas länger jung Gebliebenen der Fall. Da sind zumeist die eigenen Kinder sehr überrascht, wenn sich die Mutter oder der Vater neu verliebt, und nicht selten wird diese neue Liebe boykottiert. Manchmal geht es bei dieser Aktion schlichtweg um das Erbe. Wie traurig das in der einzelnen Situation sein mag."

„Du meinst, dass Kinder kein Recht haben, sich in diese Angelegenheit einzumischen?"

„Das will ich damit nicht sagen. Aber fair ist dies keineswegs. Warum soll ein Mensch im Alter nicht glücklich sein dürfen und bis zum Tod leiden müssen. Der Partner, der nicht mehr lebt, wollte das zu Lebzeiten bestimmt nicht. Mein früherer Ehemann Peter sagte bei einer bestimmten Gelegenheit, dass ich, wenn ihm etwas passieren sollte, auf jeden Fall wieder heiraten solle. Es steht auch in der Bibel, dass die Ehe für beide mit dem Tod endet. Also: warum soll sich der Hinterbliebene für alle Zeiten grämen und einsam sein? Wichtig ist jedoch, dass die Trauer durchlebt wird und man sich für eine neue Beziehung erst öffnet, wenn man die frühere Partnerschaft in gewissem Sinne geistig abgeschlossen hat. Bei dem einen Menschen mag die Zeit ein Jahr dauern, bei einem anderen zehn Jahre oder länger. Hier gibt es keine Richtwerte."

„Hattest du während der gesamten Ehe Schmetterlinge im Bauch?"

„Das ist eine interessante Frage, Marco, die ich glattweg mit einem Nein beantworte. Oftmals hatte ich ein starkes Gefühl des Hingezogenseins und eine innige Zuneigung zu Peter. Eine gefühlsbetonte, seelische Bindung sowie ein leidenschaftliches Gefühl der Zuneigung mit dem Wunsch nach der ehelichen Vereinigung wechselten sich ab. Welche Frau gibt sich nicht gerne ihrem Mann hin, wenn sie ihn wirklich liebt und sie zu ihm aufschauen kann sowie Respekt vor ihm hat. Es hat mich immer überrascht, wenn ich ihn ansah und Schmetterlinge im Bauch zu spüren waren. Da wusste ich, dass ich nach ein paar Jahren Ehe immer noch sehr verliebt in ihn war."

„Marianne, du hast sehr früh geheiratet, als du neunzehn Jahre alt warst."

„Ich war gerade zwanzig Jahre alt und heiratete zwei Monate später, Peter war gerade einundzwanzig Jahre alt. Sex vor der Ehe gab es bei uns nicht. Als ich achtzehn Jahre alt war, wollte mich mein späterer Ehemann bereits heiraten. Damals sagte ich, dass er zwei Jahre auf mich warten muss, wenn er mich zum Standesamt führen will. Zugleich betonte ich, dass er wohl nicht der richtige sein kann, wenn er das nicht wolle. Doch er hat gewartet, und es stellte sich heraus, dass er der richtige Partner war."

„Marianne, du bist noch immer eine attraktive Frau. Also kann das noch gar nicht so lange her sein, oder?"

„Nun, Ende der siebziger Jahre war es noch gang und gäbe, nicht einfach so zusammenzuleben, trotz der 68er-Bewegung. Wobei es zu dieser Zeit auch schon Kommunen gab, die als ideale Lebensform hingestellt wurden. Danach sind viele Leute von dieser Lebensart wieder abgekommen."

„Ich sehe, dass einige Zuschauer im Aufnahmestudio schmunzeln. Wir haben heute wieder einmal ein brisantes Thema, und es ist geplant, dass wir uns noch ein wenig darüber unterhalten, wie man erkennt, ob es sich um die wahre Liebe handelt? Zudem wollen einige junge Zuschauer wissen, ob sie für die Ehe reif sind und wie man sich vor einer Ehe gut kennen lernen kann, weil die Scheidungsraten eindeutig zu hoch sind. Schließlich gibst du in deinem Buch ja auch Tipps zu anderen Themen, die die Jugend heutzutage interessiert. Du hast ja auch einen fast erwachsenen Sohn, der sicherlich gespannt auf deine Antworten ist."

„Na ja, man sagt, ich liebe dich, denn ... Dabei liebt man, weil man einfach liebt. Manchmal hat man einen Traum, eine Vorstellung davon, wie es mit der richtigen Partnerin oder dem richtigen Partner sein wird. Da man diesen Traum nicht aus den Augen verliert, hat man alle Zeit der Welt, weil einem bewusst ist, dass man in dem Augenblick, da der richtige Partner vor einem steht, es sich dessen sehr wohl bewusst ist.

Steht einem die große Liebe gegenüber, kommt es vor, dass man nichts Gescheites sagt und das Gefühl hat, versagt zu haben. Man fühlt sich unwiderstehlich hingezogen, aber es wühlt einen so auf, dass man in seiner Verwirrung wie gelähmt ist. Doch muss man seine Gefühle verbergen.

Als ich nach einigen Jahren der Trauer erneut einer großen Liebe gegenüberstand, kam ich mir wie Mogli im Dschungelbuch vor. Ich hatte immer das Gefühl, einen Krug, vollgefüllt mit Wasser, oder eine Wassermelone in Händen zu halten und konnte mich so gut wie gar nicht artikulieren. Das war mir höchst peinlich und hat mich zudem sehr geärgert. Doch so oft ich diesen Menschen sah, verhielt ich mich so. Unweigerlich musste ich deshalb immer wieder an diesen Film denken oder auch an den Film Dirty Dancing. Doch ich schaffte es nicht, mein Verhalten zu ändern und meine wahren Gefühle zu zeigen. Die wahre Liebe ist oftmals gerade am Anfang problematisch. Es besteht eine starke Anziehungskraft zwischen beiden Personen, ein Mann verhält sich dann fahrig.

Da fällt mir gerade ein, dass man gegen den Strom schwimmen muss, wenn man die Quelle erreichen möchte. So ist es auch mit der Liebe. Diese geht gerade zu Anfang oftmals seltsame Wege. So kommt es vor, dass manche Eheleute erzählen, dass sie, als sie sich kennen gelernt haben, eine sehr starke Abneigung gegenüber ihrem jetzigen Partner verspürten, deren Gefühle sich im Laufe der Zeit in tiefe Zuneigung und Liebe verwandelten. Diese Ehen halten häufig ein Leben lang. Auch denkt man sich manchmal gerade zu Anfang, dass Barrieren bestehen, die man nicht überbrücken kann oder will. Es heißt bekanntlich, dass wo ein Wille ist, auch ein Weg sei.

In der wahren Liebe offenbart sich Schönheit, Anmut, Güte und Mitgefühl. Das in den Partner gesetzte Vertrauen vertieft sich. Man fühlt sich geborgen und geliebt, auch verehrt man den anderen. Man liebt sich sehr sinnlich. In einer Ehe bedeutet das, dass die Sinne mit zärtlich liebevollem Sex gesättigt werden, den man nur unterbricht, um spazieren zu gehen, zu essen und zu schlafen. Dabei muss nicht von einem frisch verheirateten Paar die Rede sein. Bei der wahren Liebe scheinen beide nicht nur verliebt zu sein, sondern sie sind auch glücklich. Manche Leute erleben dieses Gefühl, zudem die große Liebe sowie die echte Partnerschaft, erst nach einer schmerzhaften Scheidung und begegnen dann dem für sie richtigen Mann oder der für sie richtigen Frau. Zuerst muss derjenige jedoch seine Wunden lecken.

Natürlich kommt es vor, dass sich Personen zwangsläufig wieder den gleichen Typ von Frau oder Mann suchen und sich dann erneut beklagen, dass es doch etwas Besseres für sie in ihrem Leben geben müsste. Dabei hadern sie erneut mit ihrem Schicksal, fallen in das von ihnen aufgesetzte Klischee und gehen womöglich an ihrer großen Liebe und ihrem großen Glück vorbei.

Ein Sprichwort sagt, dass wenn sich eine Türe schließt, sich andere Türen zu besseren Wegen öffnen. Doch wie erkennt man, für welche der geöffneten Türen man sich entscheiden sollte? Diese Frage lasse ich im Raum stehen."

„Du sagtest mir vor der Sendung, dass du manchmal den Eindruck hast, dass bei der großen Liebe zwei Seelen unvermeidlich zueinander hingezogen werden, weil sie einfach zusammengehören."

„Ja, das glaube ich wirklich. Doch der einzelne Mensch besitzt seine eigene Willensfreiheit. Jede Person auf unserem Planeten kann frei zwischen verschiedenen Wegen wählen. Deshalb muss man schon selbst erkennen, welcher Weg der jeweils richtige für einen selbst ist. Zum Glück sind wir keine Roboter, so bleibt es aber leider auch nicht aus, dass man die falsche Entscheidung treffen mag und die daraus entstehenden Konsequenzen zu tragen hat."

„Vielleicht haben wir später Zeit, ein wenig mehr zu philosophieren. Zuschauer haben E-Mails geschickt und sich geäußert. Eine siebzehnjährige Zuschauerin schreibt folgendes: ‚Ich verliebe mich stets schnell in gut aussehende Jungen. In meinem Alter besteht eine enorme Anziehungskraft zwischen uns Jugendlichen unterschiedlichen Geschlechtes. Eigentlich bin ich hauptsächlich in die Optik verliebt. Dabei scheitern meine Freundschaften nach ein paar Wochen, weil sich spätestens dann herausstellt, dass ich andere Erwartungen hatte. Die Bilder, die ich von dem Jungen im Kopf habe, platzen wie eine Seifenblase, wenn ich ihn besser kennen lerne. Da stelle ich fest, dass ich gar nichts über seine Gewohnheiten wusste. Seine Pläne für die Zukunft sind mit meinen nicht identisch. Missverständnisse treten auf, und ich nehme mir jedes Mal wieder vor, mich nicht mehr in das Aussehen zu verlieben, sondern zuerst seinen Charakter kennen zu lernen. Zuerst dachte ich, dass diese Liebe ein Leben lang halten wird, heute weiß ich, dass ich nur verliebt war. Meine Frage an Sie lautet: Wie erkennt man den Unterschied zwischen der Verliebtheit und der Liebe?"

„Diese Frage interessiert bestimmt auch andere Zuschauer und ich bin auf deine Ausführungen gespannt."

„Bei der Verliebtheit behält man die rosa Brille auf. Man lässt sich von Äußerlichkeiten beeindrucken. Der tolle Wagen beeindruckt einen oder die Markenkleidung, die Superfigur oder das gesamte Aussehen, die Sportlichkeit, hervorragende Leistungen in der Schule, das im Mittelpunktstehen. Es spielt auch eine Rolle, welche Vorteile man aus der Beziehung zieht. Es geht unter Umständen schnell zur Sache. Man küsst sich, ohne sich wirklich zu kennen. Man stellt den anderen auf ein Podest, himmelt ihn oder sie an und sieht keinen einzigen Fehler an ihm oder ihr. Man setzt sich keinen Diskussionen aus, in denen Unklarheiten geklärt werden. Alles ist zu jeder Zeit paletti."

„Bei der Liebe ist man sehr um das Wohl des anderen besorgt. Die Beziehung entwickelt und vertieft sich langsam, vielleicht über Monate oder Jahre. Die Fehler des anderen werden einem bewusst, und man liebt ihn trotzdem. Bestehen Unklarheiten, redet man miteinander und findet gemeinsam eine Lösung. Durch den Charakter und die Art des anderen fühlt man sich noch näher zu ihm oder ihr hingezogen. Die Liebe besteht aus uneigennützigen Gründen, und man ist bereit, Opfer zu bringen. Man gibt mehr als man nimmt und bringt dem anderen Achtung entgegen. Man ist so sehr auf das Wohlergehen des anderen bedacht, dass man sogar bereit ist, selbst auf etwas zu verzichten.

Es bedarf der Zeit, jemanden kennen zu lernen. Bei jungen Leuten ist es oftmals sinnvoll, sich anzusehen, wie der Junge oder das Mädchen mit den eigenen Eltern umgeht. Auch auf den Umgangston ist zu achten. Zumeist ändert sich ein Erwachsener nicht und behält die Art und Weise bei, die er sich als Kind und Jugendlicher angewöhnt hat. Ist er egoistisch oder nachsichtig? Ist er bereit, die Meinung anderer gelten zu lassen? Ich möchte einen Vergleich mit einer Kerze anstellen. Bei der Verliebtheit flackert die Flamme kurz auf und erlischt dann wieder. Bei der Liebe brennt der Docht beständig."

„Diese Frage hast du hinreichend beantwortet. Bei der nächsten E-Mail fragt ein Junge namens Ted, achtzehn Jahre alt, auf was es ankommt, wenn er ein Mädchen zu einem Date einlädt. Was sagst du, Marianne?"

„Da kommt es ganz darauf an, ob es Ihnen nur um die Gemeinschaft, also Kameradschaft geht, oder ob Sie tiefere Empfindungen für das Mädchen hegen. Bei einem Ausgehen gehört dazu, dass man das Mädchen von zu Hause abholt, ihr oder ihrer Mutter Blumen mitbringt und sie zu einem gemeinsamen Essen einlädt. Ist Ihnen diese Form zu altmodisch und zu teuer, wäre auch gut denkbar, dass Sie das Mädchen einfach fragen, ob Sie mit Ihnen einen Kinofilm ansehen möchte. Eine andere Variante stellt der Theaterbesuch dar, hier kann man sich ja für ein Musical entscheiden.

Es gibt viele Möglichkeiten, sich kennen zu lernen. Vielleicht geht das Mädchen mit Ihnen gerne in den Tierpark, in eine Ausstellung, in ein Museum, zu einem Volksfest, Tanzen, in einen Biergarten oder ganz einfach Spazieren. Vielleicht können Sie auch in Ihrem Freundeskreis etwas planen und das Mädchen in Ihre Freizeitaktivitäten mit einbeziehen. In der Gruppe lernt man sich sowieso viel besser kennen. Außerdem ist die Sache unverfänglicher, weil die Erwartungshaltung nicht so groß ist. Stellt einer von beiden fest, dass er doch nicht so viel für den anderen empfindet, fühlt sich der andere nicht so zurückgesetzt. Falls Sie beide eine feste Freundschaft wollen, bleibt genügend Zeit, dies gegenseitig ein anderes Mal zu bekunden. Wer schlägt eine Einladung zum Eis essen aus, wenn einem an der anderen Person etwas liegt?

Frauen schätzen Pünktlichkeit. Das beinhaltet aber auch, dass man nicht weit vor der vereinbarten Zeit vor der Haustüre steht sowie nicht völlig zu spät kommt. Passendes Outfit ist ebenfalls wichtig. Die meisten Menschen legen Wert auf gutes Benehmen. Dazu gehört, dass man dem Mädchen die Autotüre öffnet und das Mädchen sich für das ihr entgegengebrachte aufmerksame Verhalten bedankt.

Auf jeden Fall soll die Sitte des jeweiligen Landes eingehalten werden. In manchen Ländern gehört es zum guten Ton, verheiratet zu sein. Da die Eltern wollen, dass es ihre Kinder gut haben, darf man sich nur verabreden, wenn man ernste Absichten hat. Hinter Verabredungen sehen die Eltern dann mehr, als die Kinder beabsichtigen. Ehe, nein danke, sagen viele junge Leute. So sollte man sich in südlicheren Ländern im klaren sein, dass man nach eingehaltener Verabredung ungewollt in eine Rolle schlüpft, die einem nicht unbedingt behagt. Achtsamkeit und Fairness ist angesagt.

Durch die starke körperliche Anziehungskraft kann es vom Händchenhalten über das Küssen schnell zu einer sexuellen Vereinigung kommen. Das sollte man als Jugendlicher nicht unterschätzen. So kommt es bei Verabredungen oftmals zu mehr als ursprünglich eingeplant war. Intime Freundschaften von Teenagern führen selten zu einer dauerhaften Bindung, darüber sollte man sich im Klaren sein. Ein junger Mann aus meinem Bekanntenkreis sagte einmal, dass er nur mit einem Mädchen intim wird, wenn er sich vorstellen kann, mit ihr auf Dauer zusammenzubleiben. Das fand ich sehr vernünftig. Er wollte auch Verantwortung übernehmen. Heute sind die beiden verheiratet und haben zwei Kinder miteinander.

Jugendliche befinden sich auf einem Selbstfindungstrip. Sie besitzen das Privileg, heute etwas zu mögen und es morgen als spießig zu betrachten. Allzu gerne sammeln sie einfach nur Erfahrungen beim Zusammensein mit dem anderen Geschlecht. Es wäre also unfair, wenn man jemanden einlädt und sich von vornherein im klaren ist, dass man nichts von dem anderen will. Daher mag es nicht verkehrt sein, mit Dates zu warten, bis man volljährig ist. Aber das sind Sie ja. Deshalb wünsche ich Ihnen beiden viel Vergnügen."

Marco hält eine andere E-Mail in seinen Händen. „Ein Junge fragt an, ob es möglich sei, mit einem Mädchen nur befreundet zu sein."

„Sie sprechen von einer platonischen Freundschaft. Hinter dieser verbirgt sich gerne eine Verliebtheit. Zumeist entsteht diese zumindest einseitig, weil sich beide Teenager zu oft treffen und die Anziehungskraft einfach zu stark ist. Mitunter gehen daraus Beziehungen hervor, die lange halten."

Marco erklärt, dass die Sendezeit nur noch fünfzehn Minuten beträgt, und macht darauf aufmerksam, dass die Gesellschaft heutzutage wieder Wert auf Werte legt und bei Umfragen immer mehr Menschen antworten, dass ihnen ein Familienleben äußerst wichtig sei. „So gehen die Eheschließungen trotz der Scheidungszahlen nicht zurück. Deshalb sollten wir noch ein wenig auf die Ehe eingehen."

Marianne antwortet: „Junge Leute sehen ihre eigene Traumhochzeit und hegen zum Teil unrealistische Erwartungen und Vorstellungen über die Ehe. Heiraten allzu junge Leute, so führt dies schnell zu Scheidungen. Das sage nicht nur ich, sondern das kann man in den Statistiken nachlesen. Hinzu kommt, dass die Ehe für einige nach dem Gesetz gerade erwachsenen Personen als Fluchtweg von der Schule, vom Elternhaus oder ihrem persönlichen Umfeld angesehen wird.

Es könnte auch zutreffen, dass sie einfach nur ernst genommen werden wollen und deshalb in diese Rolle schlüpfen. Manche Leute versprechen sich finanzielle Vorteile, und vornehmlich junge Frauen wollen mitunter schnell selbst Mutter werden, damit ihnen eine Arbeitnehmertätigkeit in der freien Wirtschaft erspart bleibt. In der Ehe kommt es dann zu Streitigkeiten, weil das Geld für den Lebensunterhalt nicht ausreicht oder weil das Intimleben nicht so abläuft, wie man es gerne hätte. Es kommt auch vor, dass sich ein Teil des Paares nach der Heirat genauso verhält wie vor der Ehe und sein Junggesellendasein innerhalb der Beziehung weiterlebt.

Gerade junge Leute legen großen Wert auf den Besitz der neuesten technischen Geräte und Autos, so mag es der Fall sein, dass finanzielle Probleme auftreten, selbst wenn ein stattliches Einkommen vorhanden ist. Junge Ehefrauen sind mit Kochen, Waschen, Putzen und Kinder versorgen oftmals überfordert. Junge Ehemänner überfordert mitunter ihre Versorgungsrolle, die sie ausüben. Kleinigkeiten im Alltag stören plötzlich, die rosa Brille wird in den Tränenbach geworfen.

Ich persönlich sehe die Ehe als Quelle der Freude unter der Voraussetzung an, dass man die erforderliche geistige und körperliche Reife besitzt. Dann gibt es nichts Besseres und die Familie wird zur Oase, in der sich alle Familienmitglieder sehr wohl fühlen."

Marco sagt: „Also sollte man sich vor einer möglichen Ehe gut kennen lernen."

„Ja, das ist das A und O der Sache. Von Vorteil ist, wenn beide die gleichen Interessen und Meinungen haben. Es bringt auch wenig ein, wenn einer gerne in die Berge geht und der andere diese nicht ausstehen kann. Bei Scheidungen fällt immer wieder der Satz, dass unüberwindbare Gegensätze bestehen. Deshalb ist es erforderlich, sich ausreichend Zeit für das Kennenlernen zu lassen. Das beinhaltet auch aufmerksames Zuhören. Die Lebensphilosophie sollte die gleiche sein. Damit man herausfinden kann, wie der andere wirklich denkt, benötigt das Paar Gesprächsgrundlagen. Bei diesen Unterhaltungen stellt man fest, welche Pläne der andere für die Zukunft hat, ob er im Inland oder im Ausland leben möchte. Erwartet der Partner, dass beide einer ganztägigen Beschäftigung nachgehen oder ist dies einfach aufgrund der wirtschaftlichen Situation erforderlich? Will ein Partner nur ein Kind und der andere fünf? Hat man vor, sich ein Eigentum zu erwerben oder zahlt man lieber Miete? Bis wann möchte man seine Ziele erreichen? Reagiert ein Partner spöttisch, ironisch, gereizt, sarkastisch, stur, selbstsüchtig oder rechthaberisch, sofern der andere nicht die gleiche Meinung vertritt? Sind beide anpassungsfähig? Sofern ein guter Konsens vorhanden ist und sich beide stets einigen können, bestehen gute Chancen für eine glückliche Ehe, und dem Hochzeitstag steht nichts im Weg."

Marco sagt: „Ein Thema interessiert uns auch noch. Wer kennt sie nicht, die unglückliche Liebe? Oftmals leidet das eigene Selbstbewusstsein unter der Ablehnung des anderen. Man fühlt sich todunglücklich und denkt an nichts anderes. Starke Gefühle hegen Jugendliche durchaus für Personen, die für sie unerreichbar sind. So kommt es vor, dass sie für einen Popsänger, ihren Lehrer oder ihre Lehrerin, einen Schauspieler oder für einen Bekannten oder eine Freundin der eigenen Eltern schwärmen."

Marianne antwortet: „Romantische Gefühle spielen oftmals eine Rolle. Die Gleichaltrigen sieht man als langweilig an, da man sie ja gut kennt. Das Anhimmeln eines Popsängers lässt ein Bild von dieser Person entstehen, welches teilweise mit der realen Welt und Lebensweise dieses Menschen nicht im Geringsten zu tun hat. Zudem ist dieser für den Jugendlichen in Wirklichkeit unerreichbar.

Eine unglückliche Liebe kann dazu führen, dass man körperlich oder seelisch krank wird. Schlaflosigkeit, Herzschmerz, Depressionen und Gefühle der Wertlosigkeit sind keine Seltenheit. Zudem leiden durchaus die schulischen Leistungen darunter. Bei den heutigen Schönheitsidealen verfallen manche Mädchen in Magersucht oder Bulimie.

Kein Mensch macht sich lächerlich, wenn er Gefühle für eine andere Person hegt. Doch wenn diese Gefühle nur einseitig sind, sollte man es aufgeben, die andere Person für sich gewinnen zu wollen. Sagt der andere klar und deutlich, dass er nichts für einen empfindet oder zeigt er dies durch sein Verhalten, so sollte man ihm nicht hinterherlaufen. Nur weil man von dieser Person abgewiesen wird, mag es durchaus der Fall sein, dass man gerade so auf einen anderen Partner aufmerksam wird, der die große Liebe seines oder ihres Lebens wird.

Wahre Liebe schließt ein Geben und ein Nehmen mit ein und ist keinesfalls einseitig. So bringt es nichts ein, wenn sich der andere nur in der ihm entgegengebrachten Liebe sonnt. Erwidert die andere Person dagegen die gezeigte Liebe, wird dies an seinen Bemühungen deutlich. Vielleicht ist er unentschlossen und besitzt nicht die Eigenschaft, eine reife Entscheidung zu treffen, die Anpassungsfähigkeit sowie Rücksicht voraussetzt.

Verliebte laufen mit der so genanten rosa Brille herum. Setzt man diese ab und betrachtet man den anderen mit klaren Augen, so erkennt man eher, ob der andere es wert ist, diese Gefühle zu verschenken. Außenstehende, wie beispielsweise die eigenen Eltern oder Freundinnen und Freunde, sehen oftmals viel realistischer, ob ein Pärchen zusammenpasst oder ob man selbst in sein Wunschdenken Interesse des anderen hineininterpretiert, was das Verhalten des anderen gar nicht zu erkennen gibt und letztendlich gar nicht zutrifft.

Die Kommunikation mit den Eltern ist wichtig. Da darf man sich auch ausweinen. Es hat auch wenig Sinn, wenn sich der Jugendliche von der Außenwelt zurückzieht. Da ist es gut, wenn Freunde oder Freundinnen den Jugendlichen aus dessen Lethargie herausholen. Dieser muss in die Feizeitaktivitäten der Gruppe mit einbezogen werden.

Lehrer merken sehr schnell, wenn Schüler unglücklich verliebt sind. Mit wachsamen Augen sehen die Eltern ebenso, dass ihre Tochter oder ihr Sohn bedrückt ist. Gerade jetzt brauchen unsere Kinder unsere Aufmerksamkeit im Besonderen."

Marco sagt: „Das sind wertvolle Tipps." Der Moderator denkt sich folgendes, spricht es aber nicht aus: Sie ist eine kluge Frau, die jede Menge Lebenserfahrung besitzt und zu jeder Zeit genau wusste, was sie wollte und will. Bei meiner Recherche habe ich erfahren, dass sie vor einigen Jahren vier Wochen vor dem geplanten Hochzeitstermin aus dem Haus auszog, obwohl sie sehr viele Stunden harte Arbeit in den Hausbau investiert hat. Es war einfach noch zu früh, sich wieder erneut zu binden, da sie zudem erkannte, dass es mit diesem Menschen nicht die große Liebe werden wird. Also verzichtete sie auf ein vierhundertfünfzig Quadratmeter großes Haus mit Swimmingpool, Weiher, Bach und einem Wald vor der Haustür, das vor einem Schloss in der Nähe eines Sees lag und sagte dem ganzen Mammon Adieu. Mit der Zeit ging ihr nur noch das Segelschiff aus Holz, ein Kielzugvogel, ab, nicht jedoch der Egozentriker, dem dies alles gehörte. Sie hatte nach dem Auszug ihre Freiheit gewonnen, ein Gut, das sie mit keinem Geld der Welt oder materiellen Besitztümern tauschen wollte. So kam es dazu, dass sie ein paar Jahre später ebenfalls einer festen Beziehung den Rücken kehrte, weil sie über den Tod ihres Mannes noch nicht völlig hinweg war.

Hätte sie damals die falsche Entscheidung getroffen, hätte sie ihren eigentlichen Lebensweg nicht gefunden. Heute schreibt sie unter anderem Bücher über die Liebe, die als Bestseller in der ganzen Welt verkauft werden und die als Filme hohe Einschaltquoten erzielen. Sie schreibt zudem Bücher über Alchemie, auch darüber, wie machtvoll geschriebene Worte sind. Aber auf diese Passagen spreche ich sie in meiner heutigen Sendung nicht an. Dies gehört auch nicht zum Thema.

„Dein jetziger Lebensgefährte und Ehemann sitzt im Publikum und nickt dir wohlwollend zu. Das war zwar nicht geplant, doch darf ich Sie auf das Podium bitten?"

Wolfgang Michael steht von seinem Platz auf und betritt die Bühne. Er setzt sich auf den Stuhl, der auf der rechten Seite von Marianne steht. Er legt seinen rechten Arm um ihre Schulter und wirkt glücklich.

Der Moderator fragt Marianne folgendes: „Es sieht so aus, als ob er in dir noch mal seine sehr große Liebe gefunden hat. Was schätzt du an deinem Mann so sehr?"

Marianne: „Dies trifft tatsächlich zu. Ich habe das Glück, dass ich meiner großen Liebe und meinem großen Glück begegnet bin. Wolfgang Michael ist der absolut richtige Mann für mich. Beinahe wären wir an unserer großen Liebe und an unserem großen Glück vorbeigegangen. Ich schätze an ihm seine Bodenständigkeit sehr, seinen gewohnten Rhythmus, seine feine Linie, die er hat, sowie seine Ehrlichkeit und dass er mich sinnbildlich auf Händen trägt. Besonders schätze ich an ihm, dass er sein gesamtes Leben für die Tiere einsetzt."

„Was schätzen Sie an Ihrer Frau besonders?"

Wolfgang Michael antwortet: „Ich liebe Marianne wirklich sehr und schätze ihre Ausstrahlung, ihre Eleganz, dass sie nicht sprunghaft ist, sie ist einfach edel. Lange Zeit sind wir aneinander vorbeigegangen und das, obwohl wir uns jede Woche sahen. Zum Glück haben wir es geschafft, doch noch aufeinander zuzugehen. So habe auch ich nach dem Tod meiner früheren Frau erfahren, dass man wieder starke Gefühle empfinden kann."

Marco sagt abschließend: „Danke, dass ihr beide da seid, vor allem trotz deiner überaus starken Erkältung, Marianne. Du setzt dich sehr stark für die Afrikahilfe ein und unterstützt seit vielen Jahren einige Stipendiaten finanziell. So konnten Schüler in Tansania das Abitur erreichen und zu einem abgeschlossenen Studium gelangen."

Marianne antwortet: „Ja, in Tansania müssen die Schüler selbst für die Schuluniform und das Schulmaterial aufkommen. Jugendliche aus armen Familien haben oftmals nicht die Chance, eine Schulbildung zu genießen. Zudem wachsen sie teilweise bei ihren Großeltern auf, weil ihre Eltern an Aids gestorben sind. Diese sind zumeist arme Bauern, die es sich nicht leisten können, ihren Enkelkindern einen Schulbesuch zu ermöglichen. Diese Jugendlichen benötigen dringend finanzielle Unterstützung, und daher bin ich sehr dankbar, dass meine Bücher überall in der Welt verkauft werden. Von jedem verkauften Buch erhält die Afrikahilfe einen kleinen finanziellen Anteil. Das Geld kommt auch tatsächlich dort an, wo es gebraucht wird. Davon habe ich mich mehrfach persönlich überzeugt. Dadurch konnten wir viel bewegen. Lehrer und Elektroingenieure werden wirklich in diesem Land gebraucht. Dieses Geld kommt somit auch anderen Kindern zugute, weil es ermöglicht, dass diese ebenfalls unterrichtet werden. Bei den Elektroingenieuren geht es vorwiegend um den Umweltschutz in diesem Land, was auch eine tolle Sache ist.

Deshalb bedanke ich mich sehr herzlich bei allen Lesern, die meine Bücher kaufen, für ihre Unterstützung."

Marco: „Wolfgang Michael, Sie setzen sich sehr stark für die Tiere ein und überzeugen Ihre Leser und Zuschauer durch Ihre Menschlichkeit. Man sieht, dass es Ihnen wirklich ernst ist bei Ihren Projekten. So wünsche ich Ihnen, dass Sie viele Leute dazu bewegen können, Patenschaften für Ihre Tiere zu übernehmen.

Unsere Sendezeit geht leider zu Ende. Für einen Chat im Internet stellt ihr beide euch in der kommenden Stunde zur Verfügung. Dankeschön für das Zuschauen und einen schönen Abend wünscht Ihnen zu Hause vor dem Bildschirm Ihr Moderator Marco."

Musik

Einige Mädchen kreischen, andere werden ohnmächtig. Eine schrille und wilde Atmosphäre herrscht. Die unterschiedlichsten Bands spielen einen sanften, einen harten, einen scharf abgehackten und einen heißen Rock. Stetige, hämmernde, schwerfällige und pulsierende Klänge sind zu hören. Ältere Menschen würden diese Art von Musik als nervtötend beschreiben. Jugendliche fühlen sich durch diese Art von Musik inspiriert. Deshalb besuchen sie Rockkonzerte und bezahlen teilweise hohe Summen für eine Eintrittskarte. Die Rockmusik bringt die reale Welt der Heranwachsenden zum Ausdruck. Generationskonflikt, Drogen, Armut, die Freiheit des Geistes, Elend, Liebe, Sex, alle Belange und auch Schwierigkeiten, mit denen Jugendliche tagtäglich konfrontiert werden, kommen durch diese Musikrichtung zur Geltung. Obwohl viele Lieder als laut empfunden werden, so klingen diese oftmals melodisch und sind harmonisch arrangiert. Vielleicht ist gerade deshalb die Rock- sowie die Popmusik so sehr beliebt. Zu diesen Musikrichtungen gehören natürlich die Soulmusik, New Wave, Rap und Heavy Metal.

Sehr beliebt ist der Rap. Zum einen können Jugendliche beim Anhören tanzen, zum anderen hören sie gerne die Texte. Diese beinhalten reale Geschichten von Personen und sprechen Themen wie Liebe, Befürchtungen, Erwartungen, Ängste, Gerechtigkeit, Ungerechtigkeit, Rassismus sowie Alltagsgeschehnisse offen an. Der Inhalt der Texte wird zumeist in Reimform gesprochen und mit einem Beat begleitet. Den Ursprung von Rap oder Hip-Hop findet man in den New Yorker Tanzclubs. Schlagzeugmusiker fingen zu irgendeiner Zeit an, zur Musik Reime zu sprechen. Rap hörten die Menschen überall, auf der Straße, in Keller-Bars und in den Konzerthallen. Der Drive des Beat gefällt den Heranwachsenden am meisten. Bei verschiedenen Texten wird geflucht, das stört jedoch die wenigsten. Manche Lieder fordern auf, sich zu bilden oder warnen vor der Einnahme von Drogen.

Wer kennt nicht die Jugendlichen, die ausgebeulte Jeans tragen, mit Goldketten behangen sind und sich mit viel zu großer Kleidung oder Sportstiefeln ausgestattet haben? Absolut typisch für Rap-Fans sind die Baseballmützen sowie die dunklen Brillen.

Das Anhören der Heavy-Metal-Musik ist unter Teenagern ebenfalls weit verbreitet. Dabei handelt es sich um eine Art des Hard-Rock. Diese Musikrichtung verbinden die meisten Leute mit einer Trommelfell zerreißenden Lautstärke. In der Regel hört man schon bei den Gruppennamen Gewalt, Folter, Schmerzen und insgesamt Grausiges heraus. Ich gehe gar nicht näher auf die Details ein.

Die Musik bietet die unterschiedlichsten Vielfältigkeiten an. Denken wir nur an die Oper, die eher zur schweren klassischen Musik zählt. Operetten und Musicals gehören schon eher zur halbklassischen Musik. In den europäischen Ländern findet man verschiedene Formen der Volksmusik, Volkslieder und Märsche. Bei den Erwachsenen ist die Tanzmusik sehr beliebt. Wem sind der Walzer, die sprunghafte Polka, die brasilianischen Sambas, die Merenges, Beguines, Bossa Nova, die lateinamerikanischen Congas, Sambas und Rumbas nicht bekannt? Ja, auch der Jazz, der Blues, der Swing und der Rock sind in die Wohnzimmer der Familien vorgedrungen. Harmonische Melodien oder betonter Beat und Rhythmus. Was gefällt Ihnen persönlich besser? Fragen Sie mich, so antworte ich, dass mir alles gut gefällt, doch zu den unterschiedlichsten Zeiten. Da ich in früheren Jahren Preise in lateinamerikanischen Formationstänzen erhalten habe, hat mir eine Zeit lang der Bossa Nova besonders gut gefallen. Seit einigen Jahren genieße ich Opernaufführungen sehr.

Als junger Mensch neigt man dazu, sich für die Musik zu entscheiden, die populär ist und in den Medien angepriesen wird. Wie bereits erwähnt, hören Jugendliche am liebsten Rockmusik, nach Möglichkeit live.

Obwohl ich mich als etwas länger jung gebliebene Frau bezeichne und mich noch sehr jung fühle, gehöre ich nicht mehr zur Gruppe der Jugendlichen. Allerdings nahm ich an Rockkonzerten teil. Mir war immer bewusst, dass das Verhalten der Leute außer Kontrolle geraten konnte. Persönlich erlebte ich nie, dass es zu Tumulten oder Verletzungen gekommen ist. Doch ließ ich immer Vorsicht walten. So habe ich mich stets erkundigt, ob Gefahr bestand, dass durch das Auftreten der Rockgruppe das Publikum außer Kontrolle geraten könnte. Zudem wollte ich immer genau Bescheid wissen, ob das Stadion oder die Aufführungshalle Sicherheitsmängel aufgewiesen hat. War ich unsicher, kaufte ich mir eine CD von der Gruppe oder sah mir das Konzert mittels Fernseher an. Ansonsten entschied ich mich für Plätze in den oberen Rängen und nahm lieber mit etwas Abstand an der Veranstaltung teil.

Musik kann die unterschiedlichsten Gefühle entstehen lassen und drückt die verschiedensten Stimmungen aus. So wird ein Jugendlicher, je nachdem, was er sich anhört, glücklich, fröhlich, ruhig, zärtlich, gelassen, traurig, aggressiv, arrogant, launisch, oder er fühlt sich einsam. Gerade in der Pubertät entstehen Gefühle wie Liebe beim Anhören bestimmter Melodien und Texte. Deshalb ist eine gute Auswahl angebracht. Viele Jugendliche gehen davon aus, dass sie von Seiten der anderen Jugendlichen wesentlich besser akzeptiert werden, sofern sie die gerade aktuellen Pop- und Rockgruppen sowie deren Lieder kennen.

Musik wird von Kaufhäusern, Radiosendern, Kino- und Fernsehwerbungen dazu eingesetzt, Menschen zum Kaufen von bestimmten Waren zu veranlassen. So haben wir bestimmte Melodien und Texte im Ohr und denken dabei an einen ganz bestimmten Warenartikel. Also sollten wir uns ruhig einmal fragen, wie wertvoll die Musik ist, die wir persönlich anhören. Lassen wir uns von den Medien diktieren, was wir uns anhören, oder entscheiden wir lieber selbst? Ich persönlich prüfe die Verpackung einer CD und achte auf den Textinhalt. Dabei überlege ich mir, ob ich den Text immer wieder anhören möchte. Zudem möchte ich wissen, ob ich nach dem Anhören gereizt reagiere oder ob mich die Musik erfrischt und entspannt. Es lohnt sich wirklich, bei der Auswahl der Musik wählerisch zu sein, weil nicht nur Gefühle, sondern auch Gedanken vermittelt werden.

Mein Sohn hat sich übrigens den neuesten MP3-Player gekauft. Da wurde ich fast neidisch. Es keimt in mir der Wunsch, dass ich mir auch einen zulege. Die heutige Technik ist einfach toll. Die Kopfhörer sind das Beste. Den gleichen Musikgeschmack haben wir definitiv nicht. Trotzdem haben wir keinen Grund zu streiten.

Bei etlichen Teenagern sagen oder rufen die Eltern, dass sie die Musik leiser drehen sollen. Zur Beruhigung kann ich nur sagen, dass es in der heutigen Zeit kein bisschen anders ist als in meiner Jugend. Damals hieß es nur, dass das Tonbandgerät, der Plattenspieler oder der Kassettenrecorder zu laut aufgedreht ist. Als meine Mutter auf die vierzig Jahre zuging, fand ich, dass sie alt sei. Heute bin ich so alt, wie sie es damals war, und ich fühle mich unendlich jung.

So haben die ältere und die jüngere Generation zu allen Zeiten Diskussionen über den eigenen Geschmack geführt. Deshalb müssen Jugendliche nicht auf die Musik verzichten, die sie gerne anhören. Unterscheidungsvermögen ist trotzdem angesagt. Ein bestimmtes Lied kann ein guter oder ein schlechter Freund sein.

Wer hört sich von einem so genannten Freund stetig an, dass er Drogen zu sich nehmen sollte? Würden wir jemandem zuhören, der ständig eine Gossensprache benutzt? Wohl kaum. Ein Sprichwort lautet: Steter Tropfen höhlt den Stein. Hören wir uns stundenlang Musik an, die schlechten Einfluss auf uns ausübt, so hinterlässt das seine Wirkung. Also wählen wir doch lieber eine Musik und Texte, die uns aufbauen und nicht niederreißen.

Den wenigsten Lehrern gefällt es, wenn Jugendliche aggressive Wörter benutzen. Leider haben tatsächlich Schüler im Unterricht einen Walkman dabei. Zum Glück trifft dies nur selten zu. Wie sieht es bei den Hausaufgaben aus? Ablenkende Musik stört dabei erheblich. Klar ist es möglich, bei Musik zu lernen, doch effektiver lernen die meisten Heranwachsenden bei absoluter Ruhe.

Achten Sie auf Ihre Zensuren. Lernen Sie mit oder ohne Musik besser? Wie verhält es sich mit Ihrer Konzentration? Etliche Jugendliche hören sich zuerst etwas Musik zur Entspannung an und lernen dann ausgiebig. Ich persönlich schreibe kreativer, sofern ich Puccini oder Rachmaninow im Hintergrund in minimaler Lautstärke anhöre. So gibt es die verschiedensten Lern- und Arbeitstypen.

Musik zu hören, ist etwas wunderbares, doch sie ersetzt keine Freundschaften. Deshalb sollte man nicht zum Einsiedler werden. Gibt der Schüler das gesamte Taschengeld für CDs aus, nur weil er alle Neuerscheinungen auf dem Musikmarkt besitzen muss? Kommt gerade deshalb das Familienleben zu kurz? Finden sinnvolle Gespräche mit den Eltern und Geschwistern statt, oder hören Sie stundenlang in Ihrem Zimmer Musik? Wie denken Ihre Eltern über Ihre Musik, die Sie anhören? Diese Fragen können nur Sie für sich alleine beantworten. Interessieren Sie sich für die unterschiedlichsten Musikrichtungen? Manche Teenager finden an Filmmelodien Gefallen. Spitze finde ich, wenn Jugendliche selbst ein Musikinstrument spielen und ihre eigene Musik gestalten. Das bereitet unheimlich viel Spaß, regt den Intellekt an und bringt verborgene Talente zum Vorschein. Viel Freude!

Mut

Mut ist eine Tugend und beinhaltet Vertrauen in die eigene Kraft und Stärke. Fällt uns der Begriff Mut ein, denken wir gleichzeitig an Großmut, Kleinmut, Hochmut, Langmut, Sanftmut, Übermut, Missmut, Schwermut, Starkmut und Wankelmut. Diese Eigenschaft schließt Tapferkeit ein, Mut ist das Gegenteil von Feigheit und Furcht.

Bei diesem Begriff fällt mir gerade ein, dass es von den älteren Menschen eines gewissen Mutes erfordert, der heutigen Jugend etwas zuzutrauen. Jugendliche haben mir erzählt, dass gerade in der Stadt ein älterer Mensch gerne missfällig sagt: „Dieser Jugendliche wieder ..." Dabei waren wir doch alle einmal jung, oder etwa nicht? Haben wir uns immer tadellos verhalten? Waren wir in allen Situationen ein Vorbild?

Wahrscheinlich waren wir bei der einen oder anderen Gelegenheit übermutig und albern. Ein anderes Mal haben wir uns wankelmütig verhalten, weil wir keine Entscheidung treffen konnten. Sanftmut brachten wir vielleicht im Umgang mit den jüngeren Geschwistern oder den Großeltern zum Ausdruck. Starkmut kam auch früher schon im Gruppenverhalten zum Vorschein. Missmut kam bei einer schlechten Note auf oder wenn wir von den Eltern in einer anderen Angelegenheit getadelt wurden. Großmütig überließen wir unserem besten Freund oder unserer besten Freundin unser Lieblingsbuch oder Spielzeug, es mag sich aber auch nur um das Erlassen eines finanziellen Schuldbetrages gehandelt haben. Wer kennt nicht das Gefühl des Hochmutes in den verschiedensten Situationen und des Langmutes in der Form der Geduldigkeit?

So besaßen wir in unserer Jugend Kraft und Stärke. Der jungen Generation geht es heute genauso. Oftmals wissen die Jugendlichen gar nicht, was sie mit dieser Kraft anfangen sollen, vor allem dann, wenn sie zu wenig mit Aufgaben und Verantwortung betraut werden. Leider kommt es deshalb auch vor, dass betrunkene Jugendliche Polizisten anschreien. Zudem haben mir ein paar Mädchen aus einem anderen Land erzählt, dass Jungen aus ihren Kreisen keinen Respekt vor älteren Personen haben. Dabei kann der einzelne gerade im Umgang mit älteren Menschen Mut zum Ausdruck bringen, in dem er Rücksicht auf sie nimmt.

Das vorhandene Potential der eigenen Kraft nicht einzusetzen, stellt eine unwahrscheinliche Stärke dar. Damit meine ich nicht nur die buchstäbliche Kraft, die vor allem junge Menschen nun einmal in aller Regel besitzen, sondern auch die der Stimmbänder.

So gehört auch Mut dazu, aus Jugendbanden auszusteigen. Mut brauchen Jugendliche, wenn sie nicht mehr beleidigen und zuschlagen wollen, sie nicht ihre Fäuste einsetzen oder treten, sondern sich stattdessen lieber verbal auseinandersetzen. Vielleicht gelingt es, Wut in Energie, Verzweiflung in Motivation und Provokationen in sinnvolle, soziale Tätigkeiten umzuwandeln. Es erfordert auch Mut, nicht unentschuldigt von der Schule oder einer berufsvorbereitenden Maßnahme fernzubleiben und die gesetzten Aufgaben umzusetzen.

Viele junge Menschen gehen in die Diskothek, damit sie gesehen werden, die wenigsten erklären sich bereit, Zeit in ihre Individualität zu investieren. Mut heißt auch, aus der Langeweile heraus eine sinnvolle Tätigkeit, vielleicht auf sozialem Gebiet, anzufangen.

Mut benötigt der Einzelne, sofern er dazu bereit ist, aktive Nachbarschaftshilfe auszuüben. Das schließt ein, dass man mit den älteren Nachbarn redet und für sie Besorgungen erledigt, mit ihnen die Telefonnummern austauscht und ihnen erklärt, zu welchen Zeiten sie einen erreichen können. Solidarität und Nächstenliebe sollten keine Fremdwörter sein. Behüteter und sicherer leben ältere Menschen mit aufmerksamen jungen Nachbarn.

Sehen wir nicht zur Seite, wenn Leute in der Öffentlichkeit Gegenstände beschädigen, Passanten belästigen oder alte Leute bedrohen. Das passiert vor allem in öffentlichen Verkehrsmitteln. Damit meine ich nicht, dass man den Helden spielen muss. Es ist auch nicht einfach, sich körperlich überlegenen Straftätern in den Weg zu stellen. Dank der zahlreichen Handys bietet sich die Gelegenheit, Hilfe anzufordern.

Leider erkennen nicht alle Leute auf Anhieb Notsituationen, viele gehen Unannehmlichkeiten aus dem Weg oder haben selbst Angst, Opfer zu werden. Doch wir sollten alle daran denken, dass wir persönlich heilfroh sind, wenn uns Menschen in unangenehmen Situationen zur Seite stehen. So träume ich von einer Zeit, in der sowohl die ältere als auch die mittlere Generation mit der jungen Generation in Harmonie leben wird und die Tugend des Mutes sinnvoll einsetzt.

Bei dem Begriff Mut fällt mir ein, dass etliche Kinder und Jugendliche mit einer bestimmten Form der Behinderung umgehen müssen, was in deren Alltag sehr viel Mut erfordert. Das trifft meines Erachtens auch dann zu, wenn ein Kind oder ein Jugendlicher mit einer Krankheit umgehen muss, die plötzlich auftritt und die beispielsweise einen längeren Krankenhausaufenthalt zwingend notwendig macht. Mut erfordert es,

Abstand vom Schubladendenken zu nehmen und stattdessen auf Menschen mit Behinderungen zuzugehen.

Eine Krankheit oder Behinderung verlangt eine außergewöhnliche Fürsorge seitens der Familienmitglieder. So veröffentliche ich ein paar Briefe eines Großvaters aus dem Jahre 1957, die er an seine Enkeltochter Katja gesandt hat. Das Mädchen hatte bereits ihre Mutter durch den Tod verloren und wuchs bei ihren Großeltern auf, die sich stets liebevoll um sie gekümmert haben. Ihr Großvater war früher Richter an einem Amtsgericht und befand sich bereits im Ruhestand. Er und seine Frau zogen Katja und ihre beiden Brüder auf. Während ihres dreiwöchigen Krankenhausaufenthaltes in Augsburg erhielt sie jeden Tag einen liebevollen Brief. Es bestand der Verdacht auf Kinderlähmung. Die Briefe sind mit herrlichen Zeichnungen ausgeschmückt, die hier nicht abgedruckt sind. Es handelt sich um Briefe aus einer anderen Zeit, in der sich die meisten Menschen über kleine Aufmerksamkeiten gefreut haben. Eine Ära, bei der es nicht auf das Besitztum eines neues Spielzeuges ankam und in der man noch relativ zufrieden war und wohl auch sein musste. Damals nahmen sich Eltern und Großeltern Zeit für die Kinder und Enkelkinder. Computer waren somit überflüssig und vielleicht deshalb noch nicht erfunden. Die einzelnen Familien gestalteten ihre Freizeit noch zusammen und hatten sich noch etwas zu sagen. Deshalb veröffentliche ich die Briefe einer Dame mit deren Einverständnis in Originalwortlaut, der Name wurde geändert. Bei den Zeichnungen handelt es sich um eine lesende Katze, einen goldenen Wagen, Rotkäppchen, Kinder, die Obst essen, und weitere wunderbare Begebenheiten.

Samstag, den 27.7.1957

„Meine liebe Katja,

von heute ab schreibe ich Dir jeden Tag einige Zeilen, damit Du siehst, dass ich auch jeden Tag an Dich denke und dass meine Gedanken recht oft bei Dir weilen. Jetzt bis Du den zweiten Tag im Krankenhaus, und bald wirst Du Dich besser eingewöhnen, und nach sechs Wochen bist Du dann wieder gesund und munter. Bete nur oft und andächtig, dann wird der liebe Gott Dein Gebet auch erhören. Also, Kopf hoch, und nicht traurig sein. Dein Vati."

Sonntag, den 28.7.1957

„Es regnet, und es ist kühl. Das ist für Deine Erkrankung besser, als diese Hitze oder diese feuchte, zu schwüle Temperatur. Wir hoffen alle, dass Du wieder ganz gesund zu uns kommst. Morgen fährt die Mutti nach Augsburg und wird sich erkundigen, wie es Dir geht. Ob sie aber schon mit Dir sprechen kann, wissen wir nicht, und ich bin schon sehr neugierig, was Mutti heute Abend für Neuigkeiten bringt.

Deine beiden Brüderlein dürfen nun drei Wochen nicht mit anderen Kindern zusammenkommen, sie dürfen natürlich auch nicht in den Hof und dürfen nur mit mir oder der Mama oder mit dem Onkel spazieren gehen. Aber bei dem schlechten Wetter kann man ja auch nicht spazieren gehen. Es ist schon oft sehr laut jetzt in der Wohnung, Fortsetzung folgt! Herzlichen Gruß für heute und die besten Grüße auch von Inge sowie Deinem Bruder Willi. Dein Papa."

Montag, den 29.7.1957

„Liebe Katja, ich habe mich sehr gefreut, dass es Dir gut geht. Dann kannst Du bald wieder nach Hause. Am Sonntag komme ich wieder und besuche Dich. Ich freue mich schon, dass ich Dich wiedersehen und sprechen darf. Erst wenn wir Dich abholen dürfen, dann haben wir einen großen Festtag. Bis zum Wiedersehen viele liebe Grüße und Küsschen von Deiner Dich liebenden Mutti, dem frechen Butsch, Bugger und Onkel."

Dienstag, den 30.7.1957

„Mein liebes Kind,

gestern Abend kam Mutti von Augsburg zurück und brachte die frohe Botschaft, dass es Dir gut geht und dass Du wieder ganz gesund werden wirst. Natürlich waren wir alle sehr froh über diese Nachricht. Mich persönlich hat es besonders gefreut, als ich gehört habe, dass Du so brav bist und dass Dich die Schwestern, welche Dich pflegen, sehr loben. Bete fleißig, und es wird dann wieder alles gut werden. Mutti wird diese Woche anrufen und sich nach Dir erkundigen, und freue Dich heute schon wieder auf den Sonntag, wo Dich Mutti besuchen wird!

Eben ist Inge mit Bruggerman und Beetsch in den Wald gegangen, um Beeren zu pflücken. Das letzte Mal warst Du noch mit dabei, das war der Tag, an dem Du dann nachmittags erkrankt bist. Besondere Neuigkeiten gibt es nicht zu Hause.

Ich hoffe gerne, dass Dir meine Briefe eine kleine Freude bereiten und Dir ein wenig Kurzweil bringen. Kannst Du wohl auch alles lesen? Vielleicht schreibe ich einige Buchstaben anders als es Euch in der Schule gelehrt wurde.

Mit dem Baden ist nichts mehr los, das Wasser ist zu kalt, weil es im Gebirge schon Schnee gibt. Also schwimmen wir erst wieder im Sommer 1958, vielleicht ja im Hallenschwimmbad in Augsburg. Für heute recht herzliche Grüße und alles Gute, Dein Vater. Viele Grüß von den beiden Buben.

a,b,c,d,e: Der Kopf tut mir weh,
f,g,h,i,k: der Doktor ist da,
l,m,n,o: jetzt bin ich froh,
p,q,r,s,t: es ist wieder gut, juhe!
u,v,w,x: jetzt fehlt mir nix
y,z: jetzt geh ich ins Bett."

Mittwoch, den 31.7.1957

„Liebe Katja, heute ist nach langer Zeit wieder einmal ein Tag ohne Regen, aber es ist schon wieder sehr warm. Hoffentlich wirkt sich diese Temperatur nicht nachteilig auf Deine Gesundheit aus. Wie fühlst Du Dich? Wir hoffen natürlich alle, dass Du gesundheitlich Fortschritte machst und dass Du Unterhaltung und Ablenkung findest. Morgen wird Mama anrufen, und am Sonntag wird sie Dich bestimmt besuchen. Recht viele herzliche Grüße für heute von Mutti, Inge, den beiden (bösen) Buben und tausend Grüße von Deinem Vater."

Donnerstag, den 1.8.1957

„Liebes Kind! Schon ist wieder bald ein Tag zu Ende, und ich freue mich schon auf den Sonntag, wenn die Mama von Dir Nachricht bringt. Dabei muss ich natürlich annehmen, dass es eine gute Nachricht ist. Gerne schreibe ich Dir, damit Du siehst, dass wir jeden Tag an Dich denken. Auf meinem Nachttisch vor meinem Bett steht Dein Foto. Recht herzliche Grüße für heute, Dein Papa.

Die herzlichsten Grüße auch von Inge, Deinen Brüdern und vom Onkel Ludwig."

Freitag, den 2.8.1957

„Liebe Katja, auch heute ist es wieder sehr warm und sonnig, nur ab und zu kommt ein Wölkchen am Himmel. Jetzt nur noch ein Tag, und übermorgen kommt großer Besuch aus Landsberg, dabei ist es gleichgültig, ob Sonnenschein, Regen oder Sturm herrscht. Wenn Du einen besonderen Wunsch hast, dann vergiss nicht, es der Mutti zu sagen. Die Rollschuhe sind schon da und erwarten Deine gesunde Heimkehr nach Landsberg. Recht herzliche Grüße für heute, Dein Vater!"

Samstag, den 3.8.1957

„Liebe Katja, Mutti hat gestern im Krankenhaus angerufen und die Auskunft erhalten, dass es Dir gut geht. Wir waren sehr erfreut und sind beruhigt. Einige Sorgen haben wir uns ja doch gemacht, und diese sind nun, Gott sei Dank, auch behoben.

Das Wetter ist zurzeit sehr schön und sehr warm. Vor- und Nachmittags bin ich mit den Buben auf der Wiese beim Tennisplatz. Da sehen wir beim Tennisspielen zu, die Buben können auf die Bäume klettern, im Sand bauen oder auf großen Pappdeckeln den Berg hinunterrutschen, also genug Spiele und Abwechslung. Es ist dort viel schöner und unterhaltsamer als auf dem Spielplatz vor unserer Wohnung.

Und wenn nun die Mama morgen wieder bei Dir ist, dann hast Du die Briefe zum Lesen und zur Unterhaltung am Montag. Für heute recht herzliche Grüße, Dein Papa!"

Montag, den 5.8.1957

„Meine liebe Katja, gestern hat Mutti von Augsburg eine gute Nachricht über Dich gebracht. Mit Deiner Genesung geht es vorwärts, und Du brauchst jedenfalls nicht so lange im Krankenhaus bleiben, wie man noch vor einer Woche glaubte. Bete fleißig zum lieben Gott als Dank für Deine rasche Genesung. Sei auch zu anderen Kindern, die mit Dir zusammen sind, nett, und Du selbst, sei nicht ungeduldig, weißt, alle Tage ist nicht Sonntag. Im Übrigen wird Dich Mutti am Mittwoch wieder besuchen. Ich selbst kann ja leider nicht kommen, das wirst Du ja wissen, aber dafür schreibe Ich Dir jeden Tag. Also sei nicht traurig und nicht verzagt. Für heute wieder recht herzliche Grüße von uns allen, Dein Papa!"

Dienstag, den 6.8.1957

„Liebe Katja, heute ist Dienstag, und wenn Du diesen Brief bekommst, ist es schon Mittwoch, und Mutti kommt auf Besuch, und am Sonntag kommt sie dann schon wieder. So wird die Zeit rasch vergehen, und Du kannst wieder gesund und fröhlich zu Hause sein. Was tust Du dann mit meinen Briefen? Hoffentlich freuen sie Dich! Recht viele herzliche Grüße Dein Papa! Anmerkung: Es ist jeden Tag schönes Wetter, und es ist sehr warm, nachmittags kam ein leichtes Gewitter auf! Ein Gedicht Deines Bruders Willi: ‚Wenn ich ein Vöglein wäre und hätte Flügel, flöge ich zu Dir, weil es aber nicht kann sein, bleib ich allein.' Viele Grüße auch von Mama, Inge und den beiden Buben."

Mittwoch, den 7.8.1957

„Heute Mittag fährt die Mama zu Dir nach Augsburg, und wenn sie dann wieder wegfahrt, wirst Du den Brief lesen. Recht herzliche Grüße von uns allen, Dein Papa!" (Auf diesem Brief sieht man eine wunderbare Zeichnung)

Donnerstag, den 8.8.1957

„Liebe Katja, heute kam Dein lieber Brief, und Du kannst Dir denken, welche Freude wir hatten, von Dir Nachrichten zu erhalten und zudem noch eine so gute Nachricht, und so hübsch und sauber geschrieben. Aber auch Du wirst Dich sehr gefreut haben über den unverhofften Besuch von Mutti. Nun wirst Du ja bald wieder bei uns sein. Danke dem lieben Gott, dass Du die Krankheit so gut überstanden hast und wieder ein gesundes Kind wirst. Danke auch den lieben Schwestern, die Dich gesund pflegten und mit allen Kranken so unendlich viel Arbeit und Geduld haben.

Gestern Nachmittag war ein kurzes, aber schweres Gewitter, die Hagelkörner waren zum Teil so groß wie eine Walnuss, und wir hatten Bange um die Fensterscheiben."

Gestern Abend habe ich mich noch mit Mama unterhalten, als sie von Augsburg zurückkam. Frau Geisenberger hat Dir ja auch gute Sachen mitgebracht. Für heute Recht viele herzliche Grüße von uns allen, Dein Papa!"

Freitag, den 9.8.1957

„Liebe Katja,

heute früh um vier Uhr hat uns alle ein äußerst heftiges Gewitter aus dem Schlaf getrieben. Es muss direkt über Landsberg gewesen sein, denn auf jeden Blitz folgte unmittelbar ein heftiger Donnerschlag, dass die Mauern erzitterten, und es ging ein kleiner Wolkenbruch nieder. Um acht Uhr vormittags aber war schon wieder herrlichster Sonnenschein und eine Gluthitze. Eben wurde im Radio angesagt, dass es die nächsten Tage nicht mehr so heiß wird. Das wäre eine wirkliche Wohltat. Von Landsberg gibt es nichts Besonderes zu berichten. Am Sonntag wird Dich ja die Mama wieder besuchen. Recht herzliche Grüße für heute von uns allen, Dein Papa!"

Samstag, den 10.8.1957

„Liebe Katja! Heute wie gestern im Wechsel Sonnenschein und Gewitter und wieder Sonnenschein. Mit Butsch und Buggermann bin ich jeden Tag ein paar Stunden vormittags und mehrere Stunden nachmittags auf der Wiese beim Tennisplatz. Die Buben sollen drei Wochen nicht mit anderen Kindern zusammenkommen. Ich bin recht froh, dass schon vierzehn Tage vorüber sind. Wir können die beiden Jungen auch nicht zum Baden in das Inselbad schicken, denn da kämen sie ja erst recht mit anderen Kindern zusammen. Du weißt ja, dass sie die Masern haben.

Morgen besucht Dich die Mama wieder. Sie trifft schon heute die Vorbereitungen. Ich weiß nicht, ob sich die Mama mehr auf Dich freut oder Du auf die Mama? Aber ich muss immer das Aschenbrödel machen.

Recht herzliche Grüße und in der übernächsten Woche hoffe ich, dass wir uns dann in Landsberg wiedersehen. Bis dorthin alles Gute, Dein Papa!"

Sonntag, den 11.8.1957

„Liebe Katja! Es ist Sonntagnachmittag gegen 16.30 Uhr, die Besuchszeit ist leider schon zu Ende, und Mama dürfte schon auf der Heimreise sein. Eben kommt sie schon, es ist inzwischen siebzehn Uhr geworden. Du hast Heimweh? Nur noch eine ganze Woche, dann wirst Du entlassen, und wir alle freuen uns nicht weniger als Du selbst, wenn Du wieder zu Hause bist. Da feiern wir dann ein kleines Fest. Mama besucht Dich schon wieder am Mittwoch und dann am Sonntag. Also, sei noch tapfer diese eine Woche. Recht viele herzliche Grüße für heute und recht vielen Dank für Deinen lieben Brief mit dem Foto. Dein Vater."

Montag, den 12.8.1957

„Liebe Katja! Der erste Tag von der letzten Woche, die Du noch in Augsburg im Krankenhaus verbringen musst, ist schon bald vorüber. Im Übrigen ist heute wettermäßig kein schöner Tag, es regnet fast ununterbrochen. Angenehm ist dabei, dass es nicht mehr so schwül ist. Die Buben sind im Kino, die Mama ist mit Frau Linder weggegangen, Onkel Ludwig und ich sind zu Hause. Der eine liest, und der andere schreibt seiner lieben Tochter. Du selbst wirst jedenfalls heute lesen und die Tüchlein ansehen, welche Dir die Mama gebracht hat. Da hast Du schon die Möglichkeit, Dir die Zeit flüchtiger zu gestalten, und meine Briefe musst Du auch durchlesen. Für heute recht viele und herzliche Grüße, Dein Papa."

Dienstag, den 13.8.1957

„Gestern war unser Butsch recht quecksilbrig, und ich sagte zu ihm: Wenn Du da wärest, wo der Pfeffer wächst! Und er fragte mich gleich: Ja, wo wächst denn der Pfeffer? Ich sagte ihm: Der wächst weit, weit weg von uns. Es gibt weißen und schwarzen Pfeffer und Nelken-Pfeffer, der hergestellt wird aus verschiedenen Früchten aus Afrika und Asien. Und dann sagte er: Da möchte ich gleich sein, dann bräuchte ich nicht in die Schule.

Das war unsere Pfefferunterhaltung, und deshalb habe ich Dir dieses Bildchen gezeichnet. Heute regnet es den ganzen Tag, und wir müssen zu Hause bleiben. Viele und herzliche Grüße von uns allen, Dein Papa!"

Mittwoch, den 14.8.1957

Heute ist wieder ein froher Tag für Dich und auch für die Mama, nämlich Besuchstag. Da geht es bald raus aus den Federn, ob es schönes oder schlechtes Wetter ist, weil die Mama Verschiedenes vorbereiten muss, und mittags fährt sie dann weg, um rechtzeitig in Augsburg zu sein, denn die Besuchszeit darf ja um keine Sekunde gekürzt sein – eine Stunde ist so schnell vorüber. In Gedanken sind wir auch in Augsburg bei Dir, das siehst Du wohl schon daran, dass ich Dir jeden Tag schreibe. Morgen folgt also wieder eine Fortsetzung. Alles Gute und herzliche Grüße, Dein Papa!

Achtzehn Uhr:
Meine Liebe Katja! Es ist achtzehn Uhr. In etwa eineinhalb Stunden wird die Mama von Augsburg zurückkommen und hoffentlich gute Nachricht von Dir bringen. Nehme unsere besten Grüße für heute von uns allen an, Dein Papa."

Donnerstag, den 15.8.1957
„Liebe Katja! So schönes Wetter wie auf dem Bildchen ist es heute nicht, im Gegenteil, es regnet in Strömen. Schade, denn bei schönem Wetter wäre auf der Waitzinger Wiese Musik von der Stadtkapelle gewesen, und ich hätte die Buben gern hingeführt. Leider ist dieses Vergnügen ins Wasser gefallen. Es ist langweilig heute. Ich zeichne Dir jetzt etwas vom Rumpelstilzchen. Kennst Du diese Geschichte? Zum Schreiben ist es doch etwas zu lang, da müsste ich einen ganzen Bogen verschreiben. Aber Du wirst es sicher kennen! Für heute recht herzliche Grüße, Dein Papa!"

Freitag, den 16.8.1957
„Mein liebes Geburtstagskind! Einen lebenden Geburtstagsstrauß wird Dir die Mutti bringen. Zu dem Festtag wünschen wir Dir von Herzen alles Gute und alles Beste. Möge Dir eine frohe Zukunft und ein glückliches Leben beschieden sein und Dir die Kraft verleihen, das Leben zu meistern, auch wenn nicht alles so geht, wie der Mensch es sich wünscht. Bleibe stets brav, dann wird der liebe Gott Dich beschützen und Dich glücklich werden lassen, Dein Vater."

Samstag, den 17.8.1957
„Liebe Katja! Der Herbst meldet sich an, alles geht der Reife entgegen, und bald wird die Ernte im vollen Gang sein, und nach Beendigung der Ernte feiern wir das Erntedankfest. Bis dorthin aber bis Du längst aus dem Krankenhaus entlassen. Ich rechne damit, dass Dich die Mama die nächste Woche mitbringt. Wir freuen uns alle und werden Euch vom Bahnhof oder vom Bus abholen, oder die Mama muss mit Dir ein Taxi nehmen. Im Übrigen kommt ja morgen die Mama, und vielleicht kann sie schon morgen etwas in Erfahrung bringen. Auf jeden Fall, Katja, sind wir bemüht, Dich jetzt endlich bald nach Hause zu bringen, nachdem Du jetzt wieder gesund und wohlauf bist. Neues gibt es in Landsberg nicht, was Dich interessieren könnte. Nehme meine herzlichsten Grüße und

halte diese wenigen Tage noch tapfer aus. Auf ein baldiges Wiedersehen, Dein Papa!"

Sonntag, den 18.8.1957
„Meine liebe Katja! Heute ist wieder ganz schlechtes Wetter, und man kann nur mit dem Regenschirm rausgehen. Da heißt es für mich und die Buben, wieder zu Hause zu bleiben. Um mir nun auch die Zeit etwas zu verkürzen, weil nun doch bald die Herbstmesse kommt, habe ich Dir ein paar Belustigungen von der Messe gezeichnet in der Hoffnung, dass sie Dir auch Spaß bereiten.

Leider ist die Mama zurzeit auch nicht wohl auf. Das heißt, sie ist krank und muss heute den ganzen Tag im Bett sein. Frau Dr. Klein sagt, dass sie am Montag schon wieder wird aufstehen können, sodass sie Dich besuchen kann. Brauchst also keine Bange haben.

Für heute nun herzliche Grüße und hoffentlich auf Wiedersehen in der nächsten Woche. Einmal muss ja schließlich das Wetter auch wieder besser werden, damit Du die Rollschuhe einweihen kannst, Dein Papa.

Sonntagnachmittag: Meine liebe Katja! Es ist Sonntagnachmittag, vier Uhr. Die Besuchszeit wird schon vorüber sein. Nun kannst Du ja in Ruhe meine Briefe lesen und noch einige Sachen knabbern, welche Dir die Mama mitgebracht hat. Was wird sie wohl heute für Neuigkeiten von Augsburg mitbringen? Mama wird schon um siebzehn Uhr mit dem Bus zurückkommen. Inge ist mit den beiden Buben spazieren gegangen, leider beginnt es schon wieder zu regnen."

Montag, den 20.8.1957
„Liebe Katja! Wir gedenken heute Deines Geburtstages am 16.8. in der Erwartung, dass Du ihn recht gut verbracht hast. Unsere Glückwünsche wird Dir ja die Mama überbracht haben. Also nochmals alles Gute und auf Wiedersehen diese Woche noch. Für heute unsere herzlichsten Grüße, Papa und Mama, Inge und die beiden Buben."

Dienstag, den 21.8.1957
„Liebe Katja! Wenn ich vormittags noch im Bett liege, höre ich schon die kleine Döllinger unter meinem Fenster singen, ‚macht auf das Tor, macht auf das Tor, es kommt ein goldener Wagen'.

Hoffentlich kommt auch zu uns bald der goldene Wagen, der Dich nach Landsberg bringt. Dann ist auch der Bus oder die Eisenbahn ein goldener Wagen. Also mach es gut, auf Wiedersehen und unsere innigsten herzlichen Grüße, Dein Papa. Anmerkung: Mama hat Dir heute ein neues hübsches Kleid geschneidert."

Mittwoch, den 22.8.1957

„Liebe Katja! Heute ist der Tag, an dem endlich die bestimmte Nachricht kommt, mit der Bestätigung Deines Entlassungstages. Damit bekommst Du gleichzeitig meinen letzten Brief in das Krankenhaus. Ich hoffe, dass sie Dir Freude bereiten und etwas Kurzweil verschaffen, denn es waren immerhin jetzt 26 Tage, an denen ich Dir jeden Tag einen Brief sandte. Also, auf Wiedersehen, bis übermorgen. Herzliche Grüße und auf ein frohes Wiedersehen, Dein Papa!"

Pubertät

Bei der Pubertät handelt es sich um eine Entwicklungsphase, die jeder Mensch früher oder später als körperliche Veränderung wahrnimmt. Der eigene Körper wächst und reift heran. Die Hypophyse oder Hirnanhangdrüse produziert plötzlich Hormone, deren Aufgabe es ist, chemische Prozesse einzuleiten. Ist die Entwicklung erst einmal in Gang gesetzt, werden die Fortpflanzungsorgane aktiviert, wobei weitere Hormone produziert werden. Zumeist tritt die Pubertät zwischen dem neunten und siebzehnten Lebensjahr ein, wobei diese bei den Mädchen oftmals zwei Jahre früher beginnt.

Die Eierstöcke der Mädchen stellen Hormone wie das Östrogen her, die Hoden der Jungen das Testosteron. Drüsen und Organe verändern sich im Körper aufgrund der ausgeschütteten Hormone.

Bei den Mädchen werden als erstes die Brüste größer. Durch die Hormone entwickeln sich die Brustdrüsen. Diese Drüsen können später Milch produzieren und ein Baby stillen, also ernähren. Durch die ausgeschütteten Hormone bildet der Körper Fett. Dieses Fett setzt sich an der Brust, an den Oberschenkeln, an den Hüften und am Gesäß ab. Dadurch bildet sich die Körperform, die man sieht. Als Begleiterscheinung wächst der Körper, und die Behaarung nimmt unter den Achseln sowie an den Beinen zu. Weil die Schweißdrüsen aktiv werden, schwitzt das Mädchen mehr. Körperpflege und das Tragen von sauberer Kleidung sind nun sehr wichtig.

Haare im Genitalbereich wachsen nun auch, diese werden Schamhaare genannt. Viele Jugendliche haben während der Pubertät eine fettige Haut, dadurch entstehen Pickel und Mitesser, was als Akne bekannt ist. Bei den Jungen tritt die Fortpflanzungsfähigkeit ein. Die Geschlechtsorgane wachsen, und um die Genitalien wachsen Haare. Der Körper wächst, die Haare wachsen unter den Achseln, an den Beinen, eventuell auf der Brust, und im Gesicht entsteht Bartwuchs. Das Testosteron ist der Auslöser hierfür. Das Fett- und Muskelgewebe bildet sich, und die körperliche Statur wird kräftiger, die Schultern werden breiter. Körpergeruch und Akne sind bei den Jungen wie bei den Mädchen üblich.

Während der Pubertät vergrößert sich beim Jungen der Kehlkopf, wobei die Stimmbänder dicker und länger werden. Die Stimme wird tiefer, man spricht gerne vom Stimmbruch. Es kommt zum Übergang der

Sopranstimme zur Baritonstimme. Es sind erstaunliche Vorgänge, die sich während der Pubertät im Körper abspielen.

Selbstwertgefühl

Ich habe einen Traum, dass es keine Minderheiten mehr gibt und dass alle Menschen die gleichen Chancen erhalten. Zufälligerweise hat man die Hautfarbe, mit der man auf die Welt kommt. Zufällig wohnt man in dem Land, in dem man aufwächst. Zufälligerweise unterstützen einen die Eltern bei der Schulbildung oder während der Ausbildung. Frauen sind genauso klug wie Männer. Die Hautfarbe und das Geschlecht sagen nichts über die Intelligenz der jeweiligen Person aus.

Also bauen wir Vorurteile endlich ab, falls welche bestehen mögen. Damit spreche ich vorwiegend Betriebe, also Unternehmen, an. Welcher Personalchef stellt nach welchen Kriterien ein? Deshalb ermuntern einige Jugendliche die Firmen, zeitgemäße Förderung von Minderheiten der unterschiedlichsten Länder dieser Erde umzusetzen. Viele Menschen aus anderen Ländern und Kulturen besitzen einen sehr guten Hochschulabschluss und werden gerade einmal als Sekretärinnen oder Sekretär beschäftigt.

Gerade in den naturwissenschaftlichen Studiengängen sieht man wenig Jugendliche aus den Minderheiten. Wenn man es im Leben zu etwas bringen möchte, muss man in aller Regel an einer Universität studieren. Jugendliche mit allen Hautfarben benötigen Arbeitsplätze. Deshalb ist es so wichtig, dass sich das Bildungsniveau für alle Menschen gleich gestaltet.

Die Vielfältigkeit unserer Gesellschaft verlangt, dass die unterschiedlichsten Menschen auf den verschiedensten Positionen arbeiten. Jugendliche wünschen sich, dass es keine Rolle spielt, woher der Vater oder die Mutter kommt. Sie wünschen sich, dass sie in kein Raster fallen. Arbeiterkinder wünschen sich Chancen. Volksgruppen vermischen sich in den Industriestädten der europäischen Länder. Da kommt es vor, dass sich Leute für die oberste Etage bewerben, im Wettbewerb zu anderen jedoch aus der Quote fallen.

In manchen Ländern bestehen Integrationsprogramme für Jugendliche mit allen Hautfarben und für die Frauen. Ich hege Träume von einer gerechten Welt, in der alle Menschen gleich behandelt und für gleich wertvoll erachtet werden. Jeder Mensch soll sich über seine eigene Hautfarbe freuen, die ihm aufgrund seines biologischen Bauplanes in diese Welt mitgegeben wurde. Deshalb hoffe ich auf eine Zeit, in der mehr Chancen für die Minderheiten realisiert werden.

Eine andere Sache ist folgende: Alle Jugendlichen auf diesem Planeten sollten sich bewusst sein, dass es Menschen gibt, die sie mögen. Selbst wenn die eigenen Eltern zuschlagen. Das ist leider in manchen Familien üblich. Für diese Kinder stellt der Alltag ein Kampf um das Überlegen dar. Viele dieser Kinder und Jugendlichen haben zu Recht Gefühle der Wut, und gleichzeitig sind sie doch antriebslos. Nur in seltenen Einzelsituationen können Außenstehende an dieser Misere etwas ändern. Das bereitet mir persönlich emotionale Schmerzen, und obwohl ich es gerne möchte, kann ich daran nichts ändern.

Gewalt ist jedoch keine Lösung. Deshalb appelliere ich an die betroffenen Kinder, sich von staatlichen Institutionen Hilfe zu holen. Schämen Sie sich nicht, sich an andere Menschen zu wenden, wenn es für Sie zu Hause untragbar wird. Damit spreche ich auch Mädchen an, die in ihrem häuslichen Umfeld oder im Umgang mit ihren Verwandten in Situationen kommen mögen, die ihnen persönlich äußerst unangenehm sind. Sagen Sie nein zu etwas, was Ihnen ganz und gar nicht behagt. Sie haben das Recht dazu. Wenden Sie sich an Ihre Lehrer, an Institutionen wie Jugendämter, an eine erwachsene Person Ihres Vertrauens und sprechen Sie sich aus. Nur so lässt sich an der vorherrschenden Situation etwas ändern. Das ist gerade deshalb wichtig, damit Sie später ein ausgeglichener, lebensfroher Erwachsener werden. In den meisten Ländern dieser Erde gibt es institutionelle Einrichtungen, die für sexuellen Missbrauch zuständig sind. Dort sind einfühlsame Personen beschäftigt, die sich im Laufe ihres Berufslebens mehrfach mit dieser Problematik auseinandergesetzt haben.

Die letzten beiden Absätze gelten wirklich nur für betroffene Jugendliche, und ich möchte damit erreichen, dass diese Teenager sowohl als Heranwachsender als auch als Erwachsene Selbstvertrauen und Selbstwertgefühl besitzen. Damit dies möglich wird, ist es auch erforderlich, dass wir als Erwachsene nicht wegsehen, sofern uns in dieser Hinsicht etwas auffällt, sondern dass wir Stellung dazu beziehen und Dinge, die nicht in Ordnung sind, an das Tageslicht bringen.

Beim Selbstwertgefühl geht es um den Selbstwert, der für unser Wohlbefinden und unsere Lebensgestaltung von Bedeutung ist. Man besitzt ein Gefühl der Wertschätzung für die eigene Person. Ob Jugendliche ein Selbstwertgefühl entwickeln, hängt oft davon ab, inwieweit Eltern ihre Kinder dahingehend unterstützen. Eltern stellen Regeln auf, die klare

Weisungen beinhalten und die eine situationsgerechte und verlässliche Reaktion nach sich ziehen.

Hierbei ist entscheidend, dass der Jugendliche in seinem Umfeld soziale Vergleiche mit Gleichaltrigen und deren Lebenssituationen anstellen kann. Den Kindern wird im Rahmen der Familie vermittelt, dass sie die klügsten und schönsten oder die dümmsten und hässlichsten sind.

Der Vergleich mit den Gleichaltrigen lässt beim Jugendlichen ein realistisches Selbstbild entstehen. Deshalb sind Kontakte zu diesen wichtig. Das seitens der Familie auferlegte Selbstwertgefühl wird dann entweder bestätigt oder revidiert. Als Richtskala gelten zu gern die Beliebtheit unter den Gleichaltrigen, die schulischen Kompetenzen, das eigene Aussehen und die körperlichen Fähigkeiten. In hohem Masse tragen zur eigenen Selbstwerteinschätzung die beste Freundin oder der beste Freund bei.

Ablehnung, Nichtbeachtung oder Einsamkeit verursachen nur allzu oft die eigene Ablehnung. Jugendliche sollten von ihren Eltern und Erziehern weder überfordert noch unterfordert werden. Das stellt Erfolge sicher und beinhaltet zugleich neue Herausforderungen.

Jungen und Mädchen benötigen die erforderliche Aufmerksamkeit, Anerkennung und Zuwendung seitens der Eltern, also vom Vater oder der Mutter. Erhalten sie diese, werden sie ein gutes und stabiles Selbstwertgefühl entwickeln. In unseren Ländern sammeln die Jugendlichen oft die Erfahrung, dass es nur um Leistungsorientiertheit geht und dass ihre Eltern gefühlsarm sind und ihre Kinder vielerlei Verpflichtungen innerhalb der Familie übernehmen müssen.

Selbst die mittlerweile erwachsen gewordenen Personen haben dann das Gefühl, nicht gut genug oder nicht fleißig genug zu sein. Sie streben vermehrt Geld, Erfolg, Macht und Prestige an, und das um jeden Preis. Die eigenen Schwächen sollten jedoch akzeptiert werden.

Jugendliche kaufen sich Markenkleidung, weil sie anerkannt werden wollen. Gerade während der Phase der Pubertät fühlen sich Jugendliche minderwertig, und das Selbstwertgefühl leidet darunter. Da kommt es vor, dass sich Mädchen mit normaler Figur zu dick fühlen. Die eigene Meinung über die Attraktivität des Körpers kann zu Bulimie führen. Die Ursachen für das geminderte Selbstwertgefühl können unterschiedlich sein, da es sowohl frühreife Jugendliche gibt als auch Spätzünder.

Fest steht, dass das Selbstwertgefühl vermehrt bei den Jugendlichen leidet, die aus einfachen Familienverhältnissen stammen, weil sie sich nicht alles kaufen können, was sie gerne besitzen möchten und ihnen zumeist kein Geld für Markenkleidung zur Verfügung steht. Deshalb suchen sich Jugendliche üblicherweise Freunde aus ihrem sozialen Umfeld.

Übrigens fördert eine Mitarbeit in einem Verein, also die Vereinsarbeit, die Eigenverantwortung, die Selbständigkeit, das Selbstwertgefühl, die soziale Kompetenz und das Verantwortungsbewusstsein.

Leidet ein Jugendlicher tatsächlich unter seinem Körpergewicht, weil er wirklich Übergewicht mit sich herumträgt, empfiehlt es sich, ein gesundes Ernährungsprogramm aufzustellen. Da heißt es dann, Möhre statt Burger, Apfel statt Süßes und Vollkornbrot statt Dickmacher zu sich zu nehmen. Viel Lob und Motivation durch die eigene Familie und die Freunde sind dann angebracht, damit der junge Mensch sein Ziel in dieser Hinsicht erreicht. Sofern gesundheitliche Gründe nicht dagegensprechen, ist die Ausübung einer sportlichen Aktivität ebenfalls sinnvoll.

Fragen wir doch einmal einige Jugendliche anstelle aller, was sie zum Thema Selbstwertgefühl und ihren eigenen gesammelten Erfahrungen in dieser Sache sagen:

Hugo aus Belgien sagt: „Ich schreibe in der Schule ständig mittelmäßige bis schlechte Noten. Mein Lehrer vertritt die Meinung, dass ich zu defizitorientiert denke und deshalb diese Leistungen erziele. Er sagt auch, dass in mir wesentlich mehr Potential steckt. Aber zu Hause erhalte ich fast nie Lob, vielleicht liegt es ja daran."

Sven aus den Niederlanden: „Ich sage, dass das Mädchen viel zu hübsch sei, als dass sie sich gerade für mich interessieren würde. So bleibe ich weiterhin einsam, und mein Selbstwertgefühl leidet darunter."

John aus den USA: „Spornen mich meine Schulkameraden und Freunde an, bringe ich sehr gute schulische Leistungen zustande. Früher hatte ich Freunde, die mich als Versager gesehen haben, da habe ich dann tatsächlich versagt."

Athanasia aus Griechenland: „Früher habe ich mich ständig schusselig verhalten. Mein Vater rief jedes Mal laut, dass mir schon wieder etwas herunterfällt und zerbricht oder ich schon wieder ein Glas umschütte. Das hat dazu beigetragen, dass dieser Zustand lange Zeit angehalten hat. Doch dann kam eine Tante zu Besuch, und sie erklärte mir, dass ich ruhig ein wenig mehr Selbstvertrauen besitzen sollte. Sie nahm sich für mich Zeit und brachte mir bei, dass ich mir mehr zutrauen soll. Das habe ich mir zu Herzen genommen, und ab diesem Zeitpunkt ist mir tatsächlich nichts mehr heruntergefallen."

Saskia aus Deutschland: „Mein Selbstwertgefühl litt fürchterlich unter meiner Akne, die ich hatte. Zudem kamen Stimmungsschwankungen aufgrund der hormonellen Veränderungen in Verbindung mit der monatlichen Regel hinzu. Ich litt auch unter Blutarmut und mir war ständig schwindelig. Meine Familie suchte mit mir zusammen einen Arzt in der Universitätsklinik auf. Der Arzt erklärte, dass dies alles in meinem Alter völlig der Normalität entspreche. Aufgrund des Medikaments, das er verschrieb, ging meine Akne sehr schnell zurück. Danach hatte ich keine Komplexe mehr. Zudem erhielt ich ein weiteres, leicht dosiertes Medikament gegen die starken Regelschmerzen. Jetzt sind sie erträglich."

Saara aus Finnland: „Nach der Scheidung meiner Eltern zog ich mich ständig in mein Zimmer zurück. Ich dachte, dass sie sich scheiden ließen, weil ich ihren Erwartungen nicht entsprochen habe. Deshalb war ich sehr niedergeschlagen, und mein Selbstwertgefühl litt erheblich. Sie haben sich vorher ja immer wieder wegen uns Kindern gestritten. Ich fühlte mich schuldig. Mittlerweile ist mir klar, dass sie sich einfach nicht verstanden haben und wir Kinder nicht wirklich die Ursache ihrer Streitigkeiten waren. Wenn Eltern in ihrer Ehe scheitern, sollen sie nicht uns Kindern die Schuld daran geben."

Pawell aus Polen: „Während der Pubertät fühlte ich mich sehr einsam. Freunde verabredeten sich, mich haben sie bei ihren Verabredungen stets übergangen. Wahrscheinlich hätte ich auch einmal die Initiative ergreifen und auf sie zugehen sollen. Es tat weh. Meine Klassenkameraden wohnten einfach zu weit weg. Sie waren in der Stadt, ich wohnte in einem kleinen Dorf mit fünf Häusern."

Harry aus Wales: „Drei meiner besten Freunde zogen weg, einer davon besucht das Internat, ein weiterer ist nach Neuseeland gezogen. Das war wirklich hart. Zum Glück gibt es das Internet, so können wir noch immer kommunizieren."

Ana aus den USA: „Mein Selbstwertgefühl lässt es nicht zu, mich in der Gegenwart anderer wohl zu fühlen. Sobald ich in der Klasse vor der Tafel stehe, senke ich meinen Blick, ich spüre einen Kloß im Hals und bringe keinen Ton mehr heraus. In der Pause habe ich das Gefühl, dass über mich geredet wird. Stehe ich zu Hause vor dem Spiegel, weine ich."

Maren aus Norwegen: „Weil ich mich in Gesellschaft oft sehr unsicher fühle, fange ich an, unaufhörlich zu reden, ohne Punkt und Komma. Darunter leidet mein Selbstwertgefühl."

Sascha aus Russland: „Als mein Bruder starb, fühlte ich mich im Stich gelassen. Ich war wütend und zugleich ängstlich wie ein kleines Kind. Was sollte jetzt nur werden? Ich fragte mich ernstlich, ob ich seinen Tod hätte verhindern können. Mein Selbstwertgefühl litt sehr darunter."

Ava aus Irland: „Meine Gefühle gingen während der Scheidungsphase meiner Eltern den Bach hinunter. Ich hatte kein Vertrauen mehr, fühlte mich vernachlässigt und ungeliebt. Papa trank plötzlich viel Alkohol, Mutter telefonierte ständig mit irgendwelchen Freundinnen. Wir Kinder waren ihnen gleichgültig geworden. Es gab nicht einmal mehr eine warme Mahlzeit. Das war eine schlimme Zeit. Nur meine Lehrerin lächelte mich mitleidig an."

Maria aus Portugal: „Mutter setzte zu hohe Erwartungen in mich, diese konnte ich nicht erfüllen. Deshalb litt mein Selbstwertgefühl erheblich."

Valentin aus Frankreich: „Während der Pubertät fühlte ich mich ständig müde, hatte entweder riesigen Appetit oder litt unter Appetitlosigkeit. Ich fühlte mich körperlich krank und war antriebslos. Freizeitunternehmungen interessierten mich nicht. Bei einer Untersuchung stellte sich heraus, dass nicht mein Körper krank war, sondern dass ich unter einer seelischen Störung litt. Mein Selbstwertgefühl befand sich im Keller. Heute geht es mir wieder gut."

Francesco aus Italien: „Während der Pubertät floss Alkohol in Mengen, eine Party nach der anderen war angesagt. Mein geringes Selbstwertgefühl glich ich mit Aggressionen aus. Ich schäme mich noch heute dafür, dass wir uns wie Vandalen benommen haben."

So oder ähnlich antworten vielleicht auch Sie als Jugendlicher.

Fehler unterlaufen jedem Menschen, deshalb ist man noch lange kein Versager. Vergleiche mit anderen sollten gar nicht angestellt werden, weil jeder Mensch einzigartig ist. Sie als Jugendlicher besitzen Fähigkeiten und Talente, die andere Personen nicht besitzen.

Sofern eine Person einen auf die eigenen Fehler hinweist, kann man daran arbeiten. Das erfordert, sich mit Freunden zu beschäftigen, die ehrlich sind und aufrichtiges Interesse an Ihnen zeigen. Wahre Freunde sehen hinter die eigene Fassade und sind nicht nur für einen da, wenn Partys gefeiert werden. Bei ihnen kann man das Herz ausschütten, sie behalten das Gesagte dann auch für sich. Übrigens, zuviel Selbstbewusstsein wirkt sich genauso schädigend aus wie ein Mangel an Selbstwertgefühl. Denn wer möchte schon mit Prahlern seine Freizeit verbringen? Als Eltern sollten wir mit Kritik sparen und viel Lob schenken. Zudem ist es wichtig, dass wir nur angebrachte Kritik ausüben. Bei einem geringen Selbstwertgefühl kann die Ursache sein, dass sich Jugendliche nur einseitig ernähren. Das trifft vor allem zu, wenn sie hauptsächlich Süßigkeiten essen. Sportliche Aktivitäten fördern oft eine gute Stimmung und sind daher von großem Nutzen.

Positives Denken schließt ein, dass sich Jugendliche realistische Ziele setzen. Nicht jeder Schüler kann der Klassenbeste sein. So bleibt es nicht aus, dass Fehlschläge auftreten und die Schüler völlig unterschiedliche Noten mit nach Hause bringen. Hier bringt es wenig, wenn die Eltern Vergleiche mit den Klassenkameraden ihrer Tochter oder ihres Sohnes anstellen. Schließlich ist jedes Kind mehr oder weniger begabt, und es liegen völlig unterschiedliche Familienverhältnisse vor. Schüler benötigen von zu Hause Ermunterung und emotionale Unterstützung. So erbringen sie in der Schule bessere Leistungen. Die eigene Selbstachtung steigt, wenn man sich mit etwas beschäftigt, das einem Freude bereitet. Das kann für den einen ein Tag im Freibad sein, für den anderen ein Einkaufsbummel, eine sportliche Betätigung, ein Kinobesuch, das Musizieren, das Stricken eines Pullovers oder das Häkeln einer Tischdecke, Skateboard fahren, das Züchten von Pflanzen, im Internet chatten, ein Bild malen, das Kochen seines Lieblingsessens oder das Lesen eines wertvollen Buches.

Vielleicht möchte man einfach nur Gemeinschaft pflegen und mit netten Leuten zusammensein. Kontakt mit seinen Freunden aufrechtzuerhalten oder neue zu finden, trägt ebenfalls dazu bei, seine Selbstachtung zu behalten. Dazu gehört, dass man auf andere Personen zugeht und sich für deren Belange interessiert.

Mitunter ist das Selbstwertgefühl innerhalb der Gruppe so ausgeprägt, dass das negative Denken tatsächlich ein negatives Ergebnis produziert. Der einzelne Jugendliche vermittelt anderen in der Gruppe einen falschen Eindruck von sich selbst. Dies geschieht vor allem dann, wenn man sich äußerst introvertiert verhält. Sofern sich die einzelne Person nicht in das Gruppengeschehen mit einbringt, lässt das Verhalten folgenden Schluss zu: eingebildet, hochnäsig, langweilig, gleichgültig und ungebildet, schon steckt man im Schubladendenken.

Denken Sie positiv, setzten Sie sich Ziele, die Sie erreichen können, kleiden Sie sich sauber und gehen Sie auf andere mit einem Lächeln zu. Reden Sie und bringen Sie sich in der Gruppe mit Ihren Ideen ein. Dann heißt es von Ihnen, dass Sie freundlich, aufmerksam, interessiert, nett und gebildet sind. Kommt Ihnen jemand aus der Gruppe sonderbar vor, so fragen Sie ihn, welche Probleme er hat. Bieten Sie ihm das Zuhören an. So gewinnen Sie Freunde.

Sex

Tatjana aus Spanien verstand sich zu gut mit Thorsten. Eigentlich sollte es sich nur um einen Urlaubsflirt handeln. Er war aber einfach zu süß. So kam das erste Mal überraschend, nach einer Party, unter Alkoholeinfluss. Sie verstanden sich einfach zu gut, die Angst vor einer Schwangerschaft war bei Tatjana anfangs geringfügig vorhanden und verblasste dann ganz.

Was sagen junge Leute bei Umfragen generell? „Selbstverständlich verhüten wir beim ersten Mal. Schließlich leben wir im Zeitalter von Aids."

Doch wie sieht die Praxis aus, wenn die Stimmung richtig gut ist? Gerade einmal rund achtzig Prozent der Jugendlichen verhüten, doch was ist mit den übrigen zwanzig Prozent?

Andreas sagte: „Es wird schon nichts passieren." Elvira meinte gar: „Ich war zu überwältigt, mein Verstand hat ausgesetzt." Petra wollte ihren Freund nicht verlieren, den sie schon so lange anhimmelte.

Die Jugendlichen von der Zwanzig-Prozent-Umfrage wissen vielleicht nicht, wie schnell es zur Schwangerschaft kommt, wie man richtig verhütet und wie man sich vor Aids schützen kann.

Wie kommt es zur Schwangerschaft?

28 Tage dauert der Zyklus einer Frau im Durchschnitt, manchmal aber auch nur 24 oder sogar länger als 35 Tage. Bei jungen Frauen kann der Zyklus sehr schwanken. 14 Tage bevor die Blutung einsetzt, hat das Mädchen ihren Eisprung, und ein Ei beginnt, durch den Eileiter in die Gebärmutter zu wandern. Etwa 12 bis 24 Stunden ist dieses Ei befruchtungsfähig. Dabei kann es von frischen Spermien oder von den Spermien, die bereits einige Tage im Eileiter gewartet haben, befruchtet werden. Wann der Eisprung sein wird, können junge Mädchen selten vorhersagen. Dasselbe gilt natürlich für jung Verheiratete! Wer also nicht schwanger werden will oder sich Aids vom Leibe halten möchte, sollte verhüten oder enthaltsam leben! Eine hormonelle Methode der Verhütung erreicht man durch die Einnahme der Pille.

Das Mädchen nimmt über einen bestimmten Zeitpunkt Hormone ein. Damit wird der Eisprung verhindert. Hurra: Wo kein Ei da ist, ist auch eine Befruchtung nicht möglich. In der heutigen Zeit verschreiben die Frauenärzte hauptsächlich niedrig dosierte Mikropillen.

Sofern ein Mädchen die Pille nicht verträgt, kann es zur Ärztin gehen und eine andere Pille ausprobieren. Nicht vertragen heißt, dass es Pickel bekommt, ihr übel wird oder sie sehr stark an Gewicht zunimmt. Jedoch wird eins von hundert Mädchen schwanger, bei einer Einnahmezeit von einem Jahr, so die Statistik. Die Pille schützt nicht gegen Aids oder andere Krankheiten. Zudem darf man nicht vergessen, sie auch jeden Tag einzunehmen!

Eine andere Verhütungsmethode ist das Verwenden eines Kondoms. Richtig angewendet, ist es undurchdringlich für Spermien oder Krankheitserreger. Man erhält sie in Apotheken, Drogerien und Supermärkten, an der Tankstelle und am Kiosk. Ihr Material besteht aus Latex oder Kunststoff. Als einziges Verhütungsmittel für den Jungen oder den Mann kann das Kondom erwähnt werden. Es schützt vor Krankheiten, die beim Sex übertragen werden können, wie Aids oder Hepatitis B. Es kann nicht schaden, wenn auch das Mädchen weiß, wie es funktioniert. Äußerst wichtig ist, dass das Kondom nicht beschädigt ist. Nur dann ist es eine sichere Sache.

Lisa sagte: „Mit meinen Freundinnen habe ich einmal ein Kondom über eine Karotte gezogen. Da haben wir viel gelacht."

Tobias meinte: „Wenn Evi die Pille nimmt, fühle ich mich einfach sicherer. Zusätzlich benutze ich ein Kondom, dann kann ich mich gehen lassen."

Elvira sagte: „Ich verhüte am liebsten mit einem Kondom. Es ist einfach am sichersten gegen alles. Manchmal habe ich Angst, dass es reißen könnte, doch ich fühle mich schon sicher."

Andrea sagte: „Ich habe es mir anders vorgestellt. Es war sehr schmerzvoll. Der Junge hat mich danach nicht mehr angeschaut."

Es gibt einige weitere Verhütungsmethoden, die hier nicht alle im Detail angesprochen werden können. Sprechen Sie mit Ihren Eltern oder Ihrem Arzt, sofern Sie über ungeklärte Fragen nachsinnen. Bestimmt erhalten Sie auch ausführlichen Ratschlag von den Krankenkassen und Apotheken zu diesem Thema.

Wenn ein Mädchen schwanger geworden ist, sollte es einen klaren Kopf behalten. Sie wird sich mit folgenden Fragen beschäftigen: Wer wird mir helfen? Kann ich ein Kind großziehen? Was kann ich tun, wenn ich mich der Verantwortung nicht gewachsen fühle?

Unterstützung erhält sie von den Beratungsstellen für Schwangere. Hier erfährt sie auch, welche staatlichen und sonstigen Unterstützungen es für junge Mütter gibt. Die Beratung wird ihr auf jeden Fall helfen, sich über die Folgen der Entscheidung klar zu werden. Hierbei meine ich entweder die Verantwortung zu übernehmen mit der Freude, das Kind heranwachsen zu sehen, oder das Kind zur Adoption freizugeben. Die Entscheidung selbst kann keiner jungen Mutter abgenommen werden. Spätestens wenn ein Mädchen schwanger ist, verblasst die Romantik ganz schnell.

Schwierig ist die Zeit des Erwachsenwerdens sowohl für die Teenager als auch für die Eltern. Da kommt es schon vor, dass sich die achtzehnjährige Tochter den ganzen Tag mit ihrem Freund in ihrem Zimmer aufhält. Das Wort Aufräumen gestaltet sich zum Fremdwort, ein Getränk nach dem anderen wird vom Keller geholt, und gleichzeitig ist sowohl der Fernseher als auch der Computer und die Stereo-Anlage eingeschaltet. Die Eltern sitzen im Wohnzimmer und tolerieren die Freundschaft ihrer Tochter mit dem Jungen in erster Linie deshalb, weil sie die Befürchtung hegen, dass sie ausziehen könnte, falls sie etwas dagegen haben.

Sie hören, dass die Haustür zugeknallt wird und fragen ihre Tochter, ob Lorenzo denn schon gegangen sei. Nadja bricht in Tränen aus. Ihre Eltern kamen in den letzten Wochen gar nicht mehr an sie heran. So sind sie sehr überrascht, dass sie jetzt erfahren, dass sie die Ausbildung geschmissen hat, längst beim Frauenarzt war und sie sich bereits im dritten Schwangerschaftsmonat befindet. Lorenzo fühlt sich nicht verantwortlich und auch noch viel zu jung, als dass er sich um ein Kind kümmern möchte.

Nun besitzt Nadja im Augenblick kein großes Selbstwertgefühl, und ihren Emotionen lässt sie freien Lauf. Es war wirklich jugendlicher Leichtsinn, dass gerade ihr das passiert ist. Sie dachte, dass sie mit Lorenzo ewig zusammenbleiben könne. Zudem war sie noch immer sehr verliebt in ihn. Sie hatten ja so viele Gemeinsamkeiten und wollten als Erwachsene in sein Heimatland ziehen. Jetzt war alles aus. Ihre Eltern fragten nochmals ganz vorsichtig, wie er sich denn zu seiner werdenden Vaterschaft geäußert hat. Daraufhin antwortete das Mädchen: „Wir hatten ja wirklich viel Spaß miteinander im letzten Jahr. Aber bist du wirklich davon ausgegangen, dass die Beziehung zwischen uns beiden ewig hält? Das glaubst du doch nicht im Ernst. Man muss erst Erfahrungen sammeln, bevor man heiratet. Für eine Ehe fühle ich mich zu jung, ich möchte noch mehr erleben. Das mit dem Kind hast du dir selbst zuzuschreiben. Ich rate dir, beim nächsten Mal besser aufzupassen. Vielleicht ist das Kind ja von einem anderen Mann."

Die zugeknallte Tür habt ihr ja gehört.

Nadja hat Glück, denn sie hat wunderbare Eltern. Sie wollten zwar auf gar keinen Fall so jung Großeltern werden, aber sie fassten den Entschluss, das Kind erst einmal gemeinsam aufzuziehen. Nadja hat das Kind zur Welt gebracht und jobbt nun in einem Supermarkt für wenig Geld. Sie sieht ihren kleinen Jungen nur am Abend, tagsüber kümmert sich hauptsächlich die Großmutter um ihn. Ihr ehemaliger Freund Lorenzo kümmert sich nicht um das Kind, mittlerweile wohnt er in einer entfernten Stadt. Übrigens muss Lorenzo jeden Monat dreihundert Euro Unterhalt für das Kind zahlen. Der Großvater geht mit dem kleinen Jungen spazieren und zum Spielplatz. In ihrer Situation hätte es für sie schlimmer ausgehen können. Doch ihre Familie steht hinter ihr und unterstützt sie, wo es ihr möglich ist.

Nadja sehe ich des Öfteren und wünsche ihr, dass sie einen netten Mann kennen lernt, der sie und ihren kleinen Sohn von Herzen liebt und schätzt und den auch sie richtig lieben und schätzen kann.

Nadjas Eltern haben mehrfach darüber gesprochen, ob sie die eingetretene Situation hätten verhindern können. Vielleicht hätten sie ihr verbieten sollen, die Pille zu nehmen. Das wäre allerdings absurd gewesen. Außerdem kam es ja trotz Einnahme der Pille zur Schwangerschaft, damit konnten beide jungen Leute nicht rechnen. Nadjas Mutter hat das Thema Sexualität und Verhütung stets gemieden. Sie dachte, dass über dieses Thema ja schließlich auch in der Schule gesprochen wird, dass es zum Unterricht gehört. Im Stillen hoffte sie wohl auch, dass Nadja alles, was sie wissen sollte, aus den entsprechenden Jugendzeitschriften erfahren würde.

Nadja wusste bereits im Alter von vierzehn Jahren bestens Bescheid. Als sie schwanger war, hatten ihre Eltern es längst versäumt, mit ihr über Aufklärung und Sex zu sprechen. Nadjas Mutter gehört noch zu der Generation, die über den eigenen Körper sowie über die Sexualität nicht Bescheid wusste, weil deren Mütter Traditionen unterlagen, die eine Aufklärung verhinderten.

Die Geschlechtsreife hat sich in den letzten Jahrzehnten nach vorne verlagert. Um das Jahr 1900 bekamen Mädchen ihre erste Regel mit sechzehn Jahren, heutzutage tritt sie bereits vermehrt mit zehn oder elf Jahren, manchmal auch mit zwölf Jahren ein.

Die wenigsten Jugendlichen wissen, an welchen Tagen im Monat ein Mädchen besonders empfänglich ist. Die meisten Jugendlichen gehen davon aus, dass beim ersten Mal nichts passieren kann. Welch ein Irrtum hier besteht. Etwa nur die Hälfte aller Jungen im Alter zwischen vierzehn und siebzehn Jahren werden zu Hause aufgeklärt. Viele Jugendliche informieren sich außerhalb des eigenen Elternhauses über die Themen, die die Sexualität betreffen, und dies zumeist erfolgreich. Etliche Jugendliche wünschen sexuelle Kontakte zu Gleichaltrigen, ihr Verantwortungsbewusstsein ist jedoch noch nicht ausgeprägt, die Genussfähigkeit ebenfalls nicht. Die Geschlechtsreife ist zumeist bei den Mädchen im Alter von zwölf Jahren abgeschlossen. Jungen sind Spätentwickler. Bei ihnen beginnt die Pubertät durchschnittlich im Alter von zwölfeinhalb Jahren und endet im Alter von vierzehn Jahren. Deshalb sehen dreizehnjährige Mädchen oftmals wie junge Damen aus. Sie schminken sich und träumen bereits von ihrer großen Liebe, die Jungen benehmen sich in diesem Alter zumeist noch sehr unreif und kindisch. Die Mädchen in der Klasse sind zum Ärgern da oder werden als Gänse bezeichnet. Dabei sind spätestens den fünfzehnjährigen Jungen die Mädchen nicht mehr gleichgültig, Man verhält sich aber so, als wäre das noch immer der Fall.

Mädchen gewinnen schneller an körperlicher Größe, jedoch bereits mit sechzehn Jahren sind die meisten von ihnen ausgewachsen. Jungen wachsen langsamer und haben in der Regel mit achtzehn Jahren ihre Körpergröße erreicht.

Im Alter von sechzehn Jahren befindet sich ein Junge auf sexueller Ebene auf dem Zenit seiner Kraft. Sein geschlechtliches Bedürfnis bleibt in etwa bis zu seinem einundzwanzigsten Lebensjahr auf dieser Ebene, danach lässt es allmählich nach. Obwohl ein Mädchen wesentlich früher als ein Junge heranreift, entwickelt sich ihre sexuelle Lust nur sehr langsam. Ihr sexuelles Verlangen steigert sich bis zu ihrem dreißigsten Lebensjahr und sinkt dann wieder. Junge Mädchen und Frauen können in einen Jungen oder Mann sehr verliebt sein, haben oftmals jedoch wenig Interesse an sexuellen Aktivitäten. Umgekehrt ist es so, dass beim Mann bereits ab dem einundzwanzigsten Lebensjahr die Produktion seines Geschlechtshormons langsam abnimmt. Das hört sich schrecklich an. Aber haben Sie keine Angst, Sie haben genügend Zeit und können sogar bis zu einer möglichen Ehe mit dem Sex warten, sofern Sie das wünschen. Erotik und sexuelle Erfüllung, wichtige Voraussetzungen für eine harmonische Partnerschaft, können Sie als Erwachsener voll und ganz genießen.

Die Kunst der Sinnlichkeit lehrt Kamasutra. Sie haben also alle Zeit der Welt und brauchen sich nicht in jungen Jahren auf ein Abenteuer einzulassen.

Als ich mich vor Kurzem mit zwei Mädchen unterhalten habe, baten sie mich, Folgendes mit in dieses Buch aufzunehmen: Sie sagten, dass die Eltern, egal aus welchem Land sie stammen, nicht so streng mit den Kindern sein sollten. Mädchen telefonieren oft mit anderen Mädchen, dann heißt es zu Hause, dass sie bestimmt mit einem Jungen telefonieren. Das ist dann aber gar nicht so. Eltern sehen das anders.

Sie baten mich, mit zu veröffentlichen, dass sie gerne die Auswahl ihres Ehepartners selbst treffen möchten. Sofern sie sich schminken, meinen die Eltern, dass sie sich für die Schule schminken, dabei tun sie es für sich selbst. Sofern sie ein Kilogramm abnehmen, meinen die Eltern, dass sie verliebt seien und ein Junge dahinter steckt. Bringt ein Mädchen eine schlechte Zensur von der Schule mit nach Hause, meinen ihre Eltern auch, dass ein Junge dahinter steckt.

Mitunter haben Eltern durchaus zu wenig Vertrauen zu ihren Kindern. Ich kann mich noch gut an meine eigene Jugendzeit erinnern, und meine Brüder hatten wesentlich mehr Freiraum als ich. Sie hegten Befürchtungen, ohne einen triftigen Grund hierfür zu haben. Das ist wohl das Los der Mädchen.

Ein Drittel der Jugendlichen haben ihren ersten Sex nach ihrem achtzehnten Geburtstag. Etliche der unter Achtzehnjährigen, die bereits Sex hatten, empfanden es als nichts Besonderes, für andere war es unangenehm, und einige hatten ein schlechtes Gewissen. Völlig unterschiedliche Meinungen traten zutage.

Knutschen, Petting, Geschlechtsverkehr, wie weit geht man mit dem Partner? Wie weit möchte ein Jugendlicher gehen? Wenn ein junger Mensch eigentlich noch gar nicht bereit ist, Sex mit einer anderen Person zu haben, sollte man das eiligst klarstellen. Sie allein entscheiden über den Zeitpunkt. Lassen Sie sich nicht zu etwas überreden, mit dem Sie danach eventuell nicht klar kommen, weil Sie sich eigentlich dafür zu jung fühlen. Liebt Ihr Partner oder Ihre Partnerin Sie, nimmt er oder sie Rücksicht und wartet bis zu dem Zeitpunkt, an dem auch Sie bereit dazu sind? Wenn es sein muss bis zur Ehe? Ist das nicht der Fall, haben Sie nichts verpasst.

Einige Jugendliche wollen mit dem Sex warten, und sie gaben mir die Auskunft, dass sie ihrem Freund oder ihrer Freundin Folgendes antworteten:

Lisa aus den Niederlanden sagte: „Ich bin der Meinung, dass es besser ist, wenn ich erst innerhalb der Ehe Sex habe."

Julia aus Polen: „Ich möchte damit warten, bitte respektiere das."

Katie aus Irland: „Gib mir bitte Zeit, ich fühle mich dafür noch zu jung."

Lena aus Deutschland: „Ohne Aidstest schlafe ich nicht mir dir."

Jan aus Tschechien: „Ich möchte dich besser kennenlernen. Habe bitte Verständnis dafür."

Igor aus Russland: „Damit will ich noch warten. Lass uns erst einmal darüber reden."

Ole aus Norwegen: „Wenn du mich wirklich liebst, wartest du noch ein wenig. Ich möchte erst mit einem Mädchen schlafen, wenn ich auch die Verantwortung dafür übernehmen kann."

Kenny aus den USA: „Ich möchte aus religiösen Gründen Sex nur innerhalb der Ehegemeinschaft haben."

Mittlerweile gibt es viele religiöse Gemeinschaften, vor allem in den USA, die nichts vom Sex vor der Ehe halten. Auch in den europäischen Staaten zeichnet sich ein Trend ab. Jugendliche wollen mit dem Sex bis zur Ehe oder zumindest bis zum Erwachsenenalter warten. Diese Gruppe hat völlig unterschiedliche Motive. Viele der Befragten leben keusch und warten, bis sie den richtigen Partner kennenlernen. Handelt es sich bei diesen jungen Menschen um verschrobene, altbackene, konservative Menschen? Keineswegs. Es handelt sich nur um die eine Frage der persönlichen Entscheidung. Moderne, aufgeweckte, weltoffene Menschen orientieren sich neu. Passt diese Einstellung zu unserer heutigen Zeit, in der scheinbar alles erlaubt ist oder toleriert wird? Warum verzichten sie auf die körperliche Liebe? Ein enthaltsames Leben gehört zu einer neuen Form des Selbstwertgefühles und der eigenen Erfahrungswelt. Es gibt Jugendinitiativen, die vermitteln, dass wahre Liebe wartet. In Zeiten von Aids erscheint mir das sehr vernünftig.

Die körperliche Anziehungskraft ist sehr stark, vor allem bei jüngeren Leuten. Die Leidenschaft mag so intensiv sein, dass der Verstand aussetzt. Weil die meisten Jugendlichen von den Gleichaltrigen ernst genommen werden wollen, passen sie sich dem Gruppenzwang an. Dazu gehört zumeist, dass man erzählt, schon einmal Sex gehabt zu haben oder dass man geknutscht hat.

Vielleicht sollten wir uns alle in Toleranz üben und auch diejenigen Jugendlichen für voll nehmen, die sich, warum auch immer, ein wenig mehr Zeit lassen und die von ihren eigenen aufgestellten Grundsätzen oder denen der Eltern nicht abweichen. Davon abgesehen, dass sich Geschlechtskrankheiten schnell verbreiten, fühlen sich manche Jugendliche von ihrem Partner benutzt. Investiert der jugendliche Mensch sehr viele Gefühle in den Sexualpartner, entsteht Frustration pur. Falsche Vorstellungen vom ersten Mal führen durchaus dazu, dass Enttäuschungen entstehen.

Leider brüsten sich einige Jungen in der Schule damit, mit dem einen oder anderen Mädchen geschlafen zu haben. Hierbei handelt es sich auch um Jungen, die wenig Selbstachtung haben und die durch ihr hemmungsloses Verhalten zu größerem Selbstvertrauen gelangen wollen. Mit der Spannung ist es nach vollzogenem Sexualakt erst einmal vorbei. Nun zeigt es sich, ob wahre Liebe im Spiel ist oder ob es für beide doch nur ein Abenteuer war.

Konzentriert sich ein Schüler auf den Unterrichtsstoff oder drehen sich seine Gedanken hauptsächlich um den Freund oder die Freundin? Je nachdem, wie die Antwort aussieht, könnten die Zensuren ausfallen. Jugendliche, die Sex haben, ohne dass ihre Eltern davon wissen, plagen sich oftmals mit einem schlechten Gewissen. Selbstachtung zu besitzen, ist ein hohes Gut und nicht selten davon abhängig, wie man sich gegenüber seinen Mitschülern verhält.

Tauscht man mit dem Freund oder der Freundin zu viele Zärtlichkeiten aus, vergrößert sich die rosa Brille, und man bleibt für die Fehler, Schwächen und Eigenarten des Partners blind. Das mag dazu beitragen, dass man den anderen nicht wirklich so sieht, wie er tatsächlich ist. Vielleicht sollte man über die Vorteile nachdenken, die es hat, wenn Jugendliche mit dem Sex noch etwas warten, vielleicht sogar bis zur Ehe.

Wenn ein Jugendlicher keinen Sex mit einem Gleichaltrigen haben möchte, sollte er sein Outfit so wählen, dass es nicht sexy und enthüllend ist, sonst gibt er unmissverständliche Signale an seine Klassenkameraden oder Klassenkameradinnen. Noch vor einem halben Jahrhundert war es nicht denkbar, dass Paare offiziell ein intimes Verhältnis außerhalb der Ehe hatten, also warum sollten sich Jugendliche in der heutigen Zeit unter Druck setzen lassen?

Spaß

Spaß setzt zumeist Spontaneität voraus. Das erinnert uns doch alle an Geschichten, die wir erzählen können. Geben und Nehmen halten sich in der Waage. Da messen wir uns auch nicht mit unseren Kindern. Wir überlegen nicht, wie viel wir ihnen und sie uns geben. Lediglich unsere Freude und unsere guten Ideen und zumeist ein wenig von unseren finanziellen Mitteln müssen wir einbringen. Unseren Kindern widmen wir dann unsere ganze Aufmerksamkeit, unsere Energie, unseren Elan, und mit etwas Glück vergessen wir, dass wir eigentlich schon längst erwachsen sind.

Sie denken gerade an Ihre Ferien, im Gegensatz zu mir. Urlaube verlaufen nicht immer nach dem Geschmack der Kinder und Jugendlichen. Fragt man alle Familienmitglieder, wie sie denn ihren Urlaub planen, erhält man aller Wahrscheinlichkeit nach genauso viele Ergebnisse präsentiert, wie Sie an Stimmabgaben zählen können.

„Endlich ausschlafen und nach Möglichkeit zwei Stunden frühstükken, man gönnt sich ja sonst nichts", sagen die Eltern. „Nein", schreien die Kinder, „Aktion ist angesagt, und zwar gleich morgens um sechs Uhr." „Auf der Insel gibt es ein herrliches landestypisches Museum, das sollten wir auf jeden Fall ansehen", sagt der Vater. „Nein, nicht schon wieder", schreien die Kinder. Diese wollen Strandburgen bauen. „Endlich habt ihr Zeit für uns", rufen die Kinder. „Darauf haben wir uns schon so lange gefreut", flüstert der Kleinste. „Mir ist eh alles egal, ich hätte viel lieber etwas ganz anderes geplant", sagt der Jugendliche, „na, hoffentlich läuft wenigstens in der Disco gute Musik. Ich fahre nur mit, um euch einen Gefallen zu tun." „Na Bravo", ruft der Vater. Mit den Worten „lasst uns nicht streiten" lenkt die Mutter ein, „in dem Ferienclub wird ja für euch alle etwas sein, was Spaß bereitet." Glück gehabt. Deshalb ist schon zu Hause gute Planung angesagt. Ihre Vorbereitungen treffen Sie absolut individuell, deshalb schließe ich das Kapitel Urlaub gleich wieder ab.

Ich habe mir überlegt, dass Ausflüge, die einen Tag oder höchstens bis zu vier Tage dauern, wesentlich familiengerechter zu gestalten sind. Da verzichtet man auch als Erwachsener gerne auf die eigenen Bedürfnisse, und es fällt leichter, zurückzustecken. Diese Ausflüge schweißen zusammen. Da hat man in den nächsten Wochen Gesprächsstoff und nochmals Freude, wenn die Familie die Fotos oder den selbst gedrehten

Film ansieht. Auf die Jahresurlaube zu verzichten, braucht trotzdem keiner.

Folgende Freizeitaktivitäten bereiten wirkliches Vergnügen: Floßfahrt, Klettern, Übernachtung in einer Jugendherberge, Übernachtung auf einem Berg, Übernachtung auf der Burg, U-Boot fahren, Delfin-Show, Essen im Rittersaal, Segeltörns, Wassersportaktivitäten, ein Zelt im Kinderzimmer aufstellen.

Viel Spaß wünsche ich Ihnen dabei!

Taschengeld

Beim Taschengeld handelt es sich um einen Geldbetrag in der jeweiligen Landeswährung, die Kinder und Jugendliche von ihren Eltern oder Erziehungsberechtigten regelmäßig erhalten. Dieser Betrag steht für persönliche Ausgaben zur Verfügung.

Kinder und Jugendliche sollen den Umgang mit Geld erlernen. In aller Regel wird das Taschengeld wöchentlich oder monatlich ausbezahlt. Die Erziehungsberechtigten bestimmen in der Regel die Höhe des Taschengeldes, zumeist hängt diese jedoch vom Einkommen der Eltern ab. Eine gesetzliche Verpflichtung zur Auszahlung eines Taschengeldes besteht nicht.

Kinder und Jugendliche sind in den meisten Ländern eingeschränkt geschäftsfähig. Deshalb können sie mit dem ihnen zur Verfügung gestellten Geld Verträge abschließen. Beim Taschengeld handelt es sich um ein geringes Einkommen. Das Taschengeld ist auch dazu da, dass sich Kinder und Jugendliche Dinge kaufen können, für die die Eltern kein Geld ausgeben wollen. Sofern ein Jugendlicher sein Taschengeld falsch einteilt, muss er bis zur nächsten Auszahlung warten. Ein Vorschuss wird von der nächsten Zahlung abgezogen. Hören wir, wozu Jugendliche ihr Taschengeld benötigen:

Tobias sagte: „Ich gebe mein ganzes Geld für meinen Computer aus. Ständig bastele ich an diesem und kaufe mir Ersatzteile."

Markus: „Mit meinem Geld kaufe ich mir Süßigkeiten."

Martin: „Ich zahle das gesamte Geld bei der Bank ein. Wenn ich mir etwas kaufen möchte, frage ich meine Eltern, ob sie mir etwas leihen können. Mit etwas Glück sagen sie, dass ich es nicht zurückgeben muss."

Oliver: „Ich verbrauche das gesamte Taschengeld für Computerspiele."

Stefanie: „Ich spare auf ein Tattoo."

Verena sagte: „Mein Taschengeld gebe ich für eine CD und für den Kinobesuch aus."

Sven: „Ich kaufe mir damit ein Marken-T-Shirt."

Doris: „Mein Geld gebe ich in diesem Monat für eine Halskette aus."

Thorsten: „Mein Taschengeld geht für Discobesuche weg."

Man bespricht am besten mit den Kindern und Jugendlichen, wie viel die Freunde erhalten und wie viel man als Eltern zu zahlen bereit ist.

Folgende Orientierung mag nützlich sein:

6-7jährige	monatlich 6 Euro,
8-9jährige	monatlich 10 Euro,
10-11jährige	monatlich 12,5 bis 15 Euro,
12-13jährige	monatlich 17,5 bis 20 Euro,
14-15jährige	monatlich 22,5 bis 25,5 Euro,
16-17jährige	monatlich 30,5 bis 41 Euro,
18jährige	monatlich 61 Euro.

Taschengeld kann man sich mit dem Austragen von Zeitungen oder mit dem Ausführen von Hunden dazuverdienen. Regale im Supermarkt aufzufüllen, stellt ebenfalls eine gute Möglichkeit dar. Wer gezielt nach Geringverdienertätigkeiten Ausschau hält und sich freundlich erkundigt, hat bestimmt gute Chancen zur Aufstockung seines Taschengeldes.

Eine Taschengeldregelung gilt auch bei Au-pair. Hierbei handelt es sich um junge Leute, die bei Gastfamilien untergebracht sind. Die Jugendlichen gehen mit dem Ziel ins Ausland, ihre Sprachkenntnisse zu verbessern sowie die Kultur des jeweiligen Landes kennen zu lernen. In der Regel ist es üblich, dass die Jugendlichen von der Gastfamilie ein monatliches Taschengeld in Höhe von 200 bis 260 Euro erhalten. Zudem wird ihnen ein eigenes Zimmer im Haus der Gastfamilie und Verpflegung durch die Gastfamilie zur Verfügung gestellt. Das schließt ein, dass sie sich in der Gastfamilie integrieren und leichte Hausarbeiten erledigen oder die Kinderbetreuung übernehmen. Die wöchentliche Arbeitszeit beträgt zumeist dreißig Stunden, die tägliche Arbeitszeit sechs Stunden. Zudem haben sie Anspruch auf die landestypische Erholungsurlaubsregelung. Ein schriftlicher Vertrag regelt die Rechte und Pflichten. Zudem übernimmt die Gastfamilie die finanzielle Absicherung des Krankenversicherungsschutzes. In den meisten Ländern gilt ein Mindestalter von achtzehn Jahren, in manchen Ländern darf man schon mit siebzehn Jahren als Au-pair ins Ausland gehen. Dies setzt meistens eine schriftliche Einverständniserklärung eines Erziehungsberechtigten voraus. Das Arbeitsgenehmigungsverfahren der einzelnen Länder muss beachtet werden. Spätestens nach der Einreise in das Land, auf jeden Fall vor Beginn der Beschäftigung, sollte die Arbeitsgenehmigung eingeholt werden. Vereinzelt benötigt man auch ein Visum. Auskünfte erteilen die entsprechenden Behörden.

Für die Teilnahme von Sprachkursen, der Religionsausübung, Exkursionen und kulturelle Veranstaltungen erhalten die Jugendlichen eine landesübliche Freistellung. Die erforderlichen Papiere liegen ausgefüllt und genehmigt vor. Die Gastfamilie freut sich auf Sie, und Sie gehen ebenfalls völlig unvoreingenommen auf die neue Familie zu. Jetzt kann es losgehen mit dem Gedankenaustausch, dem kulturellen Austausch, den neuen Sichtweisen und mit dem Respektieren von Traditionen. Mit Mut und Souveränität begegnen Sie einer anderen Welt und sind dankbar für Ihr Taschengeld.

Tattoos

Als ich mich vorgestern ein wenig in einem Thermalbad entspannte, betrachtete ich all die Menschen mit ihren wunderschönen Tätowierungen. Mir fiel ein, dass ich einmal ein Buch gelesen habe, bei dem es um die heutigen Stadtschamanen ging. Ich zog Vergleiche und überlegte, welchen Ursprunges die Tattoo haben. Mir fiel spontan ein, dass es sich hierbei um einen Körperkult der schönen Menschen handelt.

In dem Schwimmbad sah ich eine junge Frau, die eine überaus schlanke Figur besaß. Sie war mit einem Tanga bekleidet und genoss es sichtlich, die Blicke der männlichen Schöpfung auf sich zu ziehen. Ihr Körper war mit einem Bindi versehen, dabei handelt es sich um einen Körperschmuck zum Aufkleben. Es handelte sich um einen bezaubernden Schmuck, der einfach auf die Haut aufgeklebt wird. Dazu gibt es herrliche Vorlagen wie Ornamente, Symbole oder andere Muster. Spontan dachte ich mir, dass es sich um ein kluges Mädchen handelt. Sie machte auch sonst einen sehr aufgeweckten Eindruck. Vielleicht durfte sie sich von ihren Eltern aus auch nicht tätowieren lassen. Auf alle Fälle ließ sie es sich für die Zukunft offen, ihren Körper ohne bleibende Körperbemalungen zur Schau zu stellen. Ihrer Einstellung kann ich spontan gesagt nur zustimmen. Wer weiß schon, ob ihm ein echtes Tattoo in zwei, drei, zehn oder zwanzig Jahren noch gefällt. Wie sieht die eigene Haut und das Tattoo dann aus?

Auf meiner Liege machte ich es mir bequem und nahm eine Zeitschrift in die Hand. Zum Lesen kam ich gar nicht. Meine Gedanken schweiften ab, und ich dachte über das moderne Leben im Großstadtdschungel nach. Einige Fragen kamen mir in den Sinn. Was bedeuten diese tätowierten Zeichen? Wo kommen sie her? Es handelt sich um Stammeszeichen, die eine traditionsreiche, religiöse oder soziokulturelle Bedeutung haben. Zumeist geht von den Trägern eine magische Tradition aus. Faszination pur! Bizarre Piercings, coole Nasenringe, freche Tattoos, das sind keine Erfindungen der Neuzeit, soviel ist klar.

Tätowierung kommt ursprünglich aus dem Begriff tatauieren. Heutzutage wird der populäre Begriff in der Alltagssprache gewählt. Der Körper wird mit Mustern oder Bildern ausgeschmückt. Durch Hinzufügen von Farbstoff mittels Messer, Nadel, Dorn, Tatauierkamm oder Faden, wie es in Grönland oder Sibirien noch immer üblich ist, werden sie dauerhaft unter der Haut angebracht. Seinen Ursprung hat das Tätowieren in Polynesien. Es handelt sich heute um eine Weiterentwicklung der Körperbemalung. Bei unseren hellhäutigen Völkern kennt man vornehmlich die Stichtauierung. In entfernten Ländern ist die Narbentauierung noch immer geläufig.

Ursprünglich hatte das Tätowieren magische Zwecke. Man brachte einen Abwehrzauber oder Entkräftigungszauber auf der Haut an. Das Totemzeichen wurde auftatauiert. Zumeist geschah dies bei den Reifeweihen. Noch in der heutigen Zeit finden Tatauierungen in den klassischen Gebieten wie Polynesien, hier hauptsächlich auf der Insel Maori und auf den Marquesa Inseln, Neuguinea, in Japan bei den Ainu-Frauen, in Indonesien, in den Indianergebieten, im Amurgebiet, statt. Anklang findet diese immer öfters bei den jungen Menschen in unseren europäischen Kulturkreisen. Früher war die Tätowierung auch in den entlegenen Balkaninseln sowie bei der Bevölkerung des schwarzen Meeres verbreitet. Zudem war sie bei Seeleuten äußerst beliebt.

Als ich mich vor Kurzem in einer Klinik zwecks eines ambulanten Lasereingriffs aufhielt, nahm ich Folgendes zur Kenntnis: Ein sehr geschickter Professor behandelte mit seinem Team ein junges Mädchen, welches ihre Tätowierung entfernen lassen wollte. Es handelte sich hierbei um einen Eingriff, der Stunden dauerte und an diesem Tag noch gar keinen endgültigen Erfolg brachte. Da wurde mir klar, dass die Entfernung eines Tattoos schwierig ist, wobei es sich bei ihr um ein größeres Exemplar gehandelt hat. Trotz modernster Lasertechnik gelang es dem Team nicht, in einer einzigen Sitzung das ganze Muster mittels eines Lasers zu entfernen. Narben bleiben auf jeden Fall zurück. Ich habe mir erklären lassen, dass mehrere Sitzungen von Nöten sind, die für den Patienten sehr schmerzhaft sind und nicht stets den gewünschten Erfolg versprechen.

Heutzutage im Großstadtdschungel zeigen Jugendliche ihre Tattoos auf den Schultern, auf den Händen, auf der Hüfte, am Fußgelenk, auf der Brust, am Rücken, ja eigentlich überall. Es ist in, und wer möchte nicht gerne in sein? Ein sehr beliebtes Motiv stellen die Namen des jeweiligen Partners dar. Doch was ist, wenn dieser als Person wechselt? Sofern das Mädchen oder der Junge diesen Namen nicht mehr auf der Haut tragen möchte, bleibt nur der Gang zum Dermatologen, also zum Hautarzt.

Ich persönlich lasse mich nicht tätowieren, weil es gerade modern ist. Das liegt auch daran, dass ich andere Personen nicht gerne an meinem Körper herumexperimentieren lasse. Zudem ist die Zeitepoche des alternativen Lebensstiles an mir vorbeigegangen. Außerdem wollte ich nicht wirklich gegen irgendjemanden oder irgendetwas rebellieren. Doch ein Gefühl der Langeweile tauchte während meines bisherigen Lebens trotzdem nicht auf. Es trifft eher das Gegenteil zu, und auch jetzt gewinne ich den Eindruck, dass ich nichts verpasse.

Bakterielle Hautinfektionen, Kontaktallergien, allergische Infektionen kann sich der Jugendliche nicht nur beim Tätowieren, sondern auch bei der operativen Entfernung zuziehen. Als operative Entfernungsmethode kenne ich das Herausschneiden des Tattoos, die Laserbehandlung, also das Wegbrennen, die Salabrasion, also das Aufweichen der Hautschicht mit einer Salzlösung, die Skarifikation, das Entfernen mit einer entsprechenden Säure sowie die Dermabrasion, damit ist das Abschleifen der Ober- und Lederhaut unter Zuhilfenahme eines Schleifapparates gemeint.

Von Zeit zu Zeit kaufe ich ein neues Kleid, ein modisches Kostüm, einen schicken Hut, einen eleganten Blazer, eine edle Kette, ein Top, eine Jeans, topmoderne Schuhe oder Accessoires. Ich lege Wert auf eine feine Linie und trenne mich auch von bestimmten Kleidungsstücken. Der Stil und der Schnitt wechseln in der Modebranche schnell. Da ich meinen eigenen Geschmack zur Schau stelle, unterwerfe ich mich dem Modetrend nur in einer gewissen Form und Weise.

Es steht für mich außer Frage, dass ich in einigen Jahren die gleiche Kleidung wie heute trage. Deshalb finde ich Bindis toll und besitze die Gewissheit, mit diesen stets in zu sein, wo immer ich es will.

Teenager-Eltern

Das Mädchen Severina war gerade einmal fünfzehn Jahre alt, als sie sich in einen Mann verliebte, der bereits fünfundvierzig Jahre älter war als sie. Zu dieser Zeit bekam sie Nachhilfeunterricht in Mathematik. An das Bestehen des Qualifizierenden Hauptschulabschlusses war gar nicht zu denken. Sie war schulmüde und sah gar nicht ein, dass sie sich für das Erreichen einer besseren Note anstrengen solle. Die Mutter war verzweifelt. Ihr Cousin stellte fest, dass es bei ihr nicht an Intelligenz mangelte, sondern eher an der fehlenden Motivation.

So investierte er viel Zeit mit ihr, damit sie in der Schule bessere Mathematikergebnisse erzielen konnte. Das Abstraktionsvermögen sowie das räumliche Vorstellungsvermögen verbesserte sich zusammen mit ihrem Lern- und Arbeitsstil. Der Erfolg blieb gar nicht lange aus, und so brachte sie in den Proben die Noten zwei mit nach Hause. Die Tante, die Mutter und der Cousin freuten sich über deren Erfolg. Es sah so aus, als erreiche sie den Schulabschluss doch noch.

Doch Severina hatte ein Geheimnis, über das sie nicht sprach. Sie war schwanger von einem über fünfundvierzig Jahre älteren Mann. Davon einmal abgesehen, dass sich sowohl der Mann als auch das Mädchen vom Gesetz her gesehen strafbar gemacht haben, war das Baby unterwegs.

Severina wollte die Schule umgehen und hat früher schon gerne mit Puppen gespielt. Babys sah sie als lebendige Puppen an. Da kam es ihr in den Sinn, sich für eine Familie zu entscheiden. Ihr Plan ging auf. Nach vielem Ärger mit den unterschiedlichsten Behörden schmiss sie die Schule hin und zog zum Vater ihres künftigen Kindes. Ihre eigene Mutter hat den Kontakt zu ihr verloren, und obwohl das Enkelkind mittlerweile zwei Jahre alt ist, hat diese ihre Enkeltochter noch nicht einmal gesehen. Nun ist bereits das zweite Kind unterwegs. Das Mädchen ist mittlerweile achtzehn Jahre alt. Sie scheint glücklich zu sein, und vielleicht ist dies auch tatsächlich der Fall. Ihre frühere Familie steht Kopf. Der Vater ihres Kindes wurde von seinem ehemaligen Arbeitgeber gekündigt. Mittlerweile haben die beiden geheiratet. Finanziell ist sie abgesichert, und sie scheint ihre kleine Familie zu genießen.

Doch was bringt die Zeit in zehn oder zwanzig Jahren? Wie lange hält dieses Glück? Wird sie in ein paar Jahren ihren Ehemann mit ihren Kindern verlassen oder während seines fortgeschrittenen Alters zu ihm stehen? Hat sie irgendwann das Gefühl, etwas versäumt zu haben? Ist sie in ein paar Jahren in der Lage, ihre Kinder bei den Hausaufgaben zu unterstützen? Kann sie Lernstoff vermitteln? Weiß sie, auf was es im Schulbereich ankommt? Die Zeit wird es zeigen.

Der Vater ihrer Kinder kümmert sich fürsorglich um sie und die Kinder. So akzeptieren mittlerweile alle Personen in ihrer Umgebung dieses Mädchen und ihre Entscheidung. Oftmals ist jedoch von einem Vaterkomplex die Rede. Anders lässt sich das Ganze auch nicht wirklich erklären.

Ich persönlich vertrete die Meinung, dass ein junges Mädchen sehr viel versäumt, wenn es sich viel zu früh für die Mutterrolle entscheidet. Allerdings vertrete ich auch die Meinung, dass ein Leben im Mutterleib zu kostbar ist und dass jedes ungeborene Leben das Recht hat, auf die Welt kommen zu dürfen.

Es kommt so oft vor, dass ein Mädchen schwanger wird, bevor es die Volljährigkeit erreicht. In den seltensten Fällen bleibt das Mädchen mit dem Vater des Kindes zusammen. Väter streiten oft die Vaterschaft ab oder fühlen sich einfach zu jung, um eine dauerhafte Verantwortung zu übernehmen. So sieht man in den verschiedenen Ländern allein erziehende Mütter, die es in ihrem Alltag mitunter nicht leicht haben.

Hindernisse und Hürden stellen keine Seltenheit dar. Lerndefizite, also eine geringe schulische Qualifikation, und eine fehlende Berufsausbildung erschweren die Aufgabe, eine junge allein erziehende Mutter auf dem Arbeitsmarkt unterzubringen. Berufstätigkeit und Kindererziehung unter einen Hut zu bringen, erfordert eine große Motivation. Besonders bei Alleinerziehenden stellen fehlende Betreuungsplätze eine enorme Herausforderung dar. Oftmals befürchten Arbeitgeber gerade bei Alleinerziehenden häufigere Ausfallzeiten und einen nicht effizienten Arbeitseinsatz. Deshalb erhalten gerade Alleinerziehende vorrangig befristete Arbeitsverträge und arbeiten zu unüblichen Arbeitszeiten.

Gerade in Zeiten der Erwerbslosigkeit ist es daher besonders erforderlich, dass dieser Zeitraum von dem Alleinerziehenden genutzt wird, eine Ausbildung erfolgreich zu durchlaufen oder sich weiterzubilden und die eigenen Kenntnisse dem landesüblichen Arbeitsmarkt anzupassen. Dadurch wird die Wettbewerbsfähigkeit erhöht mit dem Ziel, eine Arbeitsstelle aufnehmen zu können.

Damit Alleinerziehende in der allgemeinen Arbeitswelt integriert werden können, bedarf es der individuellen Kinderbetreuung. Dabei fällt mir auch die Nachbarschaftshilfe ein. Gerade bei unvorhergesehenen Ereignissen wie beispielsweise der Teilnahme einer Bildungsmaßnahme oder eines Lehrganges, bei nicht vorhersehbarer Vertretung einer Kollegin wegen Krankheit, bei einer Dienstreise oder bei einem kurzzeitig längeren Arbeitsweg, weil sich das eigene Kraftfahrzeug in der Autowerkstatt befindet, macht diese Hilfe und deren Inanspruchnahme besonders erforderlich.

Eine Verbesserung des Betreuungsangebotes für Kinder unterschiedlichster Altersgruppen und deren Nationalitäten ist daher ein beachtliches Ziel, das es zu erreichen gilt. Hier fällt mir auch der Synergieeffekt ein, der erzielt wird, wenn Kinder und Jugendliche ihre Sprachkenntnisse sowie ihr soziales Miteinander in der Krippe, im Hort oder in der Schule ausweiten. Die unterschiedlichen Betreuungseinrichtungen erfordern verschiedene Hol- und Bringdienste. Die eigene Familie der Alleinerziehenden ist meines Erachtens nach am meisten gefordert und stellen wohl auch die beste Unterstützung dar. So bleibt es nicht aus, das Großziehen des Kindes oder eine Freigabe zur Adoption genau abzuwägen. Letztere Entscheidung lässt sich kaum rückgängig machen. Wägen Sie deshalb genau ab, wie Sie sich entscheiden.

Teenager-Eltern und Alleinerziehende gab es auch schon in früheren Zeiten. Damals mussten die Mütter ebenfalls die Verpflichtung eines Erwachsenen übernehmen. Kein Jugendlicher verliert an Freiheit, wenn er oder sie noch eine Weile bis zum ersten Date wartet. Im Gegenteil, man kann sich an der Jugendzeit erfreuen. Teenager unterliegen dem Reifeprozess, und die eigene Persönlichkeit entwickelt sich stets weiter.

Es ist nicht so, dass die eigenen Eltern ihrem Mädchen oder ihrem Jungen nichts gönnen. Sie wollen in aller Regel nur das Beste für ihre Kinder. Deshalb warnen sie von Zeit zu Zeit und bringen an, was gesagt werden muss. Sie wollen eigentlich ihren Nachwuchs nur schützen und ihnen helfen. Zudem kennen die meisten Eltern aus ihrem Erfahrungswert Geschichten von Nachbarn, Leuten aus der nächsten Umgebung und aus dem Verwandtschaftskreis, bei denen es den Alleinerziehenden nicht leicht gefallen sein mag, das Kind oder die Kinder großzuziehen. Das vorschnelle Verlieren der Jugendzeit wollen sie ihren eigenen Kindern nach Möglichkeit ersparen, aber auch die finanzielle Härte, der zumeist Alleinerziehende ausgesetzt sind.

Sofern Sie eine Teenager-Mutter oder ein Teenager-Vater sind, lesen Sie bitte auch das Thema Alleinerziehende als Mutter- oder Vater-Rolle.

Vertrauen

Bei dem Thema Vertrauen überlegte ich, was dieses Wort beinhaltet. Im Lateinischen stecken in Fidentia die Wörter Selbstvertrauen und Zuversicht, in Confidens die Wörter zuversichtlich und mutig, in Fides die Wörter Zuverlässigkeit und Vertrauen.

Vertrauen benötigte ich heute Morgen, als ich mich in einer Universitätsklinik von einem Herrn Professor Dr. ... behandeln ließ. Ich unterzog mich einer Laserbehandlung im Gesicht. Dabei handelte es sich nur um ein paar rote Äderchen, die mich störten und anderen Personen wohl kaum auffielen. Fast jeder Mensch ist ein klein wenig eitel und so auch ich.

Pünktlich saß ich im Wartezimmer des Krankenhauses, doch einige Leute kamen vor mir dran. Was geht einem alles durch den Kopf, selbst wenn es sich nur um einen kleinen Eingriff handeln mag. Sind die behandelnden Ärzte ausgeschlafen, hatten sie zu Hause Ärger oder sind sie mit ihren Gedanken womöglich abgelenkt? Nehmen sie mich als Person wichtig genug und strengen sie sich wirklich an, das für mich und meine Bedürfnisse angepasste beste Resultat zu erreichen?

Ein gewisses Vertrauen war vorhanden, dass ich mich in gute Hände begebe. Es war die subjektive Überzeugung und der Glaube daran, dass die Ärzte absolut richtige Handlungen an jedem ihrer anvertrauten Patienten vornehmen. In meiner Situation wurde ich nicht enttäuscht. Ein Misstrauen war auch nicht angebracht. Ärzte, egal in welchen Fachbereichen sie tätig sind, haben gewiss ein großes Lob verdient.

Sieht man sich einmal die Wortgruppe Vertrauen an, zeigt es sich sofort, dass die Wörter treu, stark, fest sowie dick enthalten sind.

Die Überlegung des Vertrauens kann nur in unsicheren Situationen aufkommen. Wenn man sich seiner Sache absolut sicher ist, muss man sich dazu keine Gedanken machen. Vertrauen hat mit Hoffnung und Glauben allein nichts zu tun. Sie benötigt eine Grundlage, auf der wir bauen können. Vertrauen setzt einen gewissen Erfahrungswert voraus. Diese Basis muss noch nicht einmal von uns persönlich als Basiswert vorhanden sein. Ein Beispiel ist, dass die meisten Menschen darauf vertrauen, dass der Pilot mit seinem Flugzeug, der Busfahrer mit seinem Bus, der Lokführer mit seinem Zug und der Kapitän mit seinem Schiff Sie sicher an die geplanten Ziele bringen. Zumeist trifft dies auch zu. Das folgende Beispiel kennen Sie auch: Ein Vater breitet seine Arme aus, während dessen sich sein Kind von oben herabfallen lässt. Er fängt es mit seinen starken Armen auf, und beide lachen überglücklich. Sein Kind besitzt Vertrauen zu seinem Vater und misstraut ihm keine Sekunde, kein noch so kleiner Zweifel besteht. Dieses Vertrauen besteht zwischen beiden Personen, es beruht auf Gegenseitigkeit.

Vertrauen basiert oftmals auf Erfahrungen, die wir mit einem bestimmten Menschen gemacht haben. Teamarbeit gelingt auf Vertrauensbasis wesentlich besser als ohne. Da ist auch Kooperation von allen Seiten erforderlich. Vertrauen benötigt man, wenn man jemandem ein Geheimnis anvertraut. Zum gegenseitigen Vertrauen gehört, dass man nicht nur Informationen erhält, sondern auch mitteilt. Man tauscht sich aus. Haben wir nicht alle schon einmal eine Situation erlebt, bei der wir unserem Partner, unseren Eltern oder unserer Freundin und unseres Freundes misstraut haben? Die betreffende Person tauscht sich in der Regel mit uns aus, doch im entscheidenden Moment verschweigt sie uns etwas. Wir fühlen uns übergangen, ja belogen. Zweifel an der Glaubwürdigkeit des anderen kommen auf.

Vielleicht kennen wir halt den Grund hierfür nicht. Es mag sein, dass der andere einen nur nicht mit einer Sache belasten möchte. Verschont er uns oder traut er uns kein objektives Urteilsvermögen und keinen guten Rat zu? Will er oder sie uns mit etwas überraschen und verhält sich deshalb verdeckt? Hat er/sie ein Geheimnis nur um des Geheimnisses willen? Gut so. Fragen wir einfach nach, statt zu lang über etwas nachzusinnen, was letztendlich gar nicht zutreffen mag. Das erspart uns womöglich Enttäuschungen und Freundschaftsverlust. Trauen wir uns und anderen mehr zu. Manchmal muss man ein wenig loslassen von seiner Meinung, von den Ängsten und Befürchtungen, dann können wir Vertrauen schaffen oder erlernen.

Zugang zu unseren Stärken und Ressourcen erhalten wir durch Selbstvertrauen. Jeder Mensch besitzt Talente, Fähigkeiten und Begabungen, die ihm ein selbst bestimmtes Leben ermöglichen. Diese wertvollen Schätze liegen jedoch manchmal vergraben. Dann heißt es, Vertrauen zu sich selbst zu haben, um individuell wachsen zu können. Mut und Selbstvertrauen sind ein wichtiger Aspekt. Vertrauen, Liebe und Zuversicht sollten wir alle im besonderen Maße unseren Kindern und Jugendlichen entgegenbringen.

Kann es wirklich sein, dass es Eltern gibt, die ihr Wohnzimmer absperren, damit ihre Kinder darin nicht herumtollen und Unordnung schaffen? Als ich davon vor zwei Tagen Kenntnis erlangt habe, war ich innerlich bestürzt. In meinem Bekanntenkreis habe ich so etwas bislang nicht erlebt. Beim Nachdenken konnte ich nicht verstehen, dass man die eigenen Kinder aus seinem Leben ausgrenzt. Wohl ist es in oben erwähnter Familie auch üblich, ständig mit Strafen und Schlägen zu drohen, die dann auch vollzogen werden.

Aus eigener Erfahrung kann ich nur sagen, dass Kinder und Jugendliche, die von ihren Eltern mit sehr viel Liebe und Lob überschüttet werden, leistungsfähiger sind und das Urvertrauen, welches jeder Mensch in dieser Welt benötigt, nicht verlieren. Diese Kinder entwickeln das erforderliche Selbstvertrauen und können auf die Bedürfnisse anderer Menschen besser eingehen. Sie werden in aller Regel Erwachsene, mit denen man auch gerne zusammen ist, weil sie aus ihrer Kindheit nichts aufzuarbeiten haben. Zudem geben sie die ihnen entgegengebrachte Liebe zurück. Dies genießen zum einen die Eltern und zum anderen in ihrem Erwachsenenleben ihre eigenen Kinder. Probieren wir es einfach aus. Mit allzu großer Strenge und über die Massen durchgeführten disziplinären Maßnahmen tun wir weder unseren Kindern und Jugendlichen noch uns selbst einen Gefallen. Gehen wir lieber mit einem guten Vorbild voran.

Die goldene Regel lautet: „Was du nicht willst, das man dir tut, das füg auch keinem anderen zu", oder wie Jesus sagte: „Alles daher, was ihr wollt, das euch die Menschen tun, das sollt auch ihr ihnen ebenso tun." Ich nehme mir das gerne zu Herzen, nicht nur bei der Kindererziehung, sondern auch im Allgemeinen.

Nach wie vor geschieht die erste Vermittlung von Wissen und Verhalten an das heranwachsende Kind über die Eltern oder einen Elternteil. Die Eltern sind zugleich Anwälte der Lerngesellschaft und vermitteln auch Traditionen, Werte und gesellschaftliche Normen. Sie setzen Vorbilder, schaffen aber auch Barrieren der Entwicklung. Sie führen in die Gesellschaft ein, aber diese Einführung ist selten vollständig.

Sofern sich das einzelne Kind oder der einzelne Jugendliche in der Gesellschaft an vorhandene soziale und kulturelle Muster hält, wenn er sich vorrangig an aufgestellte Regeln anpasst, die andere formulieren, sucht er nach verlässlicher Ordnung und Verhaltenssicherheit. Die Lernansprüche der Gesellschaft sind aber nicht nur zur Anpassung vorgegeben. Der einzelne Mensch kann sich darauf auch nicht auf Dauer verlassen. Der Jugendliche muss selbst bestimmen, welchen Ansprüchen er nachkommen will und kann. Er selbst stellt ebenfalls Ansprüche an die

Gesellschaft und sein näher und weiter entfernt liegendes Umfeld. Seine Aufgabe ist es, seine private und die öffentliche Umwelt selbst mitzugestalten. Dazu gehört, Selbständigkeit zu gewinnen und auch für sich eigene Wege einzuschlagen. Selbstverantwortung in einer fremdbestimmten Welt ist ein Bestandteil der besonderen Lernansprüche.

Unsere Lerngesellschaft stellt die vielfältigsten Aufgaben, Ansprüche und Ziele. Sie fordert Wissen und erwartet Änderungen des eigenen Verhaltens. Doch muss es ein wichtiges Ziel bleiben, dass die freie Entfaltung der Persönlichkeit und die Solidarität des Einzelnen mit anderen erhalten bleibt.

Unsere Kinder und Jugendliche bringen die unterschiedlichsten Begabungen mit. Eine Begabung beinhaltet eine umfassende Lernfähigkeit. Die Begabung als allgemeine Lernfähigkeit erstreckt sich auf verschiedene Teilbereiche. Die intellektuelle Begabung schließt unter anderem die Intelligenzfaktoren wie logisches Denken, Sprachverständnis und Raumorientierung ein. Die motorische Begabung erstreckt sich auf die Bereiche Geschicklichkeit und Sportlichkeit, und dann gibt es auch noch eine musische Begabung. So bringen unsere Kinder unterschiedlichste Fähigkeiten mit und sind für ihren Start in das Leben hervorragend gut ausgerüstet. Jetzt liegt es an uns, wie wir sie im familiären Rahmen fördern.

So ist Elternsein und Erziehung ein qualifizierter Beruf, und jeder sollte seiner Verantwortung, die er Gott, seinem Kind und dem Partner gegenüber hat, möglichst im vollkommenen Sinne nachkommen. Leider sind manche Menschen mit ihrer Elternaufgabe überfordert. So kommt es durchaus vor, dass Kinder und Jugendliche uns etwas anvertrauen und wir ihnen kein Verständnis für ihre Situation entgegenbringen. Reizen wir sie, indem wir sie für ihre Ehrlichkeit auch noch bestrafen, war es wohl das letzte Mal, dass sie sich uns in einer Angelegenheit anvertraut haben.

Manche Jugendliche haben das Vertrauen in andere Menschen verloren. Sie haben in der Schule festgestellt, dass manche Schulkameraden wenig Hemmungen haben, ihre Klassenkameraden um eines geringen Vorteils willen zu schädigen. Das gleiche trifft mitunter auf ihr privates Umfeld zu. Kinder und Jugendliche vertrauen oftmals darauf, dass ihre Eltern wissen, was das Beste für sie ist.

Schmerzlich ist es, wenn unser aller Vertrauen missbraucht wird. Geschieht dies immer wieder, werden wir uns wohl eine Zeit lang aus Enttäuschung von dieser Person zurückziehen. Kapseln wir uns jedoch völlig von anderen Personen ab, ist das keine gute Lösung. Das Risiko, enttäuscht zu werden, schließen wir dann zwar aus, doch es entsteht auch Misstrauen gegenüber den Menschen, die uns nichts getan haben.

Vertrauen ist innerhalb der Familie und im Freundeskreis wichtig. Jeder Mensch sehnt sich nach Vertrauen und möchte sich jemandem anvertrauen. Es ist die Basis der Lebensbewältigung. Trotzdem sollten Kinder und Jugendliche darauf achten, wem sie vertrauen können. Bei der Wahl, wem sie vertrauen, können sie darauf achten, ob die betreffende Person ihren Verhaltensregeln entspricht. Ist die betreffende Person ehrlich, möchte sie nicht nur ihren eigenen Willen durchsetzen. Ist sie nicht nur auf ihre eigenen Vorteile bedacht? Bei allen meinen Freundinnen war ich zuerst vorsichtig. Mit der Zeit brachte ich ihnen mehr Vertrauen entgegen. So stellte ich fest, dass sie mein Vertrauen verdienten und es nicht missbrauchten.

Sofern jemand in nebensächlichen Angelegenheiten vertrauenswürdig ist, geht man davon aus, dass er es auch in wichtigen Dingen zeigt. Ein guter Gradmesser ist für mich, ob ausgeliehene Bücher wieder zurückgebracht werden. Pünktlichkeit ist mir ebenfalls wichtig. Kommt der andere ständig zu spät und hat dabei jedes Mal eine Ausrede parat, geht das entgegengebrachte Vertrauen mit der Zeit verloren. Plaudert der Betreffende vertrauliche Informationen aus, ist Vorsicht angesagt. Passiert dies einmal aus unbedachter Rede heraus, oder möchte sich derjenige wichtig machen?

Sofern wir nicht vollkommen enttäuscht werden möchten, ist eine Auswahl unserer Vertrauenspersonen angebracht. Verletzt uns jemand, dem wir vertraut haben, sollten wir uns fragen, ob er einen unzuverlässigen Charakter hat oder ob es aus Versehen passiert ist.

Dann kann es durchaus der Fall sein, dass uns der gleiche Fehler bei einer anderen Begebenheit schon einmal unterlaufen ist.

Folgende Kriterien sollte eine vertrauenswürdige Person erfüllen:

Verschafft sich nicht persönliche Vorteile, redet die Wahrheit, ist seinem Partner treu, hält seine Versprechen ein, übervorteilt andere nicht und behält anvertraute Geheimnisse für sich.

Bedenken wir, dass für uns die gleichen Normen gelten. Vielleicht stellen Sie für sich weitere Kriterien auf.

Die Familie sollte Geborgenheit bieten. Kommt ein Jugendlicher zu spät nach Hause, reagieren Eltern zumeist wütend. Dabei kann es gut möglich sein, dass dieser Umstand gar nicht vom eigenen Kind verschuldet wurde. Reagieren wir generell übertrieben? Respekt und Achtung gewinnen wir Eltern, wenn wir dem Jugendlichen die Möglichkeit bieten, den Grund für sein Zuspätkommen zu erklären. Vertrauen von den Eltern erhalten die Jugendlichen auch, wenn sie die ihnen aufgetragenen Arbeiten ordnungsgemäß erledigen. Dabei mag es sich um Hausarbeiten oder um schulische Belange handeln.

Hält ein Jugendlicher die aufgestellten Regeln ein, kann dies zu mehr Freiheit führen. Ein achtzehnjähriger Jugendlicher mag das Vorrecht genießen, eines der elterlichen Kraftfahrzeuge fahren zu dürfen oder als sechzehnjähriger eine Reise mit Freunden ohne Beisein der Eltern zu planen. Eltern müssen sich auf ihre Kinder verlassen können. Nur dann ist man bereit, auf sie eine größere Verantwortung zu übertragen.

Was kann man tun, wenn Eltern dem Jugendlichen keine Verantwortung zutrauen? Ergreifen Sie als Jugendlicher die Initiative und bieten Sie Ihren Eltern an, dass Sie bestimmte Dinge erledigen. Beweisen Sie ihnen, dass Sie es ernst meinen und die gestellte Aufgabe meistern. Hierbei kann es sich um das Autosaugen, Einkaufen, Geldeinzahlungen, das Zimmer aufräumen und Putzen drehen. Zeigen Sie auch, dass Sie Geld sparen und damit umgehen können. Geben Sie das Restgeld nach den Einkäufen an die Eltern zurück, ohne dass Sie dazu extra aufgefordert werden müssen. Seien Sie stets ehrlich zu ihnen. Wenn Ihre Eltern das nicht sind, gehen Sie mit gutem Beispiel als Jugendlicher voran. Auch Eltern machen zwischendurch Fehler und können sich zu ihrem Vorteil ändern. Vielleicht waren sie dieses Verhalten bislang nur nicht gewohnt.

Mädchen können ihre Verantwortung als Babysitter zeigen. Schüler haben die Möglichkeit, dieses Bewusstsein in der Schule umzusetzen, wenn sie Geld im Auftrag des Lehrers einsammeln sollen. Junge Autofahrer zeigen im Straßenverkehr entsprechende Verantwortung.

Wie sieht es aus, wenn die Eltern Ihnen für ein paar Tage das Haus oder die Wohnung überlassen? Hier sei es angebracht, dass die Jugendlichen dann nicht gleich eine riesige Party mit Alkohol und Drogen durchführen. Vertrauen wird Ihnen auch entgegengebracht, wenn Sie ein paar Tage lang für ein Haustier sorgen sollen. Erledigen Sie für eine kranke ältere Nachbarin Besorgungen, oder bringen Sie ihr eine Mahlzeit vorbei? Sie achten generell Erwachsene und stets die ältere Generation? Also haben Sie vollstes Vertrauen verdient.

So hat jedes Kind ein Recht, sich entwickeln zu dürfen. Lassen Sie Ihre Kinder und Jugendlichen auf der Sonnenseite des Lebens stehen. Sparen Sie nicht mit Liebe, Langmut und Lob. Gezeigtes Durchsetzungsvermögen und Konsequenz schließen Gefühle wie Indenarmnehmen nicht aus. Jugendliche benötigen einen gewissen Freiraum. Motivieren wir sie und seien wir zu ihnen nicht zu streng. Bringen wir ihnen absolutes Vertrauen entgegen! Kluge Kinder werden dieses Vertrauen nicht missbrauchen und ihren Eltern Ehre erweisen, die sich in ihren Handlungen in der Schule, zu Hause, mit ihren Freunden und im Umgang mit älteren Personen ebenfalls zeigen.

Werte

Ich befinde mich im Louvre in Paris. Dieser ehemalige Wehrturm, späterer Herrscherpalast und jetziges zu den größten Museen der Welt zählendes Gebäude fasziniert mich ganz und gar. Allein seine imposanten Räumlichkeiten lassen mich erkennen, wie klein und kurzweilig doch der Mensch an sich ist. Eine überwältigende Anzahl von Kunstwerken unterschiedlichster Herkunft und Zeitepochen sehe ich und bringe volle Bewunderung zum Ausdruck. Zum einen für das Werk selbst, zum anderen für den Künstler. Was sagte Marie Antoinette, kurz vor ihrer Hinrichtung? „Hat das Volk kein Brot zum Essen, soll es halt Kuchen essen." Da bin ich nur froh darüber, dass ich in der heutigen Zeit lebe.

König Karl V. sammelte in seinem Turm des Pariser Louvre etwa tausend Manuskripte. Ihn kann man als Vorläufer bezeichnen. Denn eine ständige Sammlung der Schriften wurde erst nach dem hundertjährigen Krieg bekannt. Die Könige von Frankreich richteten eine dauerhafte Bibliothek ein. Soldaten, Gesandte und allgemein Reisende brachten Geschenke und Kriegsbeute mit. Diese beinhalteten Bücher aus dem fernen Orient und den nahe gelegenen europäischen Ländern. Einige Personen wollten sich zu ihren Lebzeiten die Gunst des Königs erwerben und vererbten dem Hof ihre private Bibliothekarsammlung. Franz I. unternahm im 16. Jahrhundert einen grandiosen Schachzug, in dem er per Gesetz befehlen ließ, dass jeweils ein Exemplar aller Druckwerke im königlichen Palast abgeliefert werden musste.

Die Bibliothek des Königs war für eine gewisse Zeit in den verschiedenen Residenzen der Provinzen untergebracht. Als sie dann endlich nach Paris zurückgebracht wurde, dauerte es gar nicht lange, und der Hugenottenkrieg brach aus. Dieser dauerte von 1562 bis 1598 und hatte eine fatale Wirkung. Sämtliche Werke wurden in dieser Zeit geplündert. Erst im Jahre 1721 trat eine günstige Wendung ein und die königliche Bibliothek wurde erneut gegründet. Während der französischen Revolution konfiszierte der Staat religiöse und aristokratische Sammlungen, und somit konnte die Bibliothek erneut mit Büchern, Drucken und Manuskripten bestückt werden. Ein unermesslicher Wert entstand, erforderte jedoch mehr Platz in den vorhandenen Gebäuden.

1793, also im selben Jahr wie Ludwig XVI. und seine Gemahlin Marie Antoinette hingerichtet wurden, entstand im alten Königspalast des Louvre ein Museum.

Heute bezahlt man einen erschwinglichen Eintritt. Besucher wandern auf rund neunzehn Hektar in drei, teilweise vier Stockwerken übereinander durch grandiose Schauräume. Die Masse an einzelnen Kunstwerken ist unermesslich hoch. Die berühmtesten Künstler aus aller Welt sind hier, zumindest mit einem ihrer Werke, vertreten. Bedeutende Werke aus den alten Kulturen des vorderasiatischen Raumes, aus den Mittelmeerländern und dem gesamten Europa sind hier zu finden. Natürlich gibt es in London ebenfalls viele Schätze, die auf mehrere Gebäude verteilt und die ebenfalls sehr sehenswert sind. Der Louvre setzt sich aus folgenden Gebäuden zusammen: Palais des Tuilleries, Arc de Triomphe du Carrousel, Pavillon de Flore, Galerie du Bord de l'Eau, Cour Napoleon III, Pavillon de l'Horloge, Musee des Arts decoratifs, Pl. du Palais Royal, Cour Carree und der bekannten Pyramide.

Orientalische Altertümer sowie die Kunst des Islam, französische Skulpturen, ägyptische Altertümer, griechische, etruskische und römische Altertümer, mittelalterlicher Louvre, italienische und spanische Skulpturen, nordeuropäische Skulpturen, französische Malerei, italienische Malerei, spanische Malerei, deutsche, flämische und holländische Malerei, französische Zeichnungen, italienische Zeichnungen, deutsche, flämische und holländische Zeichnungen, erspähen meine Augen, der Auswahl sind kaum Grenzen gesetzt.

Zu den Höhepunkten der Sammlungen gehört wohl die „Krypta der Sphinx", das Gemälde „Mona Lisa" von Leonardo da Vinci, die Skulptur „des rebellierenden Sklaven" von Michelangelo Buonarroti, die Statue „Venus von Milo", Melos um zirka 120 v. Chr., die Skulptur „Nike von Samothrake", Samothrake um 190 v. Chr., das Gemälde „Gilles" von Jean-Antone Watteau, das Gemälde „Die Spitzenklöpplerin" von Jan Vermeer van Delft, das Gemälde „Medici-Zyklus" von Peter Paul Rubens, das Gemälde „Der Schwur der Horatier" von Jacques-Louis David, das Gemälde „Madonna des Kanzlers Rolin" von Jan van Eyck.

Ungewöhnlich in seiner Art ist das Fries der Bogenschützen. Hier handelt es sich um emaillierte Ziegel mit einer Gesamthöhe von 475 Zentimetern. König Darius erwählte die Stadt Susa am Ende des sechsten Jahrhunderts vor Christi zur Hauptstadt seines persischen Reiches. Die erwähnte Profildarstellung der Bogenschützen mit stets nur einem Auge schmückten in vorchristlicher Zeit seinen Palast.

Imposant finde ich die Dimensionen der archäologischen Abteilungen, weil sie unter anderem den Eindruck vermitteln, dass man in die jeweilige damalige Zeit zurückversetzt wird, in der sich die Geschichte tatsächlich abspielte. Die verwandten Ziegel wurden aus Lehm und Ton hergestellt. Die Perser brannten die Ziegel und emaillierten sie nach dem Erkalten. Die Vollfarbentechnik hatten die Babylonier für die Prunkstraße aus dem siebten Jahrhundert entwickelt.

Ich erinnere mich an meinen Besuch im Pergamon-Museum in Berlin vor einigen Jahren. Auch dort kann man diese Bogenschützen bewundern. Welch wertvolle Arbeit doch die Archäologen geleistet haben und noch leisten.

König Nebukadnezar II. lebte in der Zeit von 605 bis 562 v. Chr. und regierte in Babylon. Diese Stadt lag an dem Fluss Euphrat im damaligen Babylonien, im heutigen Irak und galt in der damaligen Zeit als Hauptstadt. Er erbaute gewaltige Stadttore, Mauern und die Prozessionsstraße. Diese war zwischen zwanzig und vierundzwanzig Metern breit und hatte eine Länge von zweihundertfünfzig Metern. Für damalige Verhältnisse war es ein grandioses Bauwerk. Babylon umgab ein doppeltes Mauersystem. Die innere Befestigungsanlage bestand aus zwei Mauern. Die Innenmauer war sechseinhalb, die sieben Meter entfernte Außenmauer etwa dreieinhalb Meter dick. Diese Mauern wurden durch Verteidigungstürme gestützt, die gleichzeitig dazu dienten, das Mauerwerk zu verstärken. Etwa zwanzig Meter außerhalb der Außenmauer verlief ein Kai aus gebrannten, mit Asphalt verfugten Ziegeln und ein südlich und nördlich der Stadt mit dem Euphrat verbundener Graben. Der Graben diente der Wasserversorgung und auch als Schutz vor feindlichen Heeren. Gemäß babylonischen Urkunden führten acht Tore in das Stadtinnere. Bisher hat man nur vier Tore entdeckt und ausgegraben.

Die äußere Befestigungsanlage östlich des Euphrat wurde von Nebukadnezar II. hinzugefügt, wodurch ein großer Teil der im Norden, Osten und Süden gelegenen Ebene eingeschlossen wurde, damit die in der Nähe lebenden Menschen im Kriegsfall dorthin fliehen konnten. Diese äußere Befestigungsanlage bestand ebenfalls aus zwei Mauern. Die Innenmauer aus ungebrannten Ziegeln war rund sieben Meter stark und durch Verteidigungstürme gesichert. Davor, etwa zwölf Meter entfernt, befand sich die Außenmauer aus gebrannten Ziegeln, zusammengesetzt aus zwei Teilen, die durch ihre Türme verbunden waren: ein Teil war fast acht Meter breit, und der anschließende Teil dreieinhalb Meter. Sogar Streitwagen konnten auf diesen Mauern fahren.

Das bekannteste Stadttor nennt man Ischtar-Tor und befindet sich heute ebenfalls im vorderasiatischen Teil des Pergamon-Museums in Berlin. Diese Prozessionsstraße wurde von den Babyloniern alljährlich für das Neujahrsfest benutzt. Die Mauern waren überwiegend mit blau glasierten Ziegeln bekleidet. Die Verzierungen stellten Tierabbildungen dar, wie sie sich ebenfalls am Ischtar-Tor befanden. Zu sehen sind Löwen, Stiere und Drachen, also die Symbole der babylonischen Gottheiten. Das Ischtar-Tor selbst hatte die Aufgabe, den Zugang zu einer neunzig Meter hohen Zikkurat, die von einem Marduk-Schrein gekrönt war, zu bewachen. Marduk war ebenfalls ein Gott in den Augen der Babylonier. Bei seinen Bauwerken handelt es sich um gewaltige Dimensionen. Zu den Exponaten zählen etliche monumentale Baudenkmäler, Reliefs und auch kleinere Kult-, Schmuck- und Gebrauchsgegenstände der sumerischen, babylonischen sowie assyrischen Hochkulturen.

Da fällt mir ein, dass etwa neunzig Kilometer südlich von Bagdad, im damaligen Babylon, ein gewaltiges Monument stand, dass noch heute zu den sieben Weltwundern zählt. Nebukadnezar II. überreichte symbolisch gesehen die „Hängenden Gärten der Semiramis" seiner Frau, einer persischen Prinzessin, als Geschenk.

Was hatte es damit auf sich? Kennen Sie das Gefühl von Heimweh? Sehnsucht nach einem Land mit seinen herrlich grünen Wäldern und Gebirgsauen? Vor vielen Jahren verbrachte mein damaliger, von mir sehr geliebter Ehemann, Peter, und ich eine gewisse Zeit auf der sonnigen kanarischen Insel Lanzarote. Zu einer gewissen Jahreszeit war Treibsand bei vierzig Grad im Schatten an der Tagesordnung. Sand in den Augen, Sand in der Nase, Sand in den Ohren, Sand in der Kleidung, im Haus und im Auto. Sand vor dem Schwimmen, Sand nach dem Bad im Meer, ja überall und ständig. Trotz der an und für sich für uns unbeschwerten Zeit sehnte ich mich nach unserem überaus grünen Tal, das zu Hause in Deutschland zwischen einigen oberbayerischen Seen und vor den Alpen liegt. Als der Tag gekommen war, an dem wir mit einem Flugzeug die Heimreise antraten, konnte ich es kaum erwarten. Wir hatten einen angenehmen Flug und fuhren mit dem Auto vom Flughafen München aus in Richtung Süden nach Hause.

Niemals vergesse ich den Moment und den Ausblick, den wir vom Wagen aus hatten, als wir auf der Straße die Kurve an der Hirschbergalm passierten. Unser herrliches von Regen gesättigtes grünes Tal lag endlich vor uns, so unterschiedlich grün in seinen Farben, soweit unsere Augen blicken konnten. Damals wurde mir intensiv bewusst, was Heimweh bedeuten kann, und der Entschluss, auf Dauer hier zu leben, fiel mir relativ leicht. An die rot-braune Erde auf Lanzarote denke ich heute noch gerne zurück, und so bleibt es nicht aus, dass ich im Abstand von zwei bis vier Jahren einen vierzehntägigen Urlaub auf dieser Insel verbringe. Aber wir gehörten hierher. Das war uns seitdem bewusst.

Wie mag es der Prinzessin aus Persien ergangen sein? Sie musste eine unendliche Sehnsucht gehabt haben. Hätte sonst ihr König und Ehemann, Nebukadnezar II, einen solch prachtvollen Garten erschlossen? Die Liebe musste einzigartig gewesen sein. Er beauftragte seine Soldaten, die Handelskarawanen, selbst die Besatzungen der damaligen Seeschiffe, alle Pflanzen der Welt mitzubringen. So entstand wohl die umfangreichste Pflanzensammlung der bis dahin bekannt gewordenen Welt. Zum einen handelte es sich um eine architektonische Meisterleistung. Jede einzeln angelegte umfangreiche Terrassenanlage mit ihren verschiedenen Gewölbebögen bildete einen bezaubernden Garten. Erst durch die Vielzahl der Kletterpflanzen und Bäume entstand das Bild der hängenden Gärten. Zum anderen entstand ein unglaublicher Kontrast zur Wüste Mesopotamiens. Die Hängenden Gärten konnten als Oase oder Paradies angesehen werden. In ihnen fand man trotz der im Sommer in Babylon bestehenden Hitze mit Temperaturen bis zu fünfzig Grad Erfrischung, Kühle und Erholung. Bäume, Obstbäume, Wolle tragende Bäume, Büsche, Sträucher, Hecken, exotische Blumen, Teiche, Bäche mit etlichen Enten, Insekten und Fröschen erinnerten die Prinzessin an ihre ehemalige Berglandschaft.

Sklaven waren ständig damit beschäftigt, Wasser aus den Brunnen zu fördern und in die jeweils dafür eigens angelegten Kanäle zu pumpen. Das Wasser floss aus der obersten Terrasse auf alle Anlagen herunter. Es war eine kühne Konstruktion. Durch die wohl tausend Hängepflanzen wurden die einzelnen Gärten verbunden. Diese sahen optisch gesehen aus, als sähe der Betrachter ein ansteigendes Gebirge. Ein Weltwunder war entstanden.

Der berühmte Mesa-Stein wurde ebenfalls gefunden, und man stellte ihn im Louvre aus. Dieser zeigt den Aufstand des Moabiterkönigs Mesa gegen das frühere Israel und wird aus der Sichtweise des Königs geschildert. Der Mesa-Stein wurde 1873 zusammengesetzt, wobei man fehlende Teptteile mit Hilfe von Gipsabdrücken hinzufügte. Zu dieser Zeit erhielt er einen würdigen Platz im Louvre, wo er lange Zeit zu besichtigen war.

Eine Nachbildung kann man im Britischen Museum in London ansehen. Dieser Stein ließ mir keine Ruhe. Erst als ich von meiner mehrtägigen Parisreise wieder wohlbehalten zu Hause angekommen war, forschte ich in Lexika nach, was es mit ihm auf sich hatte. Denn schließlich stellt der Louvre wohl kaum einen unbedeutenden Stein so sehr in das Licht.

Erwähnenswert ist nun, dass dieser Stein das Tetragrammaton, den Namen des Gottes Israel, enthält. Dies ist wahrscheinlich der älteste außerbiblische Beleg für den Gebrauch des göttlichen Namens Jahwes.

Ein weiteres Juwel befindet sich im Louvre. Die Rede ist von einem Diadem. Diese Krone ist mit 22 Perlen sowie 1998 Diamanten besetzt und befand sich eine Zeit lang in den Händen des Fürstenhauses Thurn und Taxis. 1992 war es einem Privatmann, einem Gönner des Louvre, möglich, dieses überaus wertvolle Stück zurückzuerwerben. Mit dieser Krone hatte einst Napoleon seine Gemahlin Josephine gekrönt.

Die Krone Ludwigs XV. wird ebenfalls im Louvre aufbewahrt. Es musste sich um einen ungeheuren Wert gehandelt haben, der von einem Goldschmied extra für den kurzen Augenblick der Krönung in das Stück eingearbeitet wurde. Die Diamanten der aus teilvergoldetem Silber bestehenden Krone wurden durch Bergkristall ersetzt. Diese Restaurierung erfolgte nach der stattgefundenen Krönung. Heute lässt sich ermitteln, dass in dieser Krone 161 große und 121 kleine Diamanten sowie 64 farbige Steine, je sechzehn Rubine, Saphire, Smaragde und Topase, verarbeitet waren. Zwei der berühmtesten Diamanten der Welt liegen heute ebenfalls in der Vitrine, gleich neben oben erwähnter Krone, und zwar der Regent sowie der Sancy. Diese Steine waren ehemals ebenfalls in obiger Krone gefasst.

Das Kunstmuseum Louvre kann mit ungefassten Riesendiamanten prunken. Eine Besichtigung lohnt sich alle mal. Mal sehen, was Sie besonders beeindruckt. Jedenfalls bin ich von den Eindrücken, die ich habe, überwältigt. Mein Sohn empfindet genauso. Das war einer unserer Tage in Paris mit all ihrer anschaulichen Lebendigkeit. In der Metro sehe ich in Gedanken die wertvollen Gemälde vor mir. Ich lasse Revue passieren, was ich gesehen habe und beobachte die unterschiedlichsten Personen. Dabei überlege ich, welche Werte wir Menschen in der heutigen Zeit besitzen. Da fallen mir nicht nur die materiellen, sondern in erster Linie die geistigen Werte ein, die ganz unterschiedlich sein mögen.

Bei den Gemälden kommen in den von den Künstlern abgebildeten Gesichtern Ehrlichkeit, also Wahrheit und Offenheit, Menschenwürde,

Freiheit, Toleranz, Glück, Wohlstand, Ordnung, Gerechtigkeit, Solidarität, Sicherheit, Leistung, Menschlichkeit, also Humanität und Individualismus zum Ausdruck.

In anderen Gemälden erkennt man Ethik, Moral, Sittlichkeit, Tugend, Quartarisierung, Preußische Tugenden, Sekundärtugenden, Grundbedürfnisse der Menschen, umgesetztes Grundgesetz, Nachhaltigkeit, Umweltschutz, finanzielle Sicherheit, Schutz vor Krankheit und Naturkatastrophen, Pluralismus, Patriotismus. Wieder in anderen sieht man die Einhaltung der Menschenrechte, die freie Entfaltung der Persönlichkeit, eine Gleichbehandlung und Gleichberechtigung unabhängig von Alter, Geschlecht, Abstammung, Rasse, Sprache, Heimat, Glauben, Herkunft und politischen Anschauungen. Natürlich zeigen manche Gesichter, dass in bestimmten Epochen nur wenige der beschriebenen Werte vorhanden waren beziehungsweise umgesetzt wurden.

In der heutigen Zeit sind wir alle einem Wertewandel unterworfen. Erleben wir nicht alle in unserer hochmodernen Zeit Werte-Diskussionen, die gerade Führungsetagen der Industriebetriebe betreffen? Lassen sich alle getroffenen Entscheidungen von uns nachvollziehen? Wohl kaum. Heutzutage diskutieren Teams öffentlich über die soziale Verantwortung des Einzelnen und der Betriebe sowie einer werteorientierten Personalführung.

Die unterschiedlichsten Werte wurden uns von den Großeltern und Eltern vermittelt. Trotzdem unterliegen wir seit ein paar Jahrzehnten einem Wertewandel. Freizügigkeit ist heute überall erkennbar. Zudem spricht man von einem Generationenkonflikt. Die klimatischen Bedingungen ändern sich außerdem ständig. Die Globalisierung trägt ebenfalls rasch dazu bei. Ein Familienzerfall ist zu beobachten. Umweltprobleme nehmen überhand. Wir sehen, dass unterschiedliche Gründe für den Wertewandel vorliegen mögen.

Jeder Mensch hat andere Wertvorstellungen von Ideen, dem Materiellen, der Arbeit, der Familie, vom Einzelnen oder von Gruppen in unserer Gesellschaft. So sind den unterschiedlichsten Personen mitunter völlig andere Werte wichtig.

Werte können Teile unserer sozialen Normen und bestehenden Vorschriften sein, die wir im Allgemeinen zu erfüllen haben. Dies muss jedoch nicht generell zutreffen. Lassen Sie uns ein wenig philosophieren.

Welche Eigenschaften und Tendenzen sind heute erstrebenswert? Was fällt mir hierzu ein? Gute Umgangsformen, internationale Orientierung, Erfolgsstreben, Optimismus, gesundes Selbstbewusstsein, Energie besitzen und dynamisch genug sein, um zumindest als Einzelner mit vielen anderen zusammen die Welt zu verbessern, Bindung an Ordnung, Pünktlichkeit, Treue, absolute Ehrlichkeit und Zuverlässigkeit, Zufriedenheit, kontaktreich, Akzeptanz für sich und andere sowie Ehre.

Jeder Mensch richtet sich häuslich anders ein, kleidet sich anders, wir besitzen völlig ungleiche Lektüregewohnheiten, manch einer bewundert ein Idol, das er hat, ein anderer verachtet eine Person, der wir sehr zugetan sind. Diesen Unterschied erkennt der Einzelne sogar in der Sprache, die wir zum Ausdruck bringen. Unser ureigenster Charakter ist mit unserer persönlichen Perspektive sowie unserem Weltbild identisch und zeigt zugleich, was wir unter Kultur verstehen. Sofern jemand die Anschauung vertritt, dass Sie doch zumindest einmal im Monat eine Opernaufführung genießen sollten, dass Sie Wert auf Bildung legen sollten, dass Sie den zweiten Bildungsweg nutzen sollten, so setzt sich derjenige, der genau dieses zu Ihnen sagt, zwar von Ihnen ab, vielleicht hebt er sich selbst sogar auf die eigene Empore hoch mit der Entschuldigung, sofern er darauf angesprochen wird, dass er nun einmal dieses Idealbild von einem Menschen hat. Gleichzeitig begibt er sich auf einen sehr schmalen Pfad mit Scheuklappen vor seinen Augen, weil er weder zu weit nach links noch nach rechts sieht. Er sieht nur einen winzigen Ausschnitt der kulturellen Möglichkeiten, die wir alle besitzen. Sofern wir persönlich eine Entscheidung treffen, besitzen wir grundsätzlich das Recht dazu. Wir handeln gemäß unserer Geschmacksvorstellung, leiten die Entscheidung von unseren Anschauungen und Meinungen ab. Wir stehen dazu.

Ein Gärtner, der sich ewig in seinem eigenen Garten aufhält, mag der felsenfesten Überzeugung sein, dass er die schönste Blumensammlung der Welt besitzt. Sobald er mit dem Reisen beginnt, wird er feststellen, dass andere Gärtner exotische Pflanzen ihr Eigen nennen, deren Düfte er nicht erahnen konnte. Wohl dem, der die Stärke und Toleranz besitzt, dies öffentlich anzuerkennen. Er zeigt der Welt seine Weisheit, aber auch seinen Fortschritt.

Wenn wir Spaß im Sinn haben, sollten wir uns weder selbst zum Esel machen noch einen anderen. Bei dem Lachen-Sie-sich-tot-Konzept einzelner Fernsehsendungen und Betriebsveranstaltungen geht es hauptsächlich um Schadensfreude und weniger darum, dem Betroffenen ein Vergnügen zu bereiten. Reinlegen, bloßstellen, vorführen, lachen, wo bleiben da die Werte?

Manchmal kann das ganz schön peinlich werden und dazu führen, dass man eine Veranstaltung gar nicht mehr besucht. Da sollte man sich schon auch einmal fragen, ob die dafür vorgesehene und vorgeführte Person den gleichen Humor besitzt oder nur gute Laune zum bösen Spiel zeigt, und ob es sich wirklich um Humor oder dann doch um eine Intrige oder Peinlichkeit handelt. Ich sehe immer wieder, dass oftmals jungen Menschen oder den schon etwas länger jung gebliebenen Personen zumeist die Rolle des Opfers zugedacht wird. Lob ernten dann trotzdem die Intriganten. Sollten wir daran nicht einmal etwas ändern und Courage zeigen? Sind wir Gestalter oder Opfer des Wertewandels?

Unsere Wertvorstellungen mögen zum Teil mit unserer äußeren Umgebung nicht übereinstimmen. Betrachten wir uns in einem sinnbildlichen Spiegel und kommen wir zu der Ansicht, dass alles in Ordnung ist? Oder benutzen wir den objektiven Spiegel, der uns auch zeigt, was wir tun können, um das Leben zu führen, welches wir führen möchten? Erhält man Antworten auf die Frage, wie man sich zu entscheiden hat, damit all jenes produziert wird, was auf globaler Ebene von Wert ist? Lassen wir uns nur vom Kommerz oder auch von unserem tiefen Bewusstsein leiten?

Was hat in unserem Wertesystem Bedeutung?

Nehmen Sie einen Stift und ein Blatt Papier zur Hand. Schreiben Sie fünfzig Situationen, Momente oder Handlungen auf, auf die Sie stolz sein können, meinetwegen auch aus der Sicht der anderen. Genau, ganz objektiv nur für sich selbst. Seihen Sie präzise. Es könnte sich um etwas handeln, für was Sie von anderen verurteilt werden, vielleicht um ein soziales, kollegiales Verhalten oder um ein Verhalten gegenüber Ihren Familienmitgliedern. Lesen Sie die Liste nur für sich durch.

Beispielsweise bin ich auf folgende Punkte stolz: dass ich ehrlich, offen und direkt bin und trotzdem zu etwas gekommen bin, meinem Sohn den Klavierunterricht ermögliche, meine Freundschaften pflege, mich für das Zusammenleben mit drei Generationen entschieden habe, mir Zeit für meine Tiere nehme und mich liebevoll um sie sorge, andere Leute nicht ausnütze und Achtung vor dem Eigentum anderer Leute habe.

Sie ziehen Ihr Register und Sie erfahren, was gemäß Ihrem Wertesystem in Ihrem Leben gut oder weniger gut läuft. Denken Sie daran, Sie können das meiste ändern. Vielleicht gibt Ihnen das Ergebnis vermehrtes Selbstvertrauen, und Sie leben eh schon nach außen wie nach innen?

Es wäre denkbar, dass andere Personen Ihre Werte als verächtlich, abscheulich, verfolgenswürdig, nicht akzeptabel und nichtig einstufen. Zu was die unterschiedlichsten Werte taugen, beurteilen in allen Epochen Philosophen und letztendlich Sie als Individuum, denn die Verantwortung für Ihr Handeln tragen Sie, so wie ich diese für mich trage.

Der Wert der Freiheit steht im Konflikt mit fast allen restlichen Werten. In konkreten Situationen mögen Werte zueinander nicht akzeptabel erscheinen und eine Debatte entstehen lassen, obwohl sie abstrakt gesehen miteinander vereinbar scheinen. Ein Zutage treten aller für sich selbst aufgestellten Werte ist dann unter Umständen nicht mehr möglich. Eine blitzschnelle Selektion wird von unserem Gehirn durchgeführt. Sehen wir es als hohes Gut an, dass wir ohne Zwang ideelle Werte vertreten können und erfreuen wir uns an der individuellen Freiheit des Einzelnen, die wir besitzen. So hat jedes Volk eine andere Auffassung von Werten. Werte geben dem Leben Sinn.

Die heutigen Jugendlichen schätzen Werte wie Familie, Vertrauenswürdigkeit, Höflichkeit und harte Arbeit hoch ein. Fast allen Jugendlichen ist daran gelegen, ein gegebenes Versprechen einzuhalten. Viele halten es zudem für wichtig, ein Leben lang den gleichen Partner zu haben, entweder in einer Ehe oder eheähnlichen Gemeinschaft. So ist die heutige Jugend wesentlich besser als ihr Ruf.

Deshalb ist es mir ein Bedürfnis, hier und an dieser Stelle zu sagen, dass ich Sie Jugendliche sehr schätze.

Zeit

Beim Freiwilligen Sozialen Jahr erhält der Jugendliche Taschengeld. Was ist ein FSJ?

Dabei handelt es sich um eine vom Gesetzgeber geregelte Form der außerschulischen Jugendbildung. Der Jugendliche wird in einem sozialen Aufgabengebiet eingesetzt. Dadurch erhält er die Möglichkeit, seine Fähigkeiten und Neigungen zu erkennen und zu fördern. Er lernt soziale Berufe kennen und erfährt die Praxis in der Arbeitswelt. Einblick erhält er in gesellschaftliche, soziale und politische Zusammenhänge. Engagement kann er im sozialen Bereich zeigen. Vorurteile werden abgebaut, verantwortliches soziales Handeln wird gelernt. Mit Wertvorstellen setzt er sich auseinander, was wiederum der Entfaltung der eigenen Persönlichkeit dient.

Diese soziale Tätigkeit kann der Jugendliche in Kindergärten, Kinderheimen, Krankenhäusern, Altenheimen, in Sozialstationen, in Werkstätten oder Wohnheimen für geistig oder körperlich behinderte Menschen, in Einrichtungen für physisch kranke Personen, in sportlichen Einrichtungen oder auch im kulturellen Bereich ausüben.

Welche Jugendlichen kommen für ein Freiwilliges Soziales Jahr in Frage? Voraussetzung ist, dass ein junger Mensch das 27. Lebensjahr noch nicht vollendet hat. Ansonsten haben alle jungen Leute, die die Vollzeitschulpflicht beendet haben, diese Möglichkeit. Allerdings müssen sie gewillt sein, bei einer sozialen Arbeit mitzuwirken, praxisbezogen zu arbeiten, sofern sie beispielsweise in ihrer Berufswahl unsicher sind und Zukunftsperspektiven für ihren eigenen Lebensweg suchen.

Die sozialen Träger zahlen Taschengeld, Unterkunft und Verpflegung sowie die Sozialversicherung. Urlaubsanspruch nach den landestypischen Bestimmungen besteht ebenfalls. Je nach Landesrecht wird die Fortzahlung von Kindergeld, der Waisenrente und sonstige steuerliche Vergünstigungen gewährt.

Eine schriftliche Vereinbarung wird zwischen dem Träger und dem Jugendlichen getroffen. In der Regel wird das Freiwillige Soziale Jahr für die Dauer von entweder sechs oder zwölf Monaten vereinbart. Bedingung ist manchmal die Volljährigkeit und vereinzelt auch die Ausstellung einer Arbeitserlaubnis bei der zuständigen Behörde.

Das Freiwillige Soziale Jahr ist ganzjährig im europäischen Ausland möglich. Allerdings muss der Träger seinen Wohnsitz im jeweiligen Inland haben. Das Inland ist das Land, in dem der Jugendliche oder seine Eltern wohnen. Übrigens steht der Name dieses Landes auf dem Personalausweis des Jugendlichen.

Taschengeld wird auch für ein Freiwilliges Ökologisches Jahr (FÖJ) gewährt. Jugendliche und Erwachsene zwischen dem sechzehnten und dem siebenundzwanzigsten Lebensjahr können sechs Monate lang bis zu einer Höchstdauer von zwölf Monaten dieses FÖJ durchlaufen. Hierbei spielt es keine Rolle, welche Schul- oder Berufsausbildung der Einzelne mitbringt.

Die einen Jugendlichen wollen wissen, ob sie für ökologische Berufe geeignet sind. Die anderen überbrücken den Zeitraum bis zum Beginn ihrer Ausbildung oder des Studiums. Vermittelt wird die praktische Tätigkeit in der Natur und der Umwelt, die Entfaltung der eigenen Persönlichkeit, die Entwicklung des Umweltbewusstseins, die Eigenverantwortlichkeit, das Erlernen eines ökologischen Grundwissens sowie ein Verantwortungsbewusstsein gegenüber anderen Menschen und den Tieren.

Zu den Tätigkeitsfeldern gehören der technische Umweltschutz, der Arten- und Biotopschutz. Dies beinhaltet das Anlegen und die Pflege von Biotopen, der Streuobstwiesen und der Hecken. Außerdem gehört dazu die Zustandserfassung sowie die Planung der Flora und Fauna oder der Umweltbelastung. Des weiteren schließt es die Umweltbildung und die Umweltberatung, eine umweltorientierte Öffentlichkeitsarbeit, die ökologische Land- und Forstwirtschaft sowie die Verwaltung im Umweltbereich ein.

Der Einsatz erfolgt in Naturschutzverbänden, Naturparks, Umweltzentren, Umweltbehörden, ökologisch wirtschaftenden Landbau-, Weinbau- und Forstbetriebe sowie in Einsatzgebieten der freien Träger der Jugendhilfe. Taschengeld wird in Höhe von etwa hundertfünfzig Euro gezahlt, je nach Land und Sitte gewährt der Träger einen Zuschuss zu den Fahrtkosten sowie einen Zuschuss zur Unterkunft, sofern dies notwendig ist. Die Verpflegung ist zumeist ebenfalls kostenlos. Die Arbeitskleidung wird ebenfalls übernommen, sofern Bedarf besteht, sich mit dieser kleiden zu müssen. Die anfallenden Sozialversicherungsbeiträge zahlt der Arbeitgeber. Der Besuch mehrerer Seminare ist einzuplanen. Die wöchentliche Arbeitszeit sowie der Urlaubsanspruch untersteht der landestypischen Regelung.

Die meisten Städte besitzen soziale Einrichtungen, in denen Jugendliche für ein paar Stunden ehrenamtlich tätig werden können. Dazu gehören Seniorenheime, Lebenshilfen sowie Werkstätten für Behinderte, Kliniken und Sozialzentren. Vielleicht entscheidet sich der eine oder andere Jugendliche, seine wertvolle Zeit für zwei bis drei Stunden pro Woche im sozialen Engagement einzusetzen.

Als ich achtzehn Jahre alt war, habe ich jede Woche eine alte Dame in einem Altenheim abgeholt und sie mit ihrem Rollstuhl spazieren gefahren. Es war für mich höchst interessant, ihren Erzählungen aus ihrer Jugendzeit zuzuhören, und diese Erfahrung stellte eine absolute Bereicherung dar. Vor allem ihre würdevolle Haltung und ihre Weisheit, die sie besaß, waren ein wertvoller Schatz, den sie gerne an mich weitergab. So handelte es sich um ein Geben und ein Nehmen, was mir zu Anfang nicht bewusst war. Also war es keine verlorene Zeit, und ich gewann an Erkenntnis sowie Erfahrung. Testen Sie ruhig einmal aus, wie es Ihnen ergeht, sofern Sie sich auf einen sozialen Dienst einlassen.

Ziele

Welche persönlichen Ziele setzen Sie sich als Jugendlicher? Welche Ziele sollen sich die Menschen generell setzen? Das ist eine Frage der Ethik. Das Ziel ist auf einen Zeitpunkt der Zukunft ausgerichtet. Ein Ziel erreichen zu wollen, bedeutet, einen Prozess zu durchlaufen, der einen zielgerichtet zum angestrebten Ergebnis führt. Ein Ziel ist also definierbar und zumeist mit einer persönlichen Erfolgsstrategie verknüpft.

Wir alle kennen die Zielerreichung beim sportlichen Wettkampf mit dem Vorsatz, eine olympische Medaille zu erhalten. Bei anderen Gelegenheiten setzen wir uns Zeitvorgaben. Das Ziel, eine Reise zu planen, zu gestalten, durchzuführen und anschließend unseren gewohnten Lebensrhythmus zu leben, kennen wir ebenfalls alle. Von Zielen der Familienplanung sowie von Unternehmenszielen haben wir schon gehört.

Doch welches Lebensziel haben wir? Wir leben in einer Welt, in der vorrangig Leistungsdruck zählt. Auf Produktivität legt die Gesellschaft größten Wert. Gemessen werden wir alle daran, was wir mit einem bestimmten Alter erreicht haben. Sofern der Einzelne den aufgestellten Kriterien nicht entspricht, gilt er als Versager. Alles muss erledigt sein, nach Möglichkeit schon gestern.

Sich einen Namen machen, Ruhm und Ehre erlangen, ein Ziel anstreben, das man eigentlich für sich selbst gar nicht aussuchen würde. Entscheidet sich der Jugendliche für ein bestimmtes Ziel und legt er alles daran, dieses zu erlangen, ist es völlig in Ordnung. Entspricht es seinem Naturell und bringt es ihm dazu Freude ein, ist es das Beste, was er anstreben kann. Tut er es, weil andere es von ihm erwarten, wirft dies Fragen auf.

Unsere Kultur verbreitet Schubladendenken. Wer ist ein guter und achtbarer Mensch? Ist es derjenige, der viel Geld verdient und vielleicht noch berühmt ist? Geld kann sehr viel Gutes bewirken, doch sollten wir mit aller Habsucht, Eifersucht und Neid nach materiellem Besitz streben und alles daran setzen, diesen Reichtum zu erlangen?

Wie würden Sie Ihr Leben gestalten, wenn es keine gesellschaftlichen Zwänge gäbe? Nehmen wir an, es gäbe kein Gut und kein Böse, kein Richtig und kein Falsch, keine vorgefertigten Bilder, die bewundert werden? Dann hätten die Begriffe Liebe, Freude, Frieden, Selbstbeherrschung, Güte, Milde, Demut, Glauben, Langmut und Freundlichkeit plötzlich eine ganz andere Wertigkeit. Selbst die Ellbogen hätten weniger zu tun und könnten sich ausruhen. Übrigens, ich habe diese im zwischenmenschlichen Bereich nie eingesetzt.

Die meisten Menschen verfügen über genügend Zeit, ihre Lebensziele zu erreichen. Falls Sie stets hektisch sind und das Gefühl haben, nie genug Zeit zu haben, befürchte ich, dass Sie an Ihrem Lebensziel vorbeigehen. Denn sobald man ein Lebensziel verwirklichen möchte, erhält man auch genügend Zeit, um an das Ziel zu kommen. Sie verschaffen sich die notwendige Zeit. Ihr gesamtes Augenmerk, Ihre ganze Energie und Konzentration wird sich auf dieses Ziel ausrichten. Sie werden eine Freude verspüren, die alles Denken übertrifft, und Ihre Begeisterung kommt zum Ausdruck.

Jeder Mensch hat ein anderes Ziel, und jeder muss sich zwischen zwei oder mehreren Wegen entscheiden. Andere Personen können Ihnen Ihre Entscheidung nicht abnehmen, und Ihnen steht nicht zu, andere nach Ihrem Schema zu beurteilen. Wer zur Quelle gelangen möchte, muss generell gegen den Strom schwimmen. Das ist eine Tatsache.

Gerade innerhalb der Familie und im engsten Freundeskreis neigt man dazu, den Lebensstil, Ziele und Gedankengüter anzunehmen. Als junger Erwachsener muss man sich fragen, ob man seinen eigenen Lebensweg geht oder ob man das denkt und verwirklicht, was andere für Sie wollen. Früher oder später sollte man selbst wissen, was man will. Gerade deshalb ist es so wichtig, dass man sich bildet. Dazu gehört eine große Portion Aufgeschlossenheit und viel Zeit zum Lesen. Besuche von Bibliotheken, Museen und kulturellen Schauplätzen dieser Welt eingeschlossen.

Als Eltern, mich eingeschlossen, hat man Wünsche, Vorstellungen und Bilder für die eigenen Kinder, die sie erfüllen sollen. Man will ja nur das Beste für den Nachwuchs, und das ist gerade gut genug. Doch wissen wir als Eltern immer, was wirklich das Beste und die richtigen Wege für unsere Kinder sind? Haben wir stets den vortrefflichen Weg für uns selbst gewählt?

Wie würden Sie sich als Jugendlicher oder als Elternteil entscheiden, wenn Sie die Verantwortung nur für sich persönlich übernehmen müssten? Welche Entscheidungen würden Sie treffen, die niemanden zum Vor- oder Nachteil gereichen würden? Wie könnten Sie Freude und Frieden erlangen?

Noch vor einhundert Jahren hatte die Gesellschaft völlig andere Wertvorstellungen als sie heute anzutreffen sind. Selbst vor fünfzig Jahren hatte man Achtung vor Menschen mit bestimmten Eigenschaften, die heute nicht mehr geschätzt werden. Werte unterliegen der Veränderung, die Zeit unterliegt ihr ebenfalls. Die Gesellschaft verändert sich ständig. Was sehen Sie in Ihrem persönlichen und weiter entfernten Umfeld? Wollen Sie Ihr Lebensziel auf das stützen und bauen, was Sie sehen? Von was lassen Sie sich beeinflussen? Handelt es sich um etwas Positives, Nachahmenswertes, Erbauliches, Liebenswertes, charakterlich Einwandfreies? So ist das vortrefflich. Sind Sie ein Fels in der Brandung, dem weder der Sturm noch ein Gewitter etwas anhaben kann und der fest an seinen guten Eigenschaften und Werten festhält, oder gleichen Sie einem Treibholz, das von den Wellen einmal hierhin und ein anderes Mal dorthin getragen wird? Beide Konstellationen sind denkbar.

Jugendliche haben es heutzutage wirklich nicht einfach. Sofern jemand höhere Ideale anstrebt, wird er leicht zum Außenseiter und durchaus unbeliebt. Dessen sollte man sich bewusst sein. Doch wie möchte man sich fühlen? Was schätzen Sie an Ihrer Person? Welche persönlichen Kriterien möchten Sie erfüllen? Wie soll Ihr persönlicher Lebensweg aussehen? Die Zeit wird es zeigen, ob Sie der Fels in der Brandung sein werden oder ob Sie sich von der allgemeinen Strömung, die heute überall zu sehen ist, mitreißen lassen. Ich träume einen Traum von einer Zeit, in der die Menschen wieder menschlich werden.

Welches Ziel setzen Sie sich?

Zukunft

Eltern sind irgendwann alleine zu Hause, nachdem die Kinder aus dem Haus oder der elterlichen Wohnung ausgezogen sind. Die meisten Eltern haben damit ein Problem. Sie denken daran zurück, wie sie ihr Wunschkind zur Schule gefahren und von dort abgeholt haben oder zum Musikunterricht sowie zur Sportveranstaltung brachten. Es besteht jedoch keine Verpflichtung für die erwachsen gewordenen Jugendlichen, ihr Leben lang zu Hause wohnen zu bleiben.

Sofern die Kinder ausgezogen sind, hegen Eltern die Befürchtung, dass ihre Kinder zu wenig zu essen erhalten oder alleine einfach nicht zurechtkommen. Nun beginnt für beide Elternteile das eigene Leben. Loslassen ist angesagt und die Akzeptanz, dass Kinder flügge werden. Entscheidende Veränderungen treten ein. Ein Hauch von Melancholie schleicht durch das Haus. Althergebrachte Gewohnheiten bleiben, weil man im Alltag nicht bedenkt, dass die Kinder aus dem Haus sind. Bleiben die Eltern optimistisch, treten ihre mitunter brachliegenden Hobbys wieder mehr in den Vordergrund.

Wichtig ist, dass Kinder wissen, dass man stets für sie da ist, egal wohin sie gehen. Im Zeitalter der Handys und der Computer bestehen gute Möglichkeiten, regelmäßigen Kontakt beizubehalten. Solange es den Kindern gut geht, sind die Eltern zumeist zufrieden. Allerdings gibt es Situationen, bei denen die Kinder besonders abgehen.

Eltern entfremden sich oftmals voneinander nachdem die Kinder ausgezogen sind. In manchen Familien finden sie wieder mehr zueinander. Jetzt heißt es, die gemeinsamen Hobbys zu pflegen und Gedankenaustausch zu üben. Das eigene Leben wird neu gestaltet. Die Kinder werden mit der Zeit selbstständiger, und es kommt eine enorme Freude auf, wenn diese zu Besuch kommen. Vergessen Sie nie, Eltern bleiben wir unser Leben lang. So können wir viele schöne Tage mit unseren inzwischen erwachsen gewordenen Kindern genießen.

Bevor Jugendliche oder junge Erwachsene das Elternhaus verlassen, sollten sie über die Vor- und Nachteile nachdenken, die es hat, wenn man noch zu Hause wohnen bleibt. Ist es nur eine Flucht, weil man sich mit den Eltern nicht mehr versteht? Es kann ja auch sein, dass man ausziehen muss, weil der Arbeitsplatz oder die Universität zu weit vom Elternhaus entfernt liegt. Fest steht, dass für viele junge Leute der Zeitpunkt kommt, in der sie ihre Unabhängigkeit anstreben.

Verdient ein Jugendlicher genügend Geld, so fällt ihm die Entscheidung des Auszuges wahrscheinlich leichter. Mitunter ist das nicht der Fall, und den Eltern mag es schwer fallen, ihnen finanziell unter die Arme zu greifen, also sie zu unterstützen.

Zumeist erfordert es eine gewisse Toleranz von beiden Seiten, sich Achtung und Verständnis entgegenzubringen. Das schließt auch ein, dass ein etwas älterer Jugendlicher nicht auf Schritt und Tritt bewacht werden will. Sie geben auch nicht immer gerne Auskunft darüber, was Sie gerade tun und mit wem Sie sich verabreden. Da ist auch Akzeptanz und Vertrauen erforderlich. Jugendliche, die noch ein paar Jahre zu Hause wohnen bleiben, sparen sich zumeist viel Geld, welches sie zu einem späteren Zeitpunkt gut gebrauchen können.

Erfahrungen im Alltag sowie im Haushalt, die für Ihr späteres Leben von Nutzen sein werden kann man eine gewisse Zeit lang zu Hause sammeln. Meine Mutter hat mir und meinen Brüdern beigebracht, wie man die Hausarbeiten erledigt. Dazu gehörte das Bügeln, das Putzen, das Einkaufen, das Betten überziehen, den Mülleimer heraustragen, das Wäsche waschen, Staub zu saugen und vieles mehr. Mein Vater hat mir gezeigt, wie man Autoreifen wechselt, das Fahrrad repariert, das Auto saugt und poliert. Es war bei uns zu Hause üblich, dass sich alle Familienmitglieder an Streicharbeiten sowie am Tapezieren beteiligten, obwohl es sich meine Eltern finanziell leisten konnten, eine Firma für diese Tätigkeiten zu beauftragen. Das Kochen musste ich mir selbst beibringen. Da habe ich die Erfahrung gesammelt, dass einem alles gelingen kann, was wirklich Freude bereitet.

Als junges Mädchen habe ich es mir angewöhnt, alle meine finanziellen Einnahmen und Ausgaben in ein Haushaltsbuch zu schreiben. Dies erforderte keine fünf Minuten Zeit am Tag, doch damit gelang es mir, die Übersicht zu behalten, und so teilte ich das zur Verfügung stehende Geld vernünftig ein. So war es nie erforderlich, Schulden für belanglose Gegenstände aufzunehmen, und ich lernte, mit Geld umzugehen. Selbst heute noch wende ich diese Methode an, indem ich kurz im Haushaltsbuch die fixen Nebenkosten des Hauses sowie des Autos und Motorrades, ja auch der sonstigen Ausgaben aufschlüssle. Man ist dann nicht überrascht, wohin das Geld fließt und kann sich zudem besser entscheiden, wie viel Geld man sparen möchte.

Jugendliche ziehen gerne aus, wenn sie sich verbal von ihren Eltern angegriffen fühlen. Sie gehen, weil sie Kritik nicht ertragen wollen oder können. Es hat jedoch viele Vorteile, wenn man keinen eigenen Haushalt führen muss und die Verantwortung zumindest für eine gewisse Zeit auf die Eltern übertragen kann.

Danksagung

Für Herrn Schardt und seine Mitarbeiter-/innen stellte es einen Anreiz dar, dieses Buch zu veröffentlichen. Deshalb bedanke ich mich sehr herzlich für diese Initiative und das damit verbundene Engagement.

Ein herzliches Dankeschön sage ich ebenfalls dem nachfolgend genannten Verlag, weil mir die Genehmigung für die Veröffentlichung des Kapitels „Körperpflege" erteilt wurde.

Besonders bedanke ich mich bei all den Jugendlichen, die mir gegenüber so offen ihre Meinung geäußert haben. Damit haben sie zum Erfolg des Buches beigetragen.

Ich wünsche Ihnen alles Glück dieser Erde!

Marianne C. Goldling

Textnachweis
„Koche und lebe gesund", (ISBN 3-486-0 2130-0), Oldenbourg Verlag, München.